RUDOLF STEINER TASCHENBÜCHER
AUS DEM GESAMTWERK

RUDOLF STEINER

Esoterische Betrachtungen karmischer Zusammenhänge

Erster Band

Zwölf Vorträge, gehalten in Dornach
zwischen dem 16. Februar und 23. März 1924

RUDOLF STEINER VERLAG

Nach vom Vortragenden nicht durchgesehenen Nachschriften
herausgegeben von der Rudolf Steiner Nachlassverwaltung

Ungekürzte Ausgabe nach dem gleichnamigen Band der Rudolf Steiner Gesamtausgabe, Bibliographie-Nr. 235, herausgegeben von Robert Friedenthal.

8. Auflage, Dornach 1994

Taschenbuchausgabe

3. Auflage, 2016

Umschlaggestaltung: Finken & Bumiller, Stuttgart

Textlayout: Finken & Bumiller, Stuttgart/Verlag

Satz: Bader. Kommunikation, Dornach

Printed in Germany by Druckhaus Nomos. Sinzheim

ISBN 978-3-7274-7110-0

www.steinerverlag.com

INHALT

ZUR EINFÜHRUNG

Manch einer wird den rasanten Wandel unserer Lebensverhältnisse zunächst an den technologischen Innovationen und ihren weitreichenden Folgen ablesen wollen. Dies ist sicher berechtigt und mehr als offensichtlich. Die kulturellen Veränderungen lassen sich weniger prägnant verorten, vollziehen sie sich doch in komplexeren Mustern und z. T. eigenartigen Verzögerungen oder Schüben. Doch sie finden statt und auch hier ist eine Beschleunigung feststellbar. So sprach Rudolf Steiner in bezug auf das Thema dieses Bandes noch 1924 davon, daß «... die Menschen heute auch noch nicht einmal ein dunkles Gefühl für die wiederholten Erdenleben [haben]»[1]. Achtzig Jahre später zeigt die Präsenz des Themas in Büchern und ernstzunehmenden Umfragen ein deutliches Vordringen dieser Idee bis in die Lebenspraxis hinein. Während Rudolf Steiner, der es als eine seine zentralen Lebensaufgaben sah, für den europäischen Kulturraum ein adäquates Verständnis von Wiederverkörperung und Karma zu entwickeln, zweimal den erfolglosen Versuch unternahm, die Mitglieder der Theosophischen Gesellschaft mit praktischen Übungen zu den Gesetzmäßigkeiten des Schicksal vertraut zu machen – 1902 und 1912 –, ist heute der Besuch eines «Reinkarnationstherapeuten» nicht mehr besonders auffallend. Die Frage allerdings, wie man die so gewonnenen Einsichten und die in den Büchern geschilderten Fälle und Theorien einschätzen soll, stellt sich weiterhin, möglicherweise verstärkt.

Neben den genannten Versuchen, praktische Karmaerkenntnis zu vermitteln, begann Rudolf Steiner ab 1903, die Lehre von Wiederverkörperung und Karma systematisch aus ihren theoretischen Voraussetzungen heraus darzustellen, so in der von ihm

[1] Siehe unten S. 87

begründeten Zeitschrift «Lucifer-Gnosis» mit den Abhandlungen «Reinkarnation und Karma, vom Standpunkte der modernen Naturwissenschaft notwendige Vorstellungen» und «Wie Karma wirkt». Im Jahre 1904 folgte das Kapitel «Wiederverkörperung des Geistes und Schicksal (Reinkarnation und Karma)» im grundlegenden Werk «Theosophie» und in den folgenden Jahren immer differenziertere, in Einzelheiten gehende Ausführungen zu den Gesetzmäßigkeiten der Reinkarnation. Mehr und mehr kamen auch Schilderungen über den Schicksalsweg einzelner Individualitäten ins Blickfeld seiner Forschungen. Im Jahre 1924 erfolgten dann die hier im ersten Band vorliegenden so genannten *Karma-Vorträge*, die Rudolf Steiner zwischen Januar und September in einer unerhörten Dichte von insgesamt 81 Vorträgen hielt, eine große Fülle von exemplarischen Schicksalen schildernd.

Es ist interessant und aufschlußreich, dabei Rudolf Steiners gedanklichen Ansatz zu verfolgen. Reinkarnation und Karma erscheinen als eine Vertiefung und Weiterentwicklung des in seinen Goethestudien mannigfach durchdachten Metamorphoseprinzips, angewendet auf die sich in verschiedenen Leben weiterentwickelnde Individualität. Daß sich hier lineares Denken nicht mehr bewährt, wird bereits bei den Betrachtungen von Pflanzen- und Tiermetamorphosen sichtbar – wie erst bei Menschen, deren freie Entscheidungen ins große «Spiel» kommen. Es ist unmöglich, sich die geschilderten Verwandlungen, Umkehrungen und Spiegelungen auszudenken, ja oft schwierig, sie gedanklich nachzuvollziehen. Auch für Rudolf Steiner war es nicht einfach – wie er seinen Zuhörern erzählt –, diese Forschungen durchzuführen, die ja nicht in einem semi-medialen Zustand erfolgten, sondern in der Haltung des bewußt anwesenden Wissenschaftlers, der systematisch das vollzieht, was er manchmal Forschung durch «exaktes Hellsehen» nannte. Bei diesem Ansatz ist es auch folgerichtig, daß sich die ersten sechs Vorträge ausschließlich den allgemeinen Gesetzmäßigkeiten von Reinkarnation und Karma widmen, gleichsam als Propädeutikum für die sechs folgenden, welche sich den konkreten Schicksalswegen einzelner Persönlichkeiten zuwenden. Es ist seinen Schilderungen auch deutlich zu entnehmen, *wie* sie aufzufassen und zu lesen sind. Mehr als auf die konkreten Details – und dazu zählt auch das vordergründig interessante: «wer war wer?» – sei auf die Dynamik und die inneren Zusammenhänge zu achten, denn so eigne man sich die Fähigkeit an, eigene Forschungen anzustellen.

Interessant sind des weiteren die von Rudolf Steiner erläuterten Grundfragen, die im Zusammenhang mit Reinkarnation immer wieder gestellt werden. Welche Rolle spielt die Vererbung, wie läßt sich das Verhältnis von Freiheit und karmischer Notwendigkeit denken? Wie sind schweres Leid, Krankheit und Gesundheit zu verstehen? Greift derjenige, der Leid und Krankheit mildern möchte, nicht unbefugt ins Schicksal ein? Neben diesen sehr existentiellen Fragen erörtert Rudolf Steiner jedoch auch die Rolle der einzelnen Wesensglieder und die Zusammenhänge mit kosmischem Geschehen in ihren Gesetzmäßigkeiten.

Man kann sich zu Recht die Frage stellen, ob das Wissen um diese Zusammenhänge für eine sinnvolle Lebensgestaltung nötig sei. Darauf läßt sich wohl mit Rudolf Steiner antworten, daß es jetzt an der Zeit sei, sich diesen Tatsachen zu stellen – das zunehmende Interesse an diesem Thema weist auch darauf hin. Im besonderen jedoch führt der Weg zur Selbsterkenntnis geradewegs auf dieses Thema hin, auf die Suche des einzelnen, der sein Schicksal zu erkennen und in die Hand zu nehmen gewillt ist. Und darüber hinaus: Rudolf Steiner weist eindringlich darauf hin, daß auch die Bildung von Gemeinschaften und das Arbeiten in Gruppen in Zukunft um die bewußt gestaltete Beschäftigung mit diesem Thema erweitert werden muß.

Urs Dietler

BILDUNG DER KARMISCHEN KRÄFTE

ERSTER VORTRAG

DORNACH, 16. FEBRUAR 1924

Ich möchte nun beginnen, zu Ihnen über die Bedingungen und Gesetze des menschlichen Schicksals zu sprechen, das man ja gewohnt worden ist, das Karma zu nennen. Dieses Karma ist aber nur zu verstehen, zu durchschauen, wenn man sich darauf einläßt zunächst, die verschiedenen Arten der Weltgesetzmäßigkeit überhaupt erkennen zu lernen. Und so möchte ich denn heute vielleicht – es ist das notwendig – in einer etwas abstrakteren Form über die verschiedenen Arten der Weltgesetzmäßigkeit zu Ihnen sprechen, um dann die besondere Form, die als menschliches Schicksal, als Karma angesprochen werden kann, gewissermaßen herauszukristallisieren.

Wir sprechen, wenn wir sowohl die Erscheinungen der Welt umfassen wollen, wie auch, wenn wir die Erscheinungen im Menschenleben selber ins Auge fassen wollen, von Ursachen und Wirkungen. Und heute ist man ja gewöhnt, besonders in der Wissenschaft, ganz im allgemeinen zu sprechen von Ursachen und Wirkungen. Aber gerade dadurch kommt man der wahren Wirklichkeit gegenüber in die größten Schwierigkeiten hinein. Denn die verschiedenen Arten, in denen Ursachen und Wirkungen in der Welt auftreten, werden dabei nicht berücksichtigt.

Zunächst können wir uns die sogenannte leblose Natur ansehen, die uns ja am deutlichsten im mineralischen Reiche entgegentritt, in allem dem, was im Gestein in oft so wunderbaren Gestalten uns entgegentritt, aber auch in allem dem, was, man möchte sagen, zu Pulver zerrieben, dann wiederum zusammengebacken im formlosen Gestein uns entgegentritt. Das sehen wir uns zuerst an, meine lieben Freunde, was in dieser Art als Lebloses in der Welt auftritt.

Wenn wir das Leblose, ausnahmslos das Leblose betrachten, dann finden wir nämlich, daß wir die Ursachen, von denen in dem Reiche dieses Leblosen geredet werden kann, überall innerhalb dieses Leblosen selber suchen können. Wo Lebloses ist als Wirkung, da können wir in demselben Reiche des Leblosen auch die Ursachen suchen. Und man verfährt wirklich nur erkenntnisgemäß, wenn man das tut; wenn man also für die Vorgänge des Leblosen auch die Ursachen innerhalb des leblosen Reiches sucht.

Wenn Sie einen noch so schön geformten Kristall vor sich haben, so sollen Sie die [Ursachen der] Formen dieses Kristalls im leblosen Reiche selber suchen. Und damit erweist sich dieses leblose Reich als etwas in sich Abgeschlossenes. Wir können zunächst nicht sagen, wo wir die Grenzen dieses Leblosen finden. Die können unter Umständen sehr entfernt in den Weltenweiten sein. Aber auch wenn für irgendein Lebloses, das vor uns steht, wenn es sich um seine Wirkungen handelt, Ursachen gesucht sein sollen, werden wir diese Ursachen wiederum im Reiche des Leblosen selber suchen. Damit aber stellen wir das Leblose schon neben etwas anderes hin. Und damit eröffnet sich uns zugleich eine gewisse Perspektive.

Betrachten Sie den Menschen selber. Betrachten Sie ihn, wie er durchgeht durch die Pforte des Todes. Alles, was gewirkt und gewest hat in ihm, bevor er durch diese Pforte des Todes gegangen ist, das ist aus der sichtbar greiflichen Gestalt, die übrigbleibt, wenn des Menschen Seele durch die Pforte des Todes geschritten ist, das ist aus dieser nunmehr übriggebliebenen Gestalt weg, und wir sagen auch gegenüber dieser Gestalt: sie ist leblos. Und geradeso wie wir von dem Leblosen sprechen, wenn wir hinschauen auf das Gestein des Gebirges mit seinen Kristallgestalten, so müssen wir vom Leblosen sprechen, wenn wir hinschauen auf den entseelten, entgeistigten Leichnam des Menschen. Und jetzt erst tritt für den Leichnam des Menschen ganz dasselbe ein, was von vornherein da war für die übrige leblose Natur.

Wir konnten nicht für das, was an der menschlichen Gestalt geschieht als Wirkung während des Lebens, bevor die Seele durch das Tor des Todes gegangen ist, die Ursache suchen in dem Leblosen selber. Nicht nur, daß, wenn sich ein Arm hebt, wir vergeblich suchen werden in den leblosen physikalischen Gesetzen der menschlichen Gestalt nach den Ursachen dieses Armhebens, wir werden auch vergeblich suchen in den chemischen, in den physikalischen Kräften, die in der menschlichen Gestalt vorhanden sind, nach den Ursachen, sagen wir, des Herzschlages, der Blutzirkulation, irgendeines Vorganges, der auch gar nicht dem Willen unterliegt.

In dem Augenblicke aber, wo die menschliche Gestalt Leichnam geworden ist, wo die Seele durchgeschritten ist durch die Pforte des Todes, beobachten wir auch eine Wirkung an dem menschlichen Organismus. Wir sehen meinetwillen: Es verändert sich die Hautfarbe, es werden die Glieder welk, kurz, es tritt alles das ein, was man gewöhnt ist, am Leichnam zu sehen. Wo suchen wir die Ursache? Im Leichnam selber, in den chemischen, physikalischen, in den leblosen Kräften des Leichnams selber.

Nun, wenn Sie sich das, was ich da andeute – ich brauche es nur anzudeuten –, wenn Sie das nach allen Seiten und Richtungen zu Ende denken, so werden Sie sich sagen: Der Mensch ist in bezug auf seinen Leichnam, nachdem seine Seele durch die Pforte des Todes geschritten ist, der leblosen Natur gleich geworden. Das heißt, wir müssen die Ursachen für Wirkungen nunmehr in demselben Gebiete suchen, wo die Wirkungen selber liegen. Das ist sehr wichtig.

Aber gerade wenn wir auf diese besondere Artung des menschlichen Leichnams hinschauen, dann finden wir etwas anderes, was außerordentlich bedeutsam ist. Sehen Sie, der Mensch wirft gewissermaßen mit dem Tode seinen Leichnam ab. Und wenn man mit jener Beobachtungsgabe, die dazu fähig ist, beobachtet, was nunmehr der eigentliche Mensch, das geistig-seelische Menschenwesen geworden ist, nachdem es durch die Pforte des Todes geschritten ist, dann muß man eben sagen, die Sache ist doch so, daß der Leichnam abgeworfen ist, und daß nunmehr für dieses eigentliche geistig-seelische Menschenwesen, das angekommen ist jenseits des Tores des Todes, dieser Leichnam keine Bedeutung mehr hat. Er ist etwas Abgeworfenes.

Anders ist das mit der leblosen äußeren Natur. Und schon wenn man, ich möchte sagen, oberflächlich betrachtet, tritt einem dieses andere entgegen. Betrachten Sie einen menschlichen Leichnam. Sie können ihn ja am besten betrachten da, wo er gewissermaßen luftbeerdigt wird. Man findet in unterirdischen Gewölben, die namentlich gewisse Gemeinschaften früher als Begräbnisstätten gehabt haben, die Leichname von Menschen zum Beispiel einfach aufgehängt. Sie vertrocknen, und sie kommen in diesem Vertrocknen so weit, daß sie vollständig mürbe geworden sind, daß man dann eigentlich nur etwas anzutippen braucht, und sie zerfallen in Staub auseinander.

Das ist anders, was wir da als Lebloses erhalten haben, als dasjenige, was wir draußen in unserer Umgebung als leblose Natur finden. Diese leblose Natur, sie gestaltet sich, sie bildet Kristallgestalten. Sie ist überhaupt in einer merkwürdigen Veränderung befindlich. Wenn wir absehen von dem eigentlichen Erdigen und sehen auf das, was ja auch leblos ist, auf Wasser, Luft, so finden wir, daß eine regsame Verwandlung und Metamorphose in diesem Leblosen vorhanden ist.

Nun wollen wir uns das zunächst einmal vor die Seele stellen, wir wollen die Gleichheit des menschlichen Leibes, wenn ihn die Seele abgelegt hat, in seiner Leblosigkeit, mit der außermenschlichen leblosen Natur einmal vor unsere Seele gestellt sein lassen.

Und gehen wir jetzt weiter. Betrachten wir das Pflanzenreich. Da kommen wir in die Sphäre des Lebendigen. Wenn wir eine Pflanze so richtig studieren, dann werden wir niemals finden, daß wir imstande sind, die Wirkungen, die in der Pflanze auftreten, bloß aus den Ursachen heraus zu suchen, die im Pflanzenreiche, also in demselben Reiche, wo die Wirkungen auftreten, selber liegen. Gewiß, es gibt heute eine Wissenschaft, die das versucht. Aber diese Wissenschaft ist eben auf dem Holzwege, denn sie kommt zuletzt darauf, zu sagen: Ja, man kann die physischen, in der Pflanze wirkenden Kräfte und Gesetze untersuchen, man kann die chemisch wirksamen Kräfte und Gesetze untersuchen; und es bleibt etwas übrig. – Da scheiden sich dann die Leute in zwei Parteien. Die einen sagen: Das, was da übrigbleibt, ist überhaupt nur eine Zusammenstellung, so eine Art Form, Gestalt; das Wirksame sind nur die physischen und chemischen Gesetze. – Die anderen sagen: Nein, es ist noch etwas anderes darinnen, das hat nur die Wissenschaft noch nicht erforscht; sie wird schon darauf kommen. – Sie wird das noch lange sagen. So ist die Sache eben nicht, sondern wenn man das Pflanzliche untersuchen will, so kann man es nicht verstehen, wenn man nicht das ganze Weltenall zu Hilfe nimmt, wenn man nicht auf die Pflanzen so hinsieht, daß man sich sagt: Die Kräfte der Pflanzenwirksamkeit liegen im weiten Weltenall. Alles, was da in der Pflanze geschieht, ist Wirkung des weiten Weltenalls. Es muß erst die Sonne zu einer bestimmten Position kommen im weiten Weltenall, damit irgendwelche Wirkungen im Pflanzenreiche auftreten. Es müssen andere Kräfte aus dem weiten Weltenall wirken, damit die Pflanze ihre Form, damit die Pflanze ihre inneren Triebkräfte und so weiter bekommt.

Und die Sache ist ja so: Wenn wir in die Lage kämen, meine lieben Freunde, nun zu wandern, nicht bloß wie Jules Verne es gemacht hat, sondern wirklich zu wandern, sagen wir bis zum Monde, bis zur Sonne und so weiter, so würden wir gar nicht viel gescheiter werden in bezug auf dieses Ursache-Suchen, als wir auf der Erde selber sind, wenn wir uns keine anderen Erkenntniskräfte aneignen als diejenigen, die wir schon haben. Wir würden nirgends zurechtkommen, wenn wir etwa sagen wollten: Nun schön, im Pflanzenreiche der Erde selber sind nicht die Ursachen für die Wirkungen, die im Pflanzenleben auftreten, also wandern wir zur Sonne, da werden wir die Ursachen finden. – Da finden wir sie auch nicht. Dagegen finden wir sie, wenn wir uns zur imaginativen Erkenntnis aufschwingen, wenn wir eine ganz andere Erkenntnis haben. Dann brauchen wir aber nicht zur Sonne zu wandern, wir finden sie im Erdenbereiche selber. Nur finden wir, daß wir nötig haben, von einer gewöhnlichen physischen Welt in eine Ätherwelt überzugehen, und daß in den Weiten der Welt überall der Weltenäther mit seinen Kräften wirkt, und daß er eben aus den Weiten hereinwirkt. Überall aus den Weiten herein wirkt der Äther.

Wir müssen also tatsächlich zu einem zweiten Reiche der Welt übergehen, wenn wir für das Pflanzenreich zu den Wirkungen die Ursachen suchen wollen.

Nun, der Mensch nimmt teil an demselben, an dem da die Pflanze teilnimmt. Diejenigen Kräfte, die aus der Ätherwelt hereinwirken in die Pflanzen, sie wirken auch im Menschen. Der Mensch trägt in sich die ätherischen Kräfte, und wir nennen die Summe dieser ätherischen Kräfte, die er in sich trägt, den Ätherleib. Und ich habe Ihnen bereits angeführt, wie dieser Ätherleib wenige Tage nach dem Tode immer größer und größer wird und sich zuletzt verliert, so daß der Mensch nur in seinem astralischen Leib und in seiner Ich-Wesenheit übrigbleibt.

Das also, was der Mensch ätherisch in sich getragen hat, wird immer größer und größer und verliert sich in den Weltenweiten.

Vergleichen Sie jetzt wieder dasjenige, was wir vom Menschen sehen können, wenn er durch die Pforte des Todes geschritten ist, mit dem, was wir im Pflanzenreiche sehen. Wir müssen vom Pflanzenreiche sagen: seine Ursachenkräfte kommen aus den Raumesweiten auf die Erde herein. Wir müssen vom mensch-

Tafel 1*

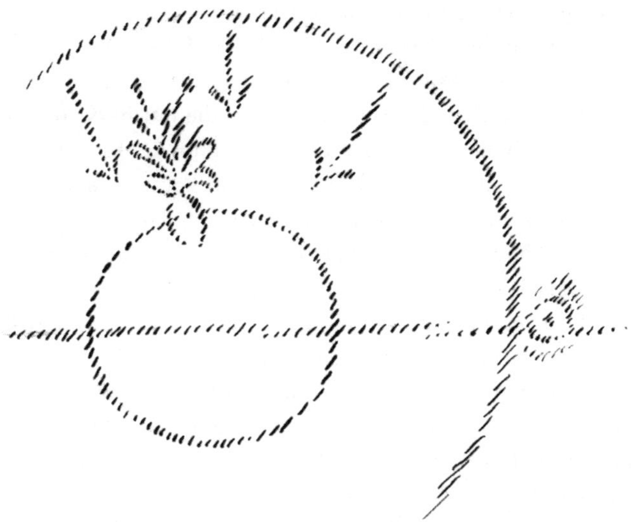

lichen Ätherleib sagen: die Kräfte dieses Ätherleibes gehen in die Raumesweiten hinaus, das heißt, sie gehen dorthin, woher die Pflanzenwachstumskräfte kommen, wenn der Mensch durch die Pforte des Todes geschritten ist. Hier wird die Sache schon, ich möchte sagen, deutlicher. Wenn wir bloß den physischen Leichnam anschauen und sagen, er wird ein Lebloses, dann wird es uns schwer, herüberzukommen zu der übrigen leblosen Natur. Aber wenn wir das Lebendige anschauen, das Pflanzenreich, und gewahr werden: Aus dem Äther der Weltenweiten kommen die Ursachen, kommen die Kräfte für das Pflanzenreich – dann sehen wir, indem wir uns imaginativ in das Menschenwesen vertiefen, daß dorthin, woher die Kräfte, die Ätherkräfte für das Pflanzenreich kommen, der menschliche Ätherleib hingeht, wenn der Mensch durch die Pforte des Todes geschritten ist.

* Zu den Tafelzeichnungen siehe Seite 249

Aber noch etwas ist charakteristisch. Ich möchte sagen: Dasjenige, was auf die Pflanzen als Ursachenkräfte wirkt, mit dem geht es verhältnismäßig schnell, denn auf die Pflanze, die aus dem Boden herauswächst, die Blüte bekommt, die Frucht bekommt, hat die Sonne von vorgestern nicht viel Einfluß. Da kann sie mit ihren Ursachen nicht viel wirken. Sie muß heute scheinen, sie muß wirklich heute scheinen. Das ist wichtig. Und Sie werden sehen in unseren folgenden Betrachtungen, daß es wichtig ist, daß wir uns das merken.

Die Pflanzen mit ihren Ätherursachen haben zwar innerhalb des Irdischen ihre eigentlichen Fundamentalkräfte, aber sie haben sie in dem, was gleichzeitig im Weltenall mit der Erde ist. Und wenn der menschliche Ätherleib, nachdem der Mensch als geistig-seelisches Wesen durch die Pforte des Todes geschritten ist, sich auflöst, so dauert das auch nur sehr kurze Zeit, tagelang nur. Wiederum ist Gleichzeitigkeit da, denn die Tage, die es dauert, sind eigentlich für die Zeit des Weltgeschehens eine Kleinigkeit.

Wiederum haben wir es, wenn der Ätherleib zurückkehrt zu dem, woraus die Pflanzenwachstumskräfte als Ätherkräfte kommen, damit zu tun, daß wir sagen können: Sobald der Mensch im Äther lebt, ist seine Ätherwirksamkeit zwar nicht auf die Erde beschränkt, sie geht ja von der Erde fort, aber sie entwickelt sich mit Gleichzeitigkeit.

Ich will Ihnen dafür ein Schema aufschreiben. Wir können sagen: Mineralreich: Gleichzeitigkeit des Physischen für Ursachen und Wirkungen. Also im wesentlichen haben wir es mit Gleichzeitigkeit zu tun der Ursachen im Physischen. Sie werden sagen: Ja, für manches, was im Physischen geschieht, sind ja die Ursachen der Zeit nach früher gelegen. – Das ist nicht in Wirklichkeit der Fall. Wenn Wirkungen entstehen sollen im Physischen, müssen die Ursachen andauern, müssen fortwirken. Wenn die Ursachen aufhören, treten keine Wirkungen mehr ein. Also wir können durchaus dieses Diktum hinschreiben: Mineralreich: Gleichzeitigkeit der Ursachen im Physischen.

Kommen wir aber in das Pflanzenreich – und damit stehen wir auch in dem, was im Menschen selber als Pflanzliches zu verfolgen ist –, dann haben wir es zu tun mit Gleichzeitigkeit im Physischen und Überphysischen. Pflanzenreich: Gleichzeitigkeit der Ursachen im Physischen und Überphysischen.

Nun treten wir an das Tierreich heran. Beim Tierreiche werden wir ganz vergeblich dasjenige, was als Wirkungen auftreten, solange das Tier lebt, im Tier selber suchen können. Wenn das Tier auch nur kriecht, um seine Nahrung aufzusuchen, in den chemischen, physischen Vorgängen, die sich innerhalb des tierischen Leibes finden, werden wir ganz vergeblich suchen nach den Ursachen. Wir werden auch ganz vergeblich suchen in den Weiten des Ätherraumes, wo wir die Ursachen für das Pflanzliche finden, wir werden da auch vergeblich suchen nach den Ursachen der tierischen Bewegung und der tierischen Empfindung. Für alles das, was im Tiere vorgeht mit Bezug auf das, was im Tiere pflanzlich ist, finden wir allerdings auch die Ursachen innerhalb des Ätherraumes, und wenn das Tier stirbt, geht ja auch der Ätherleib in die Weiten des Weltenäthers hinaus. Aber für das, was Empfindung ist, finden wir nimmermehr innerhalb dessen, was irdisch, was physisch oder was überphysisch-ätherisch ist, die Ursachen, können sie nicht finden.

Hier tritt allerdings etwas ein, wo die moderne Anschauung wiederum sehr stark auf dem Holzwege ist. Das muß sich ja diese moderne Anschauung auch für viele Erscheinungen, die an einem Tier auftreten – Empfindungserscheinungen, Bewegungserscheinungen –, sagen: Untersuche ich das Tier in seinem Inneren nach seinen physischen, chemischen Kräften, da finde ich nicht die Ursachen. Aber auch in den Weiten des Weltenalls, in den Ätherwelten des Weltenalls finde ich nicht die Ursachen. Wenn ich eine Blüte erklären will, muß ich in das weite Weltenall, in das

Ätherweltenall gehen, und ich werde die Blüte aus dem Ätherweltenall erklären können. Ich werde manches auch im Tier, was pflanzengleich ist, aus dem Ätherweltenall erklären können, aber nimmermehr das, was in dem Tier als Bewegungen auftritt, und nimmermehr das, was auftritt in dem Tier als Empfindung.

Wenn ich am 20. Juni ein Tier betrachte in bezug auf seine Empfindungen, dann werde ich in allem dem, was irdisch ist und außerirdisch ist im Raume, die Ursachen für die Empfindungen nicht am 20. Juni finden. Gehe ich weiter zurück, werde ich sie auch nicht finden. Ich werde sie nicht im Mai, nicht im April und so weiter finden.

Das spürt auch die moderne Anschauung. Daher erklärt diese moderne Anschauung das, was sich so nicht erklären läßt, wenigstens vieles davon, durch Vererbung, das heißt durch ein Wort: Es ist «vererbt», es stammt von den Vorfahren. – Natürlich nicht alles, weil das doch zu grotesk wäre, aber vieles. Es ist vererbt.

Was heißt vererbt? Es führt der Begriff der Vererbung zuletzt darauf zurück, daß dasjenige, was einem als mannigfaltig gestaltetes Tier entgegentritt, im Eikeim des Muttertieres enthalten war. Und das ist ja das Bestreben der modernen Anschauung, einen Ochsen äußerlich in seiner mannigfaltigen Gestaltung zu betrachten und dann zu sagen: Nun ja, der Ochse kommt aus dem Eikeim; da waren die Kräfte drinnen, die dann ausgewachsen den Ochsen geben. Daher ist der Eikeim ein außerordentlich komplizierter Körper. Er müßte auch furchtbar kompliziert sein, dieser Eikeim des Ochsen, denn nicht wahr, da ist alles drinnen, was nach vielen Seiten drängt und gestaltet und bildet und wirkt, damit aus dem kleinen Eikeim der vielgestaltete Ochse wird.

Und wie man sich auch windet – es gibt ja da viele Theorien, Evolutionstheorien, Epigenesistheorien und so weiter –, es ist immer nichts anderes, als daß man doch sich vorstellen muß: Dieser Eikeim, das kleine Ei, ist etwas furchtbar Kompliziertes. Wie alles zurückgeführt wird auf Moleküle, die in komplizierter Weise sich aus Atomen aufbauen, so stellen manche die erste Anlage dieses Eikeimes als ein kompliziertes Molekül dar. Aber das stimmt nicht einmal mit den physischen Beobachtungen überein, meine lieben Freunde.

Die Frage entsteht: Ist denn dieser Eikeim wirklich ein so kompliziertes Molekül, ein so komplizierter Organismus schon? Das Eigentümliche des Eikeimes ist nämlich gar nicht, daß er kompliziert ist, sondern daß er die ganze Materie ins Chaos zurückwirft. Gerade der Eikeim ist etwas, was im Muttertiere nicht ein komplizierter Aufbau ist, sondern ein vollständig pulverisiertes, durcheinandergeschmissenes Materielles. Es ist gar nichts organisiert. Es ist gerade etwas, was ins absolut Unorganisierte, in sich Staubhafte zurückfällt. Und niemals würde eine Fortpflanzung entstehen, wenn nicht die unorganisierte, die leblose Materie, die ins Kristallinische, ins Gestaltige strebt, wenn nicht diese in sich ins Chaos gerade im Ei zurückfiele. Das Eiweiß ist nicht der komplizierteste Körper, sondern der allereinfachste, der gar keine Bestimmung in sich hat. Und aus diesem kleinen Chaos, das da als Eikeim besteht zunächst, könnte ewig kein Ochse werden, wirklich nicht, denn er ist eben ein Chaos, dieser Eikeim.

Warum wird dann dennoch ein Ochse daraus? Weil im mütterlichen Organismus die ganze Welt nun auf diesen Eikeim wirkt. Gerade weil er bestimmungslos geworden ist, weil er Chaos geworden ist, kann die ganze Welt auf ihn wirken. Und die Befruchtung hat kein anderes Ziel in der Welt, als die Materie ins Chaos, ins Unbestimmte, ins Bestimmungslose zurückzuführen. So daß nicht etwas anderes, sondern nur das Weltenall wirkt.

Aber nun, wenn wir in die Mutter schauen, da sind nicht die Ursachen; wenn wir außerhalb in den Äther schauen, da sind auch im gleichzeitigen Geschehen nicht die Ursachen. Wir müssen zurückgehen bis bevor das Tier entstanden ist, wenn wir die Ursachen finden wollen für das, was da keimt als die Anlage zum empfindungs- und bewegungsfähigen Wesen. Wir müssen zurückgehen bis bevor das Leben angefangen hat! Das heißt, für das Empfindungs- und Bewegungsfähige liegt nicht in der Gleichzeitigkeit, sondern vor der Entstehung dieses Wesens die Ursachenwelt.

Das ist das Eigentümliche: Wenn ich eine Pflanze anschaue, dann muß ich in dasjenige hinausgehen, was gleichzeitig ist, dann finde ich die Ursache – allerdings im weiten Weltenall. Wenn ich aber für das, was als Empfindung oder als Bewegungsfähigkeit im Tier wirkt, die Ursache finden will, so kann ich nicht ins Gleichzeitige gehen, sondern da muß ich in dasjenige gehen, was dem Leben vorangeht; die Sternkonstellation, mit anderen Worten, muß sich geändert haben, muß eine andere geworden sein. Nicht die Sternkonstellation im Weltenall, die mit dem Tiere gleichzeitig ist, hat ihren Einfluß auf das eigentlich Tierische, sondern die dem Leben vorangehende Konstellation der Sterne.

Und jetzt schauen wir auf den Menschen hin, wenn er durch die Pforte des Todes geschritten ist. Der Mensch muß, wenn er durch die Pforte des Todes geschritten ist, wenn er seinen Ätherleib abgelegt hat, der in die Weltenweiten an jene Stelle hingeht, von denen die Kräfte des Pflanzenwachstums, die ätherischen Kräfte kommen, der Mensch muß zurückgehen, wie ich Ihnen ausgeführt habe, bis zu seiner Geburt. Da hat er in seinem astralischen Leib alles das durchgemacht, rückwärtslaufend, was er während des Lebens im Hin-Gang durchgemacht hat. Mit anderen Worten: Der Mensch muß nicht in das Gleichzeitige hineingehen nach dem Tode mit seinem astralischen Leib, er muß zurückgehen zu dem Vorgeburtlichen, er muß dorthin gehen, wo heraus die Kräfte kommen, die die tierische Empfindungsfähigkeit und Bewegungsfähigkeit geben. Die kommen nicht aus dem Raumesreiche, nicht aus den Konstellationen der Sterne, die gleichzeitig sind, die kommen aus den Konstellationen, die vorangehend sind. – Sprechen wir also vom tierischen Reich (siehe Schema Seite 31/32), dann können wir nicht von der Gleichzeitigkeit der Ursachen im

Physischen und Überphysischen sprechen, sondern dann müssen wir von vergangenen überphysischen Ursachen zu gegenwärtigen Wirkungen im Physischen sprechen. Tierreich: Vergangene überphysische Ursachen zu gegenwärtigen Wirkungen.

Und wir kommen auch da wiederum in den Zeitbegriff hinein. Wir müssen, wenn ich mich trivial ausdrücken darf, in der Zeit spazierengehen. Wenn wir die Ursachen suchen wollen für irgend etwas, was in der physischen Welt geschieht, gehen wir in der physischen Welt spazieren; wir brauchen nicht aus der physischen Welt herauszugehen. Wenn wir für irgend etwas, was im lebendigen Pflanzenreiche bewirkt ist, die Ursache suchen wollen, müssen wir ja recht weit gehen. Wir müssen die Ätherwelt absuchen, und erst da, wo die Ätherwelt am Ende ist, wo – märchenhaft gesprochen – «die Welt mit Brettern vernagelt ist», erst da finden wir die Ursache für das Pflanzenwachstum.

Aber wir können da herumgehen, soviel wir wollen, da finden wir nicht die Ursache der Empfindungsfähigkeit, auch nicht der Bewegungsfähigkeit. Da müssen wir anfangen, in der Zeit spazierenzugehen. Da müssen wir in der Zeit zurückschreiten. Da müssen wir aus dem Raum herauskommen und in die Zeit hineinspazieren.

Sie sehen, wir können nebeneinanderstellen in bezug auf dieses Verursachen den menschlichen physischen Leib in seiner Leblosigkeit mit der leblosen Natur; den menschlichen Ätherleib in seinem Leben und in seinem Hinausgehen nach dem Tode in die Ätherwelten mit dem Ätherleben der Pflanzen, das auch aus den Ätherwelten hereinkommt, aber aus den gleichzeitigen Konstellationen des Überphysischen, des Überirdischen; und wir können zusammenstellen die menschliche astralische Organisation mit dem, was draußen im Tierischen ist.

Und wir schreiten dann fort von dem mineralischen zu dem pflanzlichen, zu dem tierischen Reiche, kommen herauf zu dem eigentlichen Menschenreiche. Sie werden sagen: Das haben wir ja schon immer berücksichtigt. Ja, aber nicht ganz. Wir haben das Menschenreich zunächst berücksichtigt, insofern der Mensch einen physischen Leib hat, dann insofern er einen Ätherleib hat, dann insofern er einen astralischen Leib hat. Aber sehen Sie, wenn der Mensch bloß seinen physischen Leib hätte, so wäre er – ein komplizierter, aber immerhin – ein Kristall. Wenn der Mensch bloß dazu noch seinen Ätherleib hätte, so wäre er vielleicht auch eine zwar schöne Pflanze, aber immerhin bloß eine Pflanze. Wenn der Mensch noch dazu einen astralischen Leib hätte, würde er auf allen vieren gehen, vielleicht Hörner haben und dergleichen, er wäre eben ein Tier. Das alles ist der Mensch nicht. Die Gestalt, die er hat als aufrechtgehendes Wesen, diese Gestalt hat er dadurch, daß er außer der physischen, ätherischen, astralischen Organisation eben noch die Ich-Organisation hat. Und erst von diesem Wesen, das auch noch die Ich-Organisation hat, können wir sprechen als dem Menschen, dem Menschenreich.

Betrachten wir jetzt noch einmal das, was wir schon angeschaut haben. Wenn wir die Ursachen suchen wollen für das Physische, können wir im Physischen bleiben. Wenn wir die Ursachen suchen sollen für das Pflanzliche, müssen wir in die Weiten des Ätherreiches hinausgehen, aber wir können noch im Raume bleiben, nur, wie gesagt, wird der Raum da etwas hypothetisch, denn man muß ja sogar zu Märchenbegriffen, «wo die Welt mit Brettern vernagelt ist», seine Zuflucht nehmen. Aber dennoch, die Sache ist so, daß ja wirklich sogar die rein im Sinne der gegenwärtigen Naturforschung denkenden Menschen schon darauf kommen, daß man wirklich von so etwas sprechen kann, wie «die Welt ist mit Brettern vernagelt». Es ist natürlich ein trivialer, grober Ausdruck. Aber man braucht nur daran zu denken, wie in kindlicher Weise die Menschen denken: Da ist die Sonne, die schickt ihre Strahlen fort und immer weiter fort; sie werden zwar immer schwächer und schwächer – das Licht geht da fort, fort, fort, immer weiter fort, eben ins Endlose.

Ich habe für diejenigen, die schon jahrelang die Vorträge hören, längst auseinandergesetzt, daß das ein Unding ist, sich vorzustellen, daß das Licht ins Endlose hinausgeht. Ich habe immer gesagt, die Ausbreitung des Lichtes unterliegt der Elastizität. Wenn man einen Kautschukball hat und in ihn hineindrückt, so kann man bis zu einer gewissen Stelle eindrücken, dann schnellt er wieder zurück, das heißt, der Druck für die Elastizität hat ein Ende, dann geht es zurück. So, sagte ich, ist es auch für das Licht: das geht nicht ins Endlose hinaus, sondern wenn es eine gewisse Grenze erreicht hat, kommt es wieder zurück. Tafel 1 unten rechts

Dieses, daß das Licht nicht bis ins Endlose geht, sondern nur bis zu einer gewissen Grenze und wieder zurückgeht, das wurde nun auch zum Beispiel in England von dem Physiker Oliver Lodge vertreten; so daß heute schon die physische Wissenschaft darauf gekommen ist, das, was die Geisteswissenschaft gibt, zu vertreten, wie sie in allen Einzelheiten eben einmal ankommen wird bei dem, was die Geisteswissenschaft sagt.

Und so kann man schon auch sprechen davon, daß da draußen, wenn man genügend weit hinausdenkt, man wieder zurückdenken muß, nicht einfach den endlosen Raum annehmen darf, der eine Phantasterei ist, noch dazu eine Phantasterei, die man nicht fassen kann. Vielleicht werden sich einige von Ihnen erinnern, wie ich in der Beschreibung meines Lebensganges im letzten Kapitel, das vorige Woche erschienen ist, gesagt habe, daß es auf mich einen ganz besonders bedeutsamen Eindruck gemacht hat, wie ich beim Anhören der synthetischen neueren Geometrie zunächst von der Geometrie darauf hingewiesen worden bin, daß eine Gerade nicht so gedacht werden darf, daß sie da ins Endlose hinausgeht und niemals aufhört, sondern daß die Gerade, die da hinausgeht, von der anderen Seite wahrhaftig zurückkommt. Die Geometrie drückt das so aus: Die Synthese, der unendlich ferne Punkt nach rechts ist derselbe wie der unendlich ferne Punkt nach links. Das kann man ausrechnen. Das ist nicht etwa nach der bloßen Analogie, daß, Tafel 1 oben rechts wenn man einen Kreis hat und von hier ausgeht, man da wieder zurückkommt, daß, wenn der Halbbogen eine Unendlichkeit hat, er eine Gerade wäre. Das ist nicht so; das wäre eine Analogie, auf die derjenige, der exakt denken kann, nichts gibt. Das, was auf mich einen Eindruck machte, das war nicht diese triviale Analogie, sondern das wirklich rechnungsgemäße Nachweisen können, daß der unendlich ferne Punkt von der einen Seite links derselbe ist wie der, der hier rechts eine Unendlichkeit ist, daß also wirklich jemand, der hier anfängt zu laufen und immerfort nach der Linie läuft, nicht ins Endlose läuft, sondern daß, wenn man nur die richtige Zeit abläuft, er einem von der anderen Seite wieder entgegenkommt. Das sieht für alles physische Denken grotesk aus. In dem Augenblicke, wo man das physische Denken ablegt, ist es eben auch eine Realität, weil die Welt nicht endlos ist, sondern so wie sie als physische Welt vorliegt, begrenzt ist. So daß man sagen kann: Man geht an die Grenze des Ätherischen, wenn man vom Pflanzlichen und von dem spricht, was im Menschen ätherisch ist. – Man muß aber herausgehen aus allem dem, was da im Raume überhaupt ist, wenn man das Tierische und im Menschen das Astralische erklären will. Da muß man in der Zeit spazierengehen, da muß man über das Gleichzeitige hinweggehen. Da muß man also vorschreiten in der Zeit.

Und nun kommt man an das Menschliche. Sehen Sie, wenn man in die Zeit hineinkommt, da überschreitet man eigentlich schon auf doppelte Art das Physische. Indem man das Tier begreift, muß man schon in der Zeit weitergehen. Nun muß man diese Denkweise nicht wiederum abstrakt fortsetzen, sondern konkret fortsetzen. Geben Sie jetzt einmal acht, wie man das konkret fortsetzt.

Nicht wahr, die Menschen denken: Wenn die Sonne Licht aussendet, so geht das Licht endlos fort. Oliver Lodge zeigt aber, daß man jetzt schon diese Denkweise verläßt, daß man weiß, das kommt an ein Ende und kommt wieder zurück. Die Sonne bekommt von allen Seiten ihr Licht wiederum zurück, wenn auch in anderer Form, in verwandelter Form; sie bekommt es aber zurück. Wenden wir nun diese Denkweise an auf das, was wir eben durchgedacht haben. Wir stehen zunächst im Raume. Der Erdenraum bleibt drinnen, wir schreiten hinaus zum Weltenraum. Das ist uns noch nicht genug, wir schreiten hinaus in die Zeit. Jetzt könnte einer sagen: Nun ja, jetzt schreiten wir immer weiter und weiter. – Nein, jetzt kommen wir wieder zurück! Wir müssen die Denkweise fortsetzen. Wir kommen wieder zurück. Wir kommen gerade so wieder zurück, wie wir, wenn wir im Raume immer weiterschreiten, an die Grenze kommen und dann wieder zurückkommen; so kommen wir auch hier wieder zurück. Das heißt, wenn wir die vergangenen überphysischen Ursachen gesucht haben in der Zeitenweite, müssen wir wieder ins Physische zurückkommen.

Was heißt denn aber das? Das heißt, wir müssen wieder aus der Zeit herunter, aus der Zeit wieder auf die Erde herunter. Wenn wir also für den Menschen die Ursachen suchen wollen, dann müssen wir sie wieder auf der Erde suchen. Nun sind wir zurückgeschritten in der Zeit. Wenn wir, indem wir in der Zeit zurückschreiten, wieder auf die Erde herunterkommen, dann kommen wir in ein voriges Menschenleben hinein, selbstverständlich. Wir kommen in ein voriges Menschenleben hinein. Beim Tiere schreiten wir weiter; das löst sich in bezug auf die Zeit geradeso auf, wie sich unser Ätherleib auflöst bis an die Grenze. Der Mensch löst sich da nicht auf, sondern wir kommen auf die Erde wieder zurück bis an sein voriges Erdenleben.

So daß wir für den Menschen sagen können: Vergangene physische Ursachen zu gegenwärtigen Wirkungen im Physischen.

Tafel 2

Mineralreich:	Gleichzeitigkeit der Ursachen im Physischen.
Pflanzenreich:	Gleichzeitigkeit der Ursachen im Physischen und Überphysischen.

Tierreich:	vergangene überphysische Ursachen zu gegenwärtigen Wirkungen im Physischen
Menschenreich:	vergangene physische Ursachen zu gegenwärtigen Wirkungen im Physischen.

Sie sehen, es hat heute, ich möchte sagen, Mühe gekostet, sich vorbereitend einmal in Abstraktionen hineinzuversetzen. Aber das war notwendig, meine lieben Freunde. Es war notwendig, weil ich Ihnen einmal zeigen wollte, daß es auch für diejenigen Gebiete, die man als die geistigen betrachten muß, eine Logik gibt. Nur stimmt diese Logik nicht überein mit der groben Logik, die bloß von den physischen Erscheinungen abgezogen ist und an die die Menschen gewöhnlich einzig und allein glauben.

Wenn man rein logisch vorgeht und die Ursachenreihen absucht, dann kommt man auch im bloßen Gedankengang an die vergangenen Erdenleben. Und es ist notwendig, darauf aufmerksam zu machen, daß auch das Denken selber ein anderes werden muß, wenn man das Geistige begreifen will.

Nicht wahr, die Menschen meinen, man könne das nicht begreifen, was aus der geistigen Welt heraus sich offenbart. Man kann es begreifen, aber man muß seine Logik erweitern. Es ist ja auch notwendig, wenn man ein Musikstück oder ein anderes Kunstwerk begreifen will, daß man in sich die Bedingungen hat, die der Sache entgegenkommen. Wenn man diese Bedingungen nicht hat, so begreift man eben nichts davon. Dann geht die Sache als ein Geräusch vorbei. Oder man sieht in irgendeinem Kunstwerke nichts anderes als eben ein unverständliches Gebilde. So muß man auch dem, was aus der geistigen Welt heraus mitgeteilt wird, ein Denken entgegenbringen, das angemessen ist der geistigen Welt. Das aber stellt sich schon bei dem bloßen logischen Denken heraus. Man kommt, indem man die Verschiedenartigkeit der Ursachen untersucht, in der Tat dazu, die vergangenen Erdenleben auch in logischer Folge verstehen zu können.

Nun bleibt uns die große Frage, die da beginnt, wo wir den Leichnam betrachten. Er ist leblos geworden. Die leblose Natur draußen steht in ihren Kristallformen, in den verschiedenen Formen da. Die große Frage steht vor uns: Wie verhält sich die leblose Natur zum Leichnam des Menschen?

Vielleicht werden Sie schon finden, meine lieben Freunde, daß etwas beigetragen wird zu einem Sinn, der nach der Antwort dieser Frage hin liegt, wenn Sie die Sache in zweiter Etappe anfassen, wenn Sie sagen: Wenn ich die Pflanzenwelt anschaue, die um mich herum ist, so trägt diese in sich aus den Weiten des Ätherweltenalls die Kräfte, zu denen mein Ätherleib zurückkehrt. Da draußen in Ätherwelten, da ist dasjenige oben, was ursächlich den Pflanzen den Ursprung gibt, da ist dasjenige, wohin mein Ätherleib geht, wenn er meinem Leben ausgedient hat. Ich gehe dahin, woher aus den Ätherwelten das pflanzliche Leben quillt. Ich gehe dahin, das heißt, ich bin verwandt damit. Ja, ich kann geradezu sagen: Da oben ist etwas, mein Ätherleib geht dahin, die grünende, sprossende, quellende Pflanzenwelt kommt daher. – Aber es ist ein Unterschied: Ich gebe meinen Ätherleib ab, die Pflanzen empfangen den Äther zum Aufwachsen. Sie erhalten den Äther zum Leben, ich gebe den Ätherleib ab nach dem Tode. Ich gebe ihn als etwas ab, das übrigbleibt; sie, die Pflanzen, erhalten diesen Ätherleib als etwas, was ihnen das Leben gibt. Sie haben ihren Anfang von dem, wohin ich mit meinem Ende gelange. Der Pflanzenanfang gliedert sich zusammen mit des menschlichen Ätherleibes Ende.

Dies legt Ihnen die Frage nahe: Könnte es denn vielleicht auch so sein, daß ich beim Mineral, bei den mannigfaltigst gestalteten Kristallen fragen könnte: Ist vielleicht auch das ein Anfang gegenüber dem, was ich als physischen Leichnam, als Ende von mir, hinterlasse? Gliedert sich vielleicht da Anfang und Ende zusammen?

Mit dieser Frage wollen wir heute schließen, meine lieben Freunde, und morgen anfangen, um recht gründlich einmal in die Frage des menschlichen Schicksals, des sogenannten Karmas, hineinzukommen. Ich werde also in dem folgenden Vortrage über das Karma weitersprechen. Sie werden sich dann nicht mehr durch solches Gestrüpp von Abstraktionen durchzufinden haben, aber Sie werden auch einsehen, daß dies schon für eine gewisse Entwickelung des Denkens notwendig war.

ZWEITER VORTRAG

DORNACH, 17. FEBRUAR 1924

Wenn wir fortschreiten von der Betrachtung, die vorbereiten sollte für die Auseinandersetzung des menschlichen Schicksals, des Karmas, wenn wir vom Abstrakten, Gedanklichen zum Leben fortschreiten, so kommen wir eben fortschreitend dazu, zunächst die verschiedenen Gebiete des Lebens, in die der Mensch hineingestellt ist, vor unsere Seele hinzustellen, um aus diesen Bestandstücken des Lebens dann Unterlagen für eine Charakteristik des Karmas, des menschlichen Schicksals zu gewinnen.

Der Mensch gehört ja in einem viel umfassenderen Sinne der ganzen Welt an, als man gewöhnlich denkt. Der Mensch ist eben ein Glied der Welt, und er ist eigentlich ohne die Welt nichts. Ich habe oftmals den Vergleich gebraucht mit irgendeinem menschlichen Gliede, zum Beispiel mit einem Finger: der Finger ist Finger, indem er am menschlichen Organismus ist. In dem Augenblicke ist er kein Finger mehr, wenn er vom menschlichen Organismus abgeschnitten ist. Äußerlichphysisch ist er als Finger derselbe, aber er ist eben kein Finger mehr, wenn er abgeschnitten ist vom menschlichen Organismus.

So ist der Mensch eigentlich nicht mehr Mensch, wenn er herausgehoben ist aus dem allgemeinen Weltendasein. Er gehört zum allgemeinen Weltendasein und kann ohne dasselbe eigentlich als Mensch gar nicht angeschaut, gar nicht verstanden werden.

Nun aber gliedert sich, wie wir schon gestern gesehen haben, die menschliche Weltumgebung in verschiedene Gebiete. Da haben wir zunächst das leblose Weltgebiet, das wir in der gewöhnlichen Sprache das mineralische Weltengebiet nennen. Diesem mineralischen Weltengebiet, wir werden ihm als leblosem erst ähnlich, hinsichtlich dieses Leibes, wenn wir unseren Leib abgelegt haben, wenn wir durch die Pforte des Todes geschritten sind. Mit unserem eigentlichen Wesen werden wir ja gar nicht diesem

Leblosen jemals ähnlich. Die abgelegte Leibesform wird diesem Leblosen ähnlich. Und so steht auf der einen Seite dasjenige, was der Mensch als physischen Leichnam im Reiche des Leblosen zurückläßt, und auf der anderen Seite das, was die weite, leblose, kristallisierte und unkristallisierte mineralische Natur und Welt ist. Dieser mineralischen Welt sind wir Menschen eigentlich, so lange wir auf Erden leben, ganz unähnlich, darauf habe ich ja schon aufmerksam gemacht. Wir werden sofort in unserer Form zerstört, wenn wir der mineralischen Welt übergeben werden als Leichnam. Wir lösen uns auf im Mineralischen, das heißt, dasjenige, was unsere Form zusammenhält, hat eben mit dem Mineralischen nichts Gemeinsames. Und daraus schon geht hervor, daß der Mensch, so wie er in der physischen Welt lebt, vom Mineralischen selbst aus eigentliche Einflüsse gar nicht haben kann.

Die hauptsächlichsten, die weitaus umfassendsten Einflüsse, die der Mensch vom Mineralischen hat, die kommen auf dem Umwege durch die Sinne her. Wir sehen das Mineralische, wir hören das Mineralische, wir nehmen seine Wärme wahr, kurz, wir nehmen durch die Sinne das Mineralische wahr. Unsere anderen Beziehungen zum Mineralischen sind ja außerordentlich gering. Bedenken Sie nur, wie wenig eigentlich Mineralisches zu uns im Erdenleben in eine Beziehung tritt. Das Salz, mit dem wir uns unsere Speisen salzen, das ist mineralisch, und einiges wenige noch, das wir mit den Nahrungsmitteln aufnehmen, ist mineralisch; aber der weitaus größte Teil der Nahrungsmittel, die die Menschen aufnehmen, ist aus dem pflanzlichen, ist aus dem tierischen Reiche. Und was der Mensch aus dem mineralischen Reiche aufnimmt, das verhält sich in einer ganz eigentümlichen Weise zu dem, was er durch seine Sinne bloß als seelische Eindrücke, als Sinneswahrnehmung vom Mineralischen empfängt. Und ich bitte Sie, dabei auf eines recht sehr zu achten, was wichtig ist – ich habe auch das schon öfters hier erwähnt: Das menschliche Gehirn ist ja durchschnittlich tausendfünfhundert Gramm schwer. Es ist ein ziemliches Gewicht. Das würde so stark drücken, daß die darunter befindlichen Gefäße durch dieses Gehirn ganz zerquetscht würden, wenn es so stark drücken würde, wie es schwer ist. Es drückt nicht so stark, sondern es unterliegt einem bestimmten Gesetze. Dieses Gesetz, ich habe es sogar vor kurzem hier einmal geschildert, dieses Gesetz besagt, daß, wenn wir einen Körper in eine Flüssigkeit hineingeben, er von seinem Gewichte verliert.

Man kann das dadurch untersuchen, daß, wenn man eine Tafel 3
Waage hat, Sie zuerst sich das Gefäß mit Wasser wegdenken und diesen Körper wiegen: er hat ein gewisses Gewicht. Stellen Sie dann das Gefäß darunter, so daß der Körper auf der Waagschale im Wassergefäß eingetaucht ist: Sofort ist die Waage nicht mehr im Gleichgewicht, der Waagebalken sinkt herunter, der Körper wird leichter. Wenn Sie dann untersuchen, um wieviel der Körper leichter wird, so stellt sich heraus, daß er gerade um so viel leichter wird, als die Flüssigkeit schwer ist, die er verdrängt. Wenn Sie also als Flüssigkeit Wasser haben, so wird der Körper, ins Wasser eingesenkt, um so viel leichter, als das Gewicht des Wasserkörpers beträgt, den er verdrängt. Das ist das sogenannte Archimedische Prinzip. Archimedes hat es, ich habe das auch schon einmal gesagt, im Bade gefunden. Er hat einfach sich ins Bad gesetzt und fand sein Bein leichter oder schwerer werden, je nachdem er es herausstreckte oder hineinnahm, und er rief: Ich hab es gefunden, heureka!

Ja, meine lieben Freunde, es ist dies eine außerordentlich wichtige Sache, nur werden wichtige Sachen manchmal vergessen. Und hätte die Ingenieurkunst dieses Archimedische Prinzip nicht vergessen, so wäre wahrscheinlich eines der größten elementaren Unglücke der letzten Zeit in Italien nicht passiert. Das sind eben die Dinge, die auch im äußeren Leben aus einem Unübersichtlichen des heutigen Wissens kommen.

Aber jedenfalls, der Körper verliert so viel von seinem Gewichte, als das Gewicht der verdrängten Flüssigkeit beträgt.

Tafel 3 Nun ist das Gehirn ganz im Gehirnwasser drinnen. Es schwimmt im Gehirnwasser. Man findet heute ab und zu überhaupt schon diese Erkenntnis, daß der Mensch im wesentlichen, sofern er fest ist, eigentlich ein Fisch ist. In Wirklichkeit ist der Mensch schon ein Fisch, denn er besteht ja zu neunzig Prozent aus, einem Wasserkörper, und das Feste schwimmt darinnen wie der Fisch im Wasser.

Nun also, das Gehirn schwimmt im Gehirnwasser, wird so viel leichter, daß es nur zwanzig Gramm wiegt. Das Gehirn, das eigentlich etwa tausendfünfhundert Gramm wiegt, drückt nur mit zwanzig Gramm auf seine Unterlage. Nun denken Sie sich einmal, wie stark wir Menschen, dadurch, daß unser Gehirn im Gehirnwasser schwimmt, in einem so wichtigen Organe die Tendenz haben, von der Erdenschwere frei zu werden. Wir denken ja mit einem Organ, das gar nicht der Erdenschwere unterliegt, sondern wir denken im Gegensatze zur Erdenschwere. Die Erdenschwere wird erst dem Organ abgenommen.

Wenn Sie die ungeheuer weite Bedeutung der Eindrücke nehmen, die Sie durch die Sinne bekommen und denen Sie gegenüberstehen mit Ihrer Willkür, und das vergleichen mit den geringen Einflüssen, die da kommen von Salz und ähnlichen als Nahrungsmittel oder als Zusatz von Nahrungsmitteln genommenen Stoffen, da bekommen Sie schon auch das Folgende heraus: Dasjenige, was aus dem Mineralreiche einen unmittelbaren Einfluß auf den Menschen hat, verhält sich auch wie zwanzig Gramm zu tausendfünfhundert Gramm. So sehr überwiegt das, was wir an bloßen Sinneseindrücken aufnehmen, wodurch wir unabhängig sind von den Reizen; denn das zerreißt uns nicht. Und dasjenige in uns, das schon wirklich der Erdenschwere unterliegt wie die mineralischen Zusätze zu unseren Nahrungsmitteln, das sind zumeist auch noch solche Dinge, die uns innerlich konservieren; denn das Salz hat zu gleicher Zeit eine konservierende, eine erhaltende, eine erfrischende Kraft.

Der Mensch ist also im großen unabhängig von dem, was die umliegende mineralische Welt ist. Er nimmt aus der mineralischen Welt nur das in sich auf, was einen unmittelbaren Einfluß auf sein Wesen nicht hat. Er bewegt sich frei und unabhängig in der mineralischen Welt.

Meine lieben Freunde, wenn diese Freiheit und Unabhängigkeit der Bewegung in der mineralischen Welt nicht da wäre, dann gäbe es überhaupt nicht das, was wir menschliche Freiheit nennen. Und sehr bedeutsam ist dieses, daß wir sagen müssen: Die mineralische Welt ist eigentlich da als das notwendige Gegenstück zu der menschlichen Freiheit. – Gäbe es keine mineralische Welt, wir wären eben nicht freie Wesen. Denn in dem Augenblicke, wo wir in die pflanzliche Welt heraufkommen, sind wir nicht mehr unabhängig von der Pflanzenwelt; es scheint nur so, als ob wir unsere Augen ebenso auf die Pflanzenwelt hinausrichteten, wie wir unsere Augen hinausrichten auf die Kristalle, auf das weite Mineralreich. Das ist aber nicht der Fall. Da breitet sich die Pflanzenwelt aus. Und wir Menschen, wir werden in die Welt hereingeboren als Atmungswesen, als lebendige Wesen, als Wesen, die einen gewissen Stoffwechsel haben. Ja, das ist viel abhängiger von der Umgebung als unsere Augen, unsere Ohren, als alles das, was die Sinneseindrücke vermittelt. Dasjenige, was Pflanzenwelt ist, die Weite der Pflanzenwelt, sie lebt aus dem von allen Seiten in die Erde hereinkraftenden Äther. Der Mensch unterliegt auch diesem Äther.

Wenn wir als kleines Kind geboren werden und wachsen, wenn die Wachstumskräfte in uns geltend sind, so sind das die Ätherkräfte. Dieselben Kräfte, die die Pflanzen wachsen lassen, leben in uns als Ätherkräfte. Wir tragen in uns den Ätherleib; der physische Leib birgt unsere Augen, birgt unsere Ohren. Der physische Leib hat nichts gemeinschaftlich mit der übrigen physischen Welt, wie ich eben auseinandergesetzt habe, und das zeigt sich darin, daß er als Leichnam in der physischen Welt zerfällt.

Anders schon ist es mit unserem Ätherleib. Mit unserem Ätherleib ist es so, daß wir durch ihn verwandt sind der Pflanzenwelt. Aber indem wir wachsen – bedenken Sie nur, meine lieben Freunde –, bildet sich in uns etwas aus, was schon in einem gewissen Sinne recht tief mit unserem Schicksal zusammenhängt. Wir können wachsen, indem wir – um groteske, radikale Beispiele zu nehmen – klein und dick bleiben oder groß und schlank werden, wir können wachsen, indem wir diese oder jene Nasenform haben. Kurz, die Art und Weise, wie wir wachsen, hat schon auf unser Äußeres einen gewissen Einfluß. Das hängt ja doch wiederum, wenn auch zunächst nur lose, mit unserem Schicksal zusammen. Aber das Wachstum drückt sich ja nicht nur in diesen groben Dingen aus. Würden die Instrumente, welche die Menschen für ihre Untersuchungen haben, fein genug sein, so würde man finden, daß jeder Mensch eigentlich eine andere Leberzusammensetzung, eine andere Milzzusammensetzung, eine andere Gehirnzusammensetzung hat. Leber ist nicht einfach Leber. Bei jedem Menschen ist sie, natürlich in feinen Nuancen, etwas anderes. Das alles hängt zusammen mit denselben Kräften, welche die Pflanzen wachsen lassen. Und wir müssen immer hinschauen auf die Pflanzendecke der Erde, und indem wir auf die Pflanzendecke der Erde hinschauen, müssen wir uns bewußt werden: Dasjenige, was aus den Ätherwelten herein die Pflanzen wachsen läßt, das wirkt auch in uns, das bewirkt in uns die ursprüngliche Menschenanlage, die sehr viel mit unserem Schicksal zu tun hat. Denn ob einer diese oder jene Leber- oder Lungenzusammensetzung oder Gehirnzusammensetzung aus der ätherischen Welt heraus hat, das hängt tief mit seinem Schicksal zusammen.

Der Mensch sieht allerdings von allen diesen Dingen nur die Außenseite. Freilich, wenn wir auf die mineralische Welt hinausschauen, dann sehen wir in der mineralischen Welt ungefähr auch das, was da drinnen ist; deshalb haben heute die Menschen diese mineralische Welt wissenschaftlich so gern – wenn man überhaupt von einer wissenschaftlichen Liebhaberei heute sprechen kann –, weil sie alles enthält, was die Leute finden wollen.

Bei dem, was als Kräfte das Pflanzenreich unterhält, ist das schon nicht mehr der Fall. Denn in dem Augenblicke, wo man zu einer imaginativen Erkenntnis kommt – ich habe ja auch davon schon gesprochen –, sieht man sogleich: die Mineralien, die sind so, daß sie im mineralischen Reiche abgeschlossen sind. Dasjenige, was das Pflanzenreich unterhält, das erscheint äußerlich dem gewöhnlichen Bewußtsein gar nicht. Da muß man tiefer hineingehen in die Welt. Und wenn wir uns die Frage vorlegen: Was wirkt denn eigentlich im Pflanzenreiche, was wirkt da so, daß aus den Ätherwelten hereinkommen können die Kräfte, welche die Pflanzen heraussprießen und sprossen machen aus der Erde, welche aber auch in uns das Wachstum bewirken, die feinere Zusammensetzung unseres ganzen Leibes bewirken, was wirkt da? – Da kommen wir auf die Wesen der sogenannten dritten Hierarchie: Angeloi, Archangeloi, Archai. Die sind zunächst das Unsichtbare, aber ohne sie gäbe es nicht jenes Auf- und Abwogen der ätherischen Kräfte, welche die Pflanzen wachsen lassen, und welche in uns wirken, indem wir dieselben Kräfte in uns tragen, welche das Pflanzenwachstum bewirken. Wir können nicht mehr, wenn wir eben nicht stumpf bleiben wollen für die Erkenntnis, bei dem bloß Sichtbaren stehenbleiben, wenn wir an die Pflanzenwelt und ihre Kräfte herantreten wollen. Und wir müssen uns schon bewußt werden: Zu diesen Wesenheiten, Angeloi, Archangeloi, Archai, entwickeln wir in leibfreiem Zustande zwischen dem Tod und einer neuen Geburt unsere Beziehungen, unsere Verhältnisse. Und je nachdem wir diese Beziehungen und Verhältnisse zu diesen Wesenheiten der dritten Hierarchie entwickeln, gestaltet sich unser inneres, ich möchte sagen, unser Wesenheitskarma, dasjenige Karma, welches abhängt davon, wie unser Ätherleib unsere Säfte zusammensetzt, wie er uns groß oder klein werden läßt und so weiter.

Aber die Wesenheiten der dritten Hierarchie haben nur diese Macht. Daß die Pflanzen wachsen können, das rührt nicht von ihrer Macht allein her. In bezug darauf stehen diese Wesenheiten der dritten Hierarchie, Angeloi, Archangeloi und Archai, in dem Dienst höherer Wesenheiten. Jenes Auf- und Abwogen der Pflanzen-Wachstumskräfte im Weltenäther, es wird zwar zunächst ausgeführt von diesen Wesenheiten der dritten Hierarchie. Aber in bezug darauf stehen diese Wesenheiten der dritten Hierarchie im Dienste höherer Wesenheiten. Aber das, was wir durchleben, bevor wir heruntersteigen aus der geistigen Welt in unseren physischen Leib hinein, das, was mit unserer feineren Zusammensetzung, mit allem dem zusammenhängt, was ich eben beschrieben habe, das wird bewirkt durch unsere wissentliche Begegnung mit diesen Wesenheiten der dritten Hierarchie. Und mit der Anleitung, die wir von ihnen bekommen können, je nachdem wir in unserem vorigen Erdenleben vorbereitet sind, mit dieser Anleitung, unseren Ätherleib aus den Ätherwelten zu bilden, geschieht dies in der letzten Zeit, bevor wir heruntersteigen von dem überphysischen Dasein in das physische Dasein.

So daß also unser Blick zuerst auf dasjenige fallen muß, was in unser Schicksal, in unser Karma hineinwirkt aus unserer inneren Beschaffenheit heraus. Ich möchte sagen, wir dürfen für diesen Teil des Karmas den Ausdruck Wohlbefinden gebrauchen, Wohlbefinden und Mißbehagen des Lebens. Wohlbehagen und Mißbehagen des Lebens hängen zusammen mit dem, was unsere innere Qualität ist vermöge unseres Ätherleibes.

Ein zweites, das in unserem Karma lebt, hängt davon ab, daß nicht nur das Pflanzenreich die Erde bevölkert, sondern auch das Tierreich. Nun bedenken Sie, meine lieben Freunde: die verschiedensten Gegenden der Erde haben die verschiedensten Tiere. Es ist sozusagen die Tieratmosphäre in den verschiedenen Gegenden der Erde verschieden.

Aber Sie werden doch zugeben: der Mensch lebt ja auch in dieser Atmosphäre, wo die Tiere leben. Das klingt heute grotesk, weil die Menschen eben nicht gewohnt sind, auf solche Dinge hinzuschauen. Aber es gibt zum Beispiel Gegenden, da lebt der Elefant. Ja, die Gegenden, in denen der Elefant lebt, die sind eben solche, wo das Weltenall auf die Erde so herunterwirkt, daß das Elefantendasein entstehen kann. Ja, glauben Sie, meine lieben Freunde, wenn hier ein Stück Erde ist, und hier auf diesem Stück Erde der Elefant lebt, und aus dem Weltenall herein wirken die elefantenbildenden Kräfte, daß diese selben Kräfte nicht da sind, wenn just an derselben Stelle ein Mensch ist? Die sind natürlich auch da, wenn an derselben Stelle ein Mensch ist. Und so ist es doch mit der ganzen Tierheit. Gerade so, wie die pflanzenbildenden Kräfte aus den Ätherfernen da sind, wo wir leben – die Holzwände und auch Mauerwände und auch Beton halten das ja nicht fern, wir leben ja dennoch hier in Dornach in den Kräften, die eben in den Juraalpen die Pflanzen bilden –, so lebt man, wenn man just auf dem Boden ist, wo ein Elefant sein kann nach der Erdenbeschaffenheit, so lebt man eben auch als Mensch unter den elefantenbildenden Kräften. Ja, ich kann mir schon denken, daß gar manches nun in den Seelen lebt von großen und kleinen Tieren, die die Erde bevölkern, und von denen Sie nun aufmerksam darauf werden, daß ja der Mensch in derselben Atmosphäre lebt!

Das alles wirkt aber wirklich auf den Menschen. Natürlich wirkt es anders auf den Menschen als auf die Tiere, weil der Mensch noch andere Qualitäten hat als die Tiere, noch andere Wesensglieder hat als die Tiere. Es wirkt anders auf die Menschen, sonst würde ja der Mensch in der Elefantensphäre eben auch ein Elefant. Das wird er aber nicht. Außerdem: der Mensch erhebt sich fortwährend aus dem, was da auf ihn wirkt, aber er lebt in dieser Atmosphäre.

Sehen Sie, von diesem, in dem da der Mensch lebt, ist alles das abhängig, was in seinem Astralleibe ist. Und können wir davon sprechen, daß sein Wohlbehagen oder Mißbehagen von dem Pflanzenwesen der Erde abhängt, so hängen die Sympathien und Antipathien, die wir als Menschen innerhalb des Erdendaseins entwickeln, und die wir uns mitbringen aus dem vorirdischen Dasein, ab von dem, was sozusagen die Tieratmosphäre ausmacht.

Der Elefant hat einen Rüssel und dicke, säulenförmige Beine, der Hirsch hat ein Geweih und so weiter; also da leben die tierbildenden, die tiergestaltenden Kräfte. Im Menschen zeigen sich diese Kräfte nur in der Wirkung auf seinen astralischen Leib. Und in dieser Wirkung auf seinen astralischen Leib erzeugen sie die Sympathien und Antipathien, die sich die einzelne menschliche Individualität mitbringt aus der geistigen Welt.

Achten Sie nur, meine lieben Freunde, auf diese Sympathien und Antipathien. Achten Sie darauf, wie stark führend durch das ganze Leben diese Sympathien und Antipathien sind. Gewiß, wir Menschen werden mit Recht in einer gewissen Beziehung dazu erzogen, über die starken Sympathien und Antipathien hinauszuwachsen. Aber zunächst sind sie doch da, diese Sympathien und Antipathien. Zunächst durchleben wir doch unser Leben in Sympathien und Antipathien. Der eine hat Sympathie für dieses, der andere hat Sympathie für jenes. Der eine hat Sympathie für Bildhauerei, der andere für Musik, der eine hat Sympathie für blonde Menschen, der andere hat Sympathie für schwarze Menschen. Das sind starke, radikale Sympathien. Aber das ganze Leben ist durchsetzt von solchen Sympathien und Antipathien. Sie leben in Abhängigkeit von dem, was die mannigfaltigen Tiergestaltungen macht.

Und fragen Sie einmal, meine lieben Freunde, was tragen wir als Menschen denn in uns, was in unserem eigenen Inneren den mannigfaltigen Tiergestalten entspricht, die draußen sind? Hundert-, tausendfach sind diese Tiergestalten! Hundert-, tausendfach sind die Gestaltungen unserer Sympathien und

Antipathien, nur bleibt das meiste davon im Unbewußten oder Unterbewußten.

Das ist eine weitere, dritte Welt.

Die erste Welt war die Welt, wo wir eigentlich keine Abhängigkeit spüren: die mineralische Welt. Die zweite Welt ist diejenige, in der Angeloi, Archangeloi, Archai leben, die die Pflanzenwelt aus sich hervorsprießen läßt, die uns unsere innere Qualität gibt, in der wir Wohlbehagen oder Mißbehagen ins Leben hineintragen, uns todunglücklich fühlen durch uns selber oder glücklich fühlen durch uns selber. Es ist dasjenige aus dieser Welt entnommen, was unser Schicksal durch unsere innere Zusammensetzung, durch unser ganzes ätherisches Menschtum bedeutet. Jetzt kommen wir zu dem, was weiter unser Schicksal tief bedingt, unsere Sympathien und Antipathien. Und diese Sympathien und Antipathien, sie bringen uns schließlich dasjenige, was in einem viel weiteren Umfange zu unserem Schicksal gehört als bloß die Wachstumskräfte.

Den einen tragen seine Sympathien und Antipathien in die weiten Fernen. Er lebt da und dort, weil ihn seine Sympathien dahin getragen haben, und in dieser weiten Ferne entwickeln sich dann die Einzelheiten seines Schicksals.

Tief verkettet mit unserem ganzen menschlichen Schicksal sind diese Sympathien und Antipathien. Sie leben in der Welt, in der jetzt nicht die dritte, sondern die zweite Hierarchie, Exusiai, Dynamis, Kyriotetes leben. Dasjenige, was irdisches Abbild ist der hohen, herrlichen Gestaltungen dieser zweiten Hierarchie, das lebt im Tierreich. Das aber, was diese Wesenheiten, wenn wir mit ihnen verkehren zwischen dem Tod und einer neuen Geburt, in uns verpflanzen, das lebt in dem, was wir als die uns eingeborenen Sympathien und Antipathien aus der geistigen Welt mit hereintragen in die physische Welt.

Wenn man diese Dinge durchschaut, dann werden wirklich solche Begriffe wie die der gewöhnlichen Vererbung kindisch, richtig kindisch. Denn damit ich irgendein vererbtes Merkmal von meinem Vater oder meiner Mutter an mir trage, muß ich ja erst die Sympathien oder Antipathien zu diesem Merkmal bei Vater und Mutter entwickeln. Es hängt also nicht davon ab, daß ich diese Eigenschaften ererbt habe bloß durch irgendeine leblose Naturkausalität, sondern es hängt davon ab, ob ich Sympathie mit diesen Eigenschaften gehabt habe.

Warum ich solche Sympathie zu diesen Eigenschaften gehabt habe, davon wird in den nächsten Stunden noch zu sprechen sein, die Ausführungen über das Karma werden uns ja viele Stunden in Anspruch nehmen. Aber wirklich, in der Weise von Vererbung zu sprechen, wie man gewöhnlich davon heute gerade in der Wissenschaft spricht, die sich besonders gescheit dünkt, das ist kindisch.

Es wird sogar heute behauptet, daß sich spezifisch geistig-seelische Eigenschaften vererben. Genies sollen sich vererben von den Vorfahren, und man sucht, wenn irgendein Genie in der Welt auftritt, bei den Vorfahren die einzelnen Stücke zusammen, die dann dieses Genie geben sollen. Ja, das ist eine sonderbare Art der Beweisführung. Eine Beweisführung, die vernünftig wäre, wäre die, daß wenn ein Genie da ist, es wiederum ein Genie durch Vererbung erzeugen würde. Aber wenn man nach diesen Beweisen suchen würde – nun ja, Goethe hat auch einen Sohn gehabt, und andere Genies haben auch Söhne gehabt –, da würde man auf sonderbare Dinge kommen. Das wäre aber ein Beweis! Aber das, daß ein Genie da ist und man gewisse Eigenschaften an diesem Genie von seinen Vorfahren findet, das steht auf keinem anderen Blatte, als daß, wenn ich ins Wasser falle und herausgezogen werde, ich naß bin. Deshalb habe ich mit dem Wasser, das dann von mir herunterpludert, in meiner Wesenheit nicht viel zu tun. Natürlich, da ich hereingeboren werde in die Vererbungsströmung durch meine Sympathien mit den betreffenden Eigenschaften, trage ich diese vererbten

Eigenschaften an mir, so wie ich das Wasser an mir trage, wenn ich ins Wasser falle und naß herausgezogen werde. Aber grotesk kindisch sind die Vorstellungen, die man in dieser Beziehung hat. Denn schon im vorirdischen Dasein des Menschen treten die Sympathien und Antipathien auf, und die geben ihm sein innerstes Gefüge. Mit denen tritt er dann ins irdische Dasein herein, mit denen zimmert er sich aus dem vorirdischen Dasein heraus sein Schicksal.

Und wir können uns jetzt leicht vorstellen: Wir waren in einem früheren Erdenleben mit einem Menschen zusammen; da hat sich manches ergeben im Zusammenleben. Das findet seine Fortsetzung in dem Leben zwischen dem Tode und einer neuen Geburt. Da wird unter dem Einfluß der Kräfte der höheren Hierarchien dasjenige in den lebendigen Gedanken, in den lebendigen Weltenimpulsen ausgestaltet, was dann aus den Erlebnissen der früheren Erdenleben heraus in das nächste Erdenleben hinüberkommen soll, um weiter gelebt zu werden.

Dazu gebraucht man, indem man die Impulse ausbildet, durch welche man sich im Leben findet, die Sympathien und Antipathien.

Und diese Sympathien und Antipathien werden unter dem Einflusse von Exusiai, Dynamis, Kyriotetes in dem Leben zwischen dem Tode und einer neuen Geburt gebildet. Diese Sympathien und Antipathien lassen uns dann die Menschen im Leben finden, mit denen wir weiter zu leben haben nach Maßgabe der früheren Erdenleben. Das gestaltet sich aus unserem inneren Menschengefüge heraus.

Natürlich kommen in diesem Erarbeiten der Sympathien und Antipathien die mannigfaltigsten Verirrungen vor; doch diese gleichen sich wiederum im Laufe des Schicksals durch die vielen Erdenleben hindurch aus. – Wir haben also hier ein zweites Bestandstück unseres Schicksals, ein zweites Bestandstück des Karmas: die Sympathien und Antipathien.

Wir können sagen, erstes Bestandstück des Karmas: Wohlbefinden, inneres Wohlbefinden oder Mißbehagen. Das zweite sind

Tafel 4 Sympathien und Antipathien (siehe Schema Seite 51). Wir sind heraufgestiegen in die Sphäre, in der die Kräfte für die Bildung des tierischen Reiches liegen, indem wir zu den Sympathien und Antipathien im menschlichen Schicksal kommen.

Nun steigen wir ins eigentliche Menschenreich herauf. Wir leben nicht nur mit der Pflanzenwelt, mit der tierischen Welt zusammen, wir leben ja ganz besonders maßgeblich für unser Schicksal mit anderen Menschen zusammen in der Welt. Das ist ein anderes Zusammenleben als das Zusammenleben mit Pflanzen, mit Tieren. Das ist ein Zusammenleben, durch das eben gerade die Hauptsache unseres Schicksals gezimmert wird. Die Impulse, die da bewirken, daß die Erde auch bevölkere ist von Menschen, die wirken nur auf die Menschheit ein. Und es entsteht nun die Frage: Welche Impulse sind diese, die nur auf die Menschheit einwirken?

Wir können da eine rein äußerliche Betrachtung sprechen lassen, die ich schon öfter angestellt habe.

Unser Leben wird ja wirklich, ich möchte sagen, von seiner anderen Seite her mit einer viel größeren Weisheit geführt, als wir es hier führen von dieser Seite her. Wir treffen oftmals im späteren Leben einen Menschen, der für unser Leben außerordentlich wichtig ist. Wenn wir zurückdenken, wie wir bis dahin gelebt haben, wo wir diesen Menschen treffen, so erscheint uns – ich habe das schon öfters gesagt – das ganze Leben wie der Weg, um diesen Menschen zu treffen. Es ist, als wenn wir jeden Schritt dazu veranlagt hätten, daß wir gerade im rechten Zeitpunkt diesen Menschen finden oder überhaupt ihn finden in einem bestimmten Zeitpunkt.

Man braucht nur einmal über das Folgende nachzudenken. Denken Sie sich einmal, was es bei völliger Menschenbesinnung bedeutet, in irgendeinem Lebensjahre einen bestimmten Menschen zu finden, von da ab mit ihm irgendwie Gemeinsames zu erleben, zu arbeiten, zu wirken. Bedenken Sie nur, was das bedeutet. Bedenken Sie, was bei voller Besinnung sich als der Impuls darstellt, der uns dazu geführt hat. Vielleicht, wenn wir darüber nachdenken, wie es kommt, daß wir diesen Menschen gefunden haben, vielleicht fällt uns dann ein: Da mußte erst ein Ereignis von uns erlebt werden, das mit vielen anderen Menschen zusammenhängt, sonst hätte sich gar keine Möglichkeit ergeben, diesen Menschen zu finden im Leben. Und damit dieses Ereignis eintrat, mußte wiederum ein anderes erlebt werden. Man kommt in komplizierte Zusammenhänge hinein, die alle eintreten mußten, in die wir uns hineinbegeben mußten, um zu irgendeinem entscheidenden Erlebnis zu kommen. Und dann besinnt man sich vielleicht darauf: Wenn einem, ich will nicht sagen mit einem Jahre, aber nehmen wir an, mit vierzehn Jahren die Aufgabe gestellt worden wäre, dieses Rätsel nun bewußt zu lösen, wie man in seinem fünfzigsten Lebensjahre eine entscheidende Begegnung mit einem Menschen anstellen soll, wenn man sich vorstellt, daß man das wie ein Rechenexempel bewußt hätte lösen sollen – ich bitte Sie, was erfordert das alles! Wir Menschen sind ja bewußt so furchtbar dumm, und das, was mit uns in der Welt geschieht, ist, wenn man solche Dinge in Betracht zieht, so unendlich gescheit und weise.

Da werden wir, wenn wir so etwas betrachten, eben hingewiesen auf das ungeheuer Verschlungene, Bedeutsame in unserem Schicksalswirken, in unserem Karmawirken. Und das alles spielt sich im Reiche des Menschlichen ab.

Nun bitte ich Sie zu bedenken: Es ist ja tatsächlich das, was sich da mit uns abspielt, im Unbewußten liegend. Bis zu dem Momente, wo eben ein entscheidendes Ereignis an uns herantritt, liegt es im Unbewußten. Es spielt sich alles ab wie unter Naturgesetzen stehend. Aber wo hätten Naturgesetze je eine Macht, so etwas zu bewirken? Was auf diesem Gebiete geschieht, das kann ja aller Naturgesetzlichkeit und allem dem widersprechen, allem dem spotten, was wir den äußeren Naturgesetzen nach bilden. Auch darauf habe ich schon wiederholt aufmerksam gemacht. Die Äußerlichkeiten des Menschenlebens können sogar in errechnete Gesetze eingespannt werden.

Nehmen Sie das Lebensversicherungswesen. Das Lebensversicherungswesen kann nur dadurch gedeihen, daß man die wahrscheinliche Lebensdauer irgendeines, sagen wir, neunzehn- oder fünfundzwanzigjährigen Menschen berechnen kann. Wenn jemand sein Leben versichern will, so wird die Police danach ausgestellt, wie groß seine wahrscheinliche Lebensdauer ist. Also man lebt nach diesen Berechnungen als heute neunzehnjähriger Mensch noch so und so lange. Das läßt sich bestimmen. Aber denken Sie sich, das sei abgelaufen: Sie werden sich dadurch nicht verpflichtet fühlen, zu sterben! Zwei Menschen können nach dieser wahrscheinlichen Lebensdauer längst gestorben sein. Aber nachdem sie nach dieser wahrscheinlichen Lebensdauer längst «gestorben» sind, finden sie sich erst in einer solchen Weise zusammen, wie ich es geschildert habe! Das alles geschieht ja jenseits dessen, was wir aus den äußerlichen Naturtatsachen heraus berechnen für das Menschenleben. Und dennoch geschieht es mit innerer Notwendigkeit wie die Naturtatsachen. Man kann nicht anders sagen, als: Mit derselben Notwendigkeit, mit der irgendein Naturereignis, ein Erdbeben oder ein Vulkanausbruch, oder was immer es ist, ein kleineres oder größeres Naturereignis, eintritt, mit derselben Notwendigkeit begegnen sich zwei Menschen im Erdenleben nach den Lebenswegen, die sie eben genommen haben.

So daß wir hier wirklich innerhalb des physischen Reiches ein neues Reich aufgerichtet sehen, und dieses Reich, wir leben darinnen, nicht nur in dem Wohlbehagen oder Mißbehagen, in den Sympathien und Antipathien, sondern wir leben darinnen als in unseren Ereignissen, Erlebnissen. Wir sind ganz einergossen in das Reich der Ereignisse, der Erlebnisse, die unser Leben schicksalsmäßig bestimmen.

Archai, Archangeloi, Angeloi 1. Bestandstück des Karmas:
Wohlbefinden, Wohlbehagen, Mißbehagen.

Dynamis, Exusiai, Kyriotetes 2. Bestandstück des Karmas:
Sympathien, Antipathien.

Seraphim, Cherubim, Throne 3. Bestandstück des Karmas:
Ereignisse, Erlebnisse.

In diesem Reiche, da wirken die Wesenheiten der ersten Hierarchie, Seraphim, Cherubim und Throne. Denn um das, was da wirkt, um jeden menschlichen Schritt, jede Seelenregung, alles das, was in uns ist, so in der Welt zu führen, daß die Schicksale der Menschen erwachsen, dazu gehört eine größere Macht als diejenige, die da wirkt im Pflanzenreich, als diejenige, die da hat die Hierarchie der Angeloi, Archangeloi, Archai, und die da hat die Hierarchie der Exusiai, Kyriotetes, Dynamis. Dazu gehört eine Macht, die der ersten Hierarchie – Seraphim, Cherubim und Throne –, die den erhabensten Wesenheiten zukommt. Denn was sich da auslebt, das lebt in unserem eigentlichen Ich, in unserer Ich-Organisation, und lebt sich herüber in ein Erdenleben von einem früheren Erdenleben.

Und nun bedenken Sie: Sie leben in einem Erdenleben, dies oder jenes bewirken Sie, meinetwillen aus Instinkten, Leidenschaften, Trieben oder aus gescheiten und dummen Gedanken heraus; das ist ja wirklich alles als Impulse vorhanden. Bedenken Sie, wenn Sie in einem Erdenleben leben, so führt das, was Sie aus den Trieben heraus tun, zu dem oder jenem: es führt zur Beglückung, zum Schaden eines anderen Menschen. Sie gehen dann durch das Leben zwischen dem Tode und einer neuen Geburt, Sie haben in diesem Leben zwischen dem Tode und einer neuen Geburt das starke Bewußtsein: Habe ich einem Menschen Schaden zugefügt, so bin ich unvollkommener, als wenn ich ihm diesen Schaden nicht zugefügt hätte; ich muß diesen Schaden ausgleichen. Es entsteht der Drang und der Trieb in Ihnen, diesen Schaden auszugleichen. Haben Sie einem Menschen irgendetwas zugefügt, was zu seiner Förderung ist, dann schauen Sie das, was zur Förderung des Menschen ist, so an, daß Sie sagen: Das muß die Grundlage abgeben für die allgemeine Weltenförderung, das muß zu weiteren Konsequenzen in der Welt führen.

Das alles können Sie innerlich entwickeln. Das alles kann Wohlbefinden oder Mißbehagen geben, je nachdem Sie die innere Wesenheit Ihres Leibes darnach gestalten in dem Leben zwischen dem Tode und einer neuen Geburt. Das alles kann Sie zu Sympathien und Antipathien führen, indem Sie Ihren astralischen Leib in der entsprechenden Weise mit Hilfe der Wesenheiten, der Exusiai, Dynamis, Kyriotetes ausbilden. Aber alles das gibt Ihnen noch nicht die Macht, das, was in einem vorhergehenden Leben bloß menschliche Tatsache war, zur Weltenhandlung werden zu lassen. Sie haben einen Menschen gefördert oder Sie haben einem Menschen geschadet. Das muß die Wirkung haben, daß der Mensch Ihnen in einem nächsten Leben entgegentritt und Sie in seinem Entgegentreten den Impuls finden, das Ausgleichende zu haben. Dasjenige, was bloß moralische Bedeutung hat, muß eine äußere Tatsache werden, muß äußeres Weltereignis werden.

Dazu sind diejenigen Wesenheiten notwendig, die moralische Taten in Welttaten umwandeln, metamorphosieren. Das sind die Wesenheiten der ersten Hierarchie, Seraphim, Cherubim und Throne. Die wandeln dasjenige, was von uns ausgeht in einem Erdenleben, in unsere Erlebnisse der nächsten Erdenleben um. Die wirken in dem, was im Menschenleben Ereignis, Erlebnis ist.

Da haben wir die drei Grundelemente unseres Karmas: Dasjenige, was unsere innere Zusammensetzung ist, unser inneres Menschensein, das unterliegt der dritten Hierarchie; was unsere

Sympathien und Antipathien sind, was schon in einer gewissen Beziehung zu unserer Umgebung ist, das ist Angelegenheit der zweiten Hierarchie; dasjenige endlich, was uns als unser äußeres Leben entgegentritt, ist Angelegenheit der ersten, der erhabensten Hierarchie Menschen übergeordneter Wesen.

So schauen wir hinein in den Zusammenhang, in dem der Mensch mit der Welt steht, und kommen nun zu den großen Fragen: Wie entwickelt sich aus diesen drei Elementen des Menschen heraus alles das, was nun die Einzelheiten seines Schicksals sind?

Der Mensch wird in ein Elternhaus hineingeboren. Der Mensch wird an einem gewissen Ort der Erde geboren. Er wird in ein Volk hineingeboren. Er wird hineingeboren in einen Tatsachenzusammenhang. Aber alles das, was auftritt, indem der Mensch in ein Elternhaus hineingeboren wird, indem der Mensch den Erziehern übergeben wird, indem der Mensch in ein Volk hineingeboren wird, auf einen gewissen Fleck Erde versetzt wird bei seiner Geburt, alles das, was so tief schicksalsmäßig, trotz aller menschlichen Freiheit, in das menschliche Leben eingreift, alles das ist zuletzt in irgendeiner Weise abhängig von diesen drei Elementen, die das menschliche Schicksal zusammensetzen.

Alle einzelnen Fragen werden sich uns in ihren Antworten entsprechend enthüllen, wenn wir diese Grundlage in rechter Weise ins Auge fassen. Fragen wir, warum ein Mensch in seinem fünfundzwanzigsten Jahre die schwarzen Pocken bekommt, um vielleicht durch die äußerste Lebensgefahr hindurchzuschreiten, fragen wir, wie sonst irgendeine Krankheit oder sonst ein Ereignis in sein Leben eingreifen kann, wie eingreifen kann in sein Leben die Förderung durch diese oder jene ältere Persönlichkeit, die Förderung durch dieses oder jenes Volk, die Förderung, daß ihm dies oder jenes durch äußere Ereignisse geschieht – überall werden wir zurückgehen müssen auf das, was in dreifacher Weise das menschliche Schicksal zusammensetzt und was den Menschen hineinstellt in die Gesamtheit der Weltenhierarchien. Nur im Reiche der mineralischen Welt bewegt sich der Mensch frei. Da ist das Gebiet seiner Freiheit.

Indem der Mensch darauf aufmerksam wird, lernt er auch in der richtigen Weise die Freiheitsfrage stellen. Lesen Sie nach in meiner «Philosophie der Freiheit», was für einen großen Wert ich darauf gelegt habe, daß nicht gefragt werde nach der Freiheit des Willens. Der sitzt unten, tief unten im Unbewußten, und es ist ein Unsinn, nach der Freiheit des Willens zu fragen; sondern man kann nur von der Freiheit der Gedanken sprechen. Ich habe das in meiner «Philosophie der Freiheit» wohl auseinandergehalten. Die freien Gedanken müssen dann den Willen impulsieren, dann ist der Mensch frei. Aber mit seinen Gedanken lebt der Mensch eben in der mineralischen Welt. Und mit allem übrigen, mit dem er lebt in der pflanzlichen, in der tierischen, in der rein menschlichen Welt, unterliegt er dem Schicksal. Und die Freiheit ist etwas, wovon man eigentlich sagen kann: Der Mensch tritt aus den Reichen, die von den höheren Hierarchien beherrscht werden, heraus in das Reich, das von den höheren Hierarchien in einer gewissen Weise frei ist, in das mineralische Reich, um seinerseits frei zu werden. Es ist ja dasselbe Reich, dieses mineralische, dem der Mensch nur seinem Leichnam nach ähnlich wird, wenn er diesen Leichnam abgelegt hat, nachdem er durch die Pforte des Todes geschritten ist. Der Mensch ist unabhängig in seinem Erdenleben von demjenigen Reiche, das nur zu seiner Zerstörung wirken kann. Kein Wunder, daß er in diesem Reiche frei ist, da ja dieses Reich an ihm keinen anderen Anteil hat, als ihn zu zerstören, wenn es ihn bekommt. Er gehört diesem Reiche gar nicht an. Der Mensch muß erst sterben, damit er als Leichnam in dem Reiche ist, in dem er frei ist auch seiner Naturerscheinung nach. So hängen die Dinge zusammen.

Man wird immer älter, älter. Wenn nicht die anderen Zwischenfälle, die wir auch aus dem Karma heraus kennenlernen werden, eintreten, wenn der Mensch als alter Mensch stirbt, wird er dem mineralischen Reich als Leichnam ähnlich. Man kommt in die Sphäre des Leblosen, indem man älter wird. Da sondert man seinen Leichnam ab. Der ist nicht mehr Mensch, ist natürlich nicht mehr Mensch. Schauen wir uns das mineralische Reich an: das ist nicht mehr Gott. Geradeso wie der Leichnam nicht mehr Mensch ist, so ist das Mineralreich nicht mehr Gott. Was ist es denn? Die Gottheit ist im pflanzlichen, im tierischen, im menschlichen Reiche. Da haben wir sie gefunden in ihren drei Hierarchien. Im Mineralreich ist sie so wenig, wie der menschliche Leichnam Mensch ist. Das mineralische Reich ist der göttliche Leichnam. Allerdings, wir werden im weiteren Fortschritte der merkwürdigen Tatsache begegnen, auf die ich heute nur hinweisen will, daß der Mensch älter wird, um Leichnam zu werden, und die Götter werden jünger, um Leichnam zu werden. Die Götter machen nämlich den anderen Weg durch, den wir nach unserem Tode durchmachen. Und das Mineralreich ist deshalb das jüngste Reich. Aber es ist dennoch dasjenige, was von den Göttern abgesondert wird. Und weil es von den Göttern abgesondert wird, kann der Mensch darinnen als in dem Reiche seiner Freiheit leben. So hängen diese Dinge zusammen. Und eigentlich lernt der Mensch sich immer heimischer und heimischer in der Welt fühlen, indem er in dieser Weise seine Empfindungen, seine Gedanken, seine Gefühle, seine Willensimpulse in das rechte Verhältnis zur Welt setzen lernt. Aber nur so sieht man auch, wie man schicksalsmäßig hineingestellt wird in die Welt und in das Verhältnis zu den anderen Menschen.

DRITTER VORTRAG

DORNACH, 23. FEBRUAR 1924

Wie es mit dem Karma steht, sieht man am besten ein, wenn man den anderen Impuls im Menschenleben dagegenstellt, jenen Impuls, den man mit dem Worte Freiheit bezeichnet. Legen wir zunächst einmal, ich möchte sagen, ganz im groben uns die Karmafrage vor. Was bedeutet sie? Wir haben im Menschenleben aufeinanderfolgende Erdenleben zu verzeichnen. Indem wir uns erfühlen in einem bestimmten Erdenleben, können wir zunächst, wenigstens in Gedanken, zurückblicken darauf, wie dieses gegenwärtige Erdenleben die Wiederholung ist von einer Anzahl vorangehender. Diesem Erdenleben ging ein anderes, diesem wieder ein anderes voran, bis wir in diejenigen Zeiten zurückkommen, in denen es unmöglich ist, in der Art, wie es in der gegenwärtigen Erdenzeit der Fall ist, so von wiederholten Erdenleben zu sprechen, weil dann rückwärtslaufend eine Zeit beginnt, wo allmählich das Leben zwischen der Geburt und dem Tode und das zwischen dem Tode und einer neuen Geburt einander so ähnlich werden, daß jener gewaltige Unterschied, der heute besteht, nicht mehr da ist. Heute leben wir in unserem irdischen Leibe zwischen der Geburt und dem Tode so, daß wir uns mit dem gewöhnlichen Bewußtsein stark abgeschlossen fühlen von der geistigen Welt. Die Menschen sprechen aus diesem gewöhnlichen Bewußtsein heraus von dieser geistigen Welt wie von einem Jenseitigen. Die Menschen kommen dazu, von dieser geistigen Welt so zu sprechen, als ob sie sie in Zweifel ziehen könnten, als ob sie sie ganz ableugnen könnten und so fort.

Das alles kommt davon her, weil das Leben innerhalb des Erdendaseins den Menschen auf die äußere Sinnenwelt und auf den Verstand beschränkt, der nicht hinaussieht auf das, was nun wirklich mit diesem Erdendasein zusammenhängt. Daher rühren allerlei Streitigkeiten, die eigentlich alle in einem Unbekannten wurzeln. Sie werden ja oftmals darinnen gestanden und erlebt haben, wie die Leute sich stritten: Monismus, Dualismus und so weiter. Es ist natürlich ein völliger Unsinn, über derlei Schlagworte zu streiten. Es berührt einen so, wenn in dieser Weise gestritten wird, als wenn, sagen wir, irgendein primitiver Mensch noch niemals etwas gehört hat davon, daß es eine Luft gibt. Es wird demjenigen, der da weiß, daß es eine Luft gibt, und was die Luft für Aufgaben hat, nicht einfallen, die Luft als etwas Jenseitiges anzusprechen. Es wird ihm auch nicht einfallen zu sagen: Ich bin ein Monist, Luft und Wasser und Erde sind eins; und du bist ein Dualist, weil du in der Luft noch etwas siehst, was über das Irdische und Wässerige hinausgeht.

Alle diese Dinge sind eben einfach Unsinn, wie alles Streiten um Begriffe zumeist ein Unsinn ist. Also, es kann sich gar nicht darum handeln, gerade auf diese Dinge einzugehen, sondern es kann sich nur darum handeln, darauf aufmerksam zu machen. Denn geradeso wie für den, der noch keine Luft kennt, die Luft eben nicht da ist, sondern ein Jenseitiges ist, so ist für diejenigen, die noch nicht die geistige Welt kennen, die auch überall da ist geradeso wie die Luft, diese geistige Welt eine jenseitige; für den, der auf die Dinge eingeht, ist sie ein Diesseitiges. Also es handelt sich darum, bloß anzuerkennen, daß der Mensch in der heutigen Erdenzeit zwischen der Geburt und dem Tode so in seinem physischen Leibe, in seiner ganzen Organisation lebt, daß ihm diese Organisation ein Bewußtsein gibt, durch das er in einem gewissen Sinne abgeschlossen ist von einer gewissen Welt von Ursachen, die aber als solche hereinwirkt in dieses physische Erdendasein.

Dann lebt er zwischen dem Tod und einer neuen Geburt in einer anderen Welt, die man eine geistige gegenüber unserer physischen Welt nennen kann, in der er nicht einen physischen Leib hat, der für Menschensinne sichtbar gemacht werden kann, sondern in der er in einem geistigen Wesen lebt; und in diesem Leben zwischen dem Tod und einer neuen Geburt ist die Welt, die man durchlebt zwischen der Geburt und dem Tode, wiederum eine so fremde, wie jetzt die geistige Welt eine fremde ist für das gewöhnliche Bewußtsein.

Der Tote schaut herunter auf die physische Welt, so wie der Lebende, das heißt der physisch Lebende, in die geistige Welt hinaufschaut, und es sind nur die Gefühle sozusagen die umgekehrten. Während der Mensch zwischen Geburt und Tod hier in der physischen Welt ein gewisses Aufschauen hat zu einer anderen Welt, die ihm Erfüllung gibt für manches, was hier in dieser Welt entweder zu wenig ist oder ihm keine Befriedigung gewährt, so muß der Mensch zwischen dem Tod und einer neuen Geburt wegen der ungeheuren Fülle der Ereignisse, deshalb, weil immer zuviel geschieht im Verhältnis zu dem, was der Mensch ertragen kann, die fortdauernde Sehnsucht empfinden, wiederum zurückzukehren zum Erdenleben, zu dem, was dann für ihn das jenseitige Leben ist, und er erwartet mit großer Sehnsucht in der zweiten Hälfte des Lebens zwischen dem Tode und einer neuen Geburt den Durchgang durch die Geburt in das Erdendasein. So wie er sich im Erdendasein fürchtet vor dem Tode, weil er in Ungewißheit ist über das, was nach dem Tode ist – es herrscht ja im Erdendasein eine große Ungewißheit für das gewöhnliche Bewußtsein –, so herrscht in dem Leben zwischen dem Tod und einer neuen Geburt über das Erdenleben eine übergroße Gewißheit, eine Gewißheit, die betäubt, eine Gewißheit, die geradezu ohnmächtig macht. So daß der Mensch ohnmachts-traumähnliche Zustände hat, die ihm die Sehnsucht eingeben, wiederum zur Erde herunterzukommen.

Das sind nur einige Andeutungen über die große Verschiedenheit, die zwischen dem Erdenleben und dem Leben zwischen dem Tod und einer neuen Geburt herrscht. Aber wenn wir nun zurückgehen, sagen wir selbst nur in die ägyptische Zeit, vom 3. bis ins 1. Jahrtausend vor der Begründung des Christentums, wir gehen ja zurück zu denjenigen Menschen, die wir selber in einem früheren Erdenleben waren, wenn wir in diese Zeit zurückgehen, da war das Leben während des Erdendaseins gegenüber unserem jetzigen so brutal klaren Bewußtsein – und gegenwärtig haben ja die Menschen ein brutal klares Bewußtsein, sie sind alle so gescheit, die Menschen, ich meine das gar nicht ironisch, sie sind wirklich alle sehr gescheit, die Menschen –, gegenüber diesem brutal klaren Bewußtsein war das Bewußtsein der Menschen in der alten ägyptischen Zeit ein mehr traumhaftes, ein solches, das nicht sich stieß in derselben Weise wie heute an den äußeren Gegenständen, das mehr durch die Welt durchging, ohne sich zu stoßen, dafür aber erfüllt war von Bildern, die zu gleicher Zeit etwas vom Geistigen verrieten, das in unserer Umgebung ist. Das Geistige ragte noch herein ins physische Erdendasein.

Sagen Sie nicht: Wie soll der Mensch, wenn er ein solches mehr traumhaftes, nicht brutal klares Bewußtsein hat, die starken Arbeiten haben verrichten können, die zum Beispiel während der ägyptischen oder chaldäischen Zeit verrichtet worden sind? Da brauchen Sie sich ja nur daran zu erinnern, daß bisweilen Verrückte gerade in gewissen Irrsinnszuständen ein ungeheures Wachstum ihrer physischen Kräfte haben und anfangen, Dinge zu tragen, die sie mit vollem klarem Bewußtsein nicht tragen können. Es war in der Tat auch die physische Stärke dieser Menschen, die vielleicht äußerlich sogar schmächtiger waren als die heutigen Menschen – aber es ist ja nicht immer der Dicke stark und der Dünne schwach –, es war auch die physische Stärke der Menschen entsprechend größer. Nur verwendeten sie dieses Dasein nicht so, daß sie alles einzelne, was sie physisch taten, beobachteten, sondern parallel gingen diesen physischen Taten die Erlebnisse, in die noch die geistige Welt hereinragte.

Und wiederum, wenn diese Menschen in dem Leben zwischen dem Tode und einer neuen Geburt waren, da kam viel mehr von diesem irdischen Leben in jenes Leben hinauf, wenn ich mich des Ausdruckes «hinauf» bedienen darf. Heute ist es mit den Menschen, die sich im Leben zwischen dem Tod und einer neuen Geburt befinden, außerordentlich schwer, sich zu verständigen, denn die Sprachen schon haben allmählich eine Gestalt angenommen, die von den Toten nicht mehr verstanden wird. Unsere Substantiva zum Beispiel bedeuten in der Auffassung der Toten vom Irdischen bald nach dem Tode absolute Lücken. Sie verstehen nur noch die Verben, die Zeitwörter, das Bewegte, das Tätige. Und während wir hier auf der Erde immerfort von den materialistisch gesinnten Leuten aufmerksam gemacht werden, es solle alles ordentlich definiert werden, man solle jeden Begriff scharf definierend begrenzen, kennt der Tote überhaupt keine Definitionen mehr; denn er kennt nur dasjenige, was in Bewegung ist, nicht das, was Konturen hat und begrenzt ist.

Aber in älteren Zeiten war eben auch dasjenige, was auf der Erde als Sprache lebte, was als Denkgebrauch, als Denkgewohnheit lebte, noch so, daß es hinaufragte in das Leben zwischen dem Tod und einer neuen Geburt, so daß der Tote noch lange nach seinem Tode einen Nachklang hatte von demjenigen, was er hier auf der Erde erlebt hatte, und auch von dem, was nach seinem Tode noch auf der Erde vorging.

Und wenn wir noch weiter zurückgehen, in die Zeit nach der atlantischen Katastrophe, ins 8., 9. Jahrtausend vor der christlichen Zeitrechnung, dann werden die Unterschiede noch geringer zwischen dem Leben auf der Erde und dem Leben – wenn wir so sagen dürfen – im Jenseits. Und dann kommen wir allmählich zurück in diejenigen Zeiten, wo die beiden Leben einander ganz ähnlich sind. Dann kann man nicht mehr sprechen von wiederholten Erdenleben.

Also die wiederholten Erdenleben haben ihre Grenze, wenn man nach rückwärts schaut. Ebenso werden sie eine Grenze haben, wenn man nach vorwärts in die Zukunft schaut. Denn das, was ganz bewußt mit Anthroposophie beginnt, daß in das gewöhnliche Bewußtsein hereinragen soll die geistige Welt, das wird zur

Folge haben, daß auch wiederum in die Welt, die man durchlebt zwischen dem Tod und einer neuen Geburt, diese Erdenwelt mehr hineinragt, aber trotzdem das Bewußtsein nicht traumhaft, sondern klarer werden wird, immer klarer und klarer werden wird. Der Unterschied wird wiederum geringer werden. So daß man dieses Leben in den wiederholten Erdenleben begrenzt hat zwischen den äußeren Grenzen, die dann in ein ganz andersgeartetes Dasein des Menschen hineinführen, wo es keinen Sinn hat, von den wiederholten Erdenleben zu sprechen, weil eben die Differenz zwischen dem Erdenleben und dem geistigen Leben nicht so groß ist, wie sie jetzt ist.

Wenn man aber nun einmal für die weite Gegenwart der Erdenzeit annimmt, hinter diesem Erdenleben liegen viele andere – man darf gar nicht sagen unzählige andere, denn sie lassen sich bei einer genauen geisteswissenschaftlichen Untersuchung sogar zählen –, dann haben wir in diesen früheren Erdenleben bestimmte Erlebnisse gehabt, welche Verhältnisse von Mensch zu Mensch darstellten. Und die Wirkungen dieser Verhältnisse von Mensch zu Mensch, die sich damals eben in dem auslebten, was man durchmachte, die stehen in diesem Erdenleben geradeso da, wie die Wirkungen dessen, was wir in diesem jetzigen Erdenleben verrichten, sich hineinerstrecken in die nächsten Erdenleben. Wir haben also die Ursachen für vieles, was jetzt in unser Leben tritt, in früheren Erdenleben zu suchen. Da wird sich der Mensch leicht sagen: Also ist dasjenige, was er jetzt erlebt, bedingt, verursacht. Wie kann er dann ein freier Mensch sein?

Nun, die Frage ist schon, wenn man sie so betrachtet, eine ziemlich bedeutsame; denn alle geistige Beobachtung zeigt eben, daß in dieser Weise das folgende Erdenleben durch die früheren bedingt ist. Auf der anderen Seite ist das Bewußtsein der Freiheit ganz unbedingt da. Und wenn Sie meine «Philosophie der Freiheit» lesen, so werden Sie sehen, daß man den Menschen gar nicht verstehen kann, wenn man nicht sich klar darüber ist, daß sein ganzes Seelenleben hintendiert, hingerichtet ist, hinorientiert ist auf die Freiheit, aber auf eine Freiheit, die man eben richtig zu verstehen hat.

Nun werden Sie gerade in meiner «Philosophie der Freiheit» eine Idee der Freiheit finden, die aufzufassen im rechten Sinne außerordentlich wichtig ist. Es handelt sich dabei darum, daß man die Freiheit entwickelt hat zunächst im Gedanken. Im Gedanken geht der Quell der Freiheit auf. Der Mensch hat einfach ein unmittelbares Bewußtsein davon, daß er im Gedanken ein freies Wesen ist.

Sie können sagen: Aber es gibt doch viele Menschen heute, welche die Freiheit bezweifeln. – Das ist nur ein Beweis dafür, daß heute der theoretische Fanatismus der Menschen größer ist als das, was der Mensch unmittelbar in der Wirklichkeit erlebt. Der Mensch glaubt ja nicht mehr an seine Erlebnisse, weil er vollgepfropft ist mit theoretischen Anschauungen. Der Mensch bildet sich heute aus der Beobachtung der Naturvorgänge die Idee: Alles ist notwendig bedingt, jede Wirkung hat eine Ursache, alles, was da ist, hat seine Ursache. Also, wenn ich einen Gedanken fasse, hat das auch eine Ursache. An die wiederholten Erdenleben denkt man gar nicht gleich, sondern man denkt daran, daß dasjenige, was aus einem Gedanken hervorquillt, ebenso verursacht ist wie das, was aus einer Maschine hervorgeht.

Durch diese Theorie von der allgemeinen Kausalität, wie man es nennt, von der allgemeinen Verursachung, durch diese Theorie macht sich der Mensch heute vielfach blind dagegen, daß er deutlich in sich das Bewußtsein der Freiheit trägt. Die Freiheit ist eine Tatsache, die erlebt wird, sobald man nur wirklich zur Selbstbesinnung kommt.

Nun gibt es auch Menschen, die da der Anschauung sind, daß nun einmal das Nervensystem eben ein Nervensystem ist und aus sich die Gedanken herauszaubert. Dann wären die Gedanken natürlich gerade so, sagen wir, wie die Flamme, die unter dem Einflusse des Brennstoffes brennt, notwendige Ergebnisse, und von Freiheit könnte nicht die Rede sein.

Aber diese Menschen widersprechen sich ja, indem sie überhaupt reden. Ich habe schon öfters hier erzählt: Ich hatte einen Jugendfreund, der in einer gewissen Zeit einen Fanatismus hatte, dahingehend, recht materialistisch zu denken, und so sagte er auch: Wenn ich gehe, zum Beispiel, da sind es meine Gehirnnerven, die von gewissen Ursachen durchzogen sind, die bringen die Wirkung des Gehens hervor. – Das konnte unter Umständen eine lange Debatte abgeben mit diesem Jugendfreund. Ich sagte ihm zuletzt einmal: Ja, aber sieh einmal, du sagst doch, ich gehe. Warum sagst du denn nicht: mein Gehirn geht? Wenn du wirklich an deine Theorie glaubst, so mußt du niemals sagen: Ich gehe, ich greife, sondern: Mein Gehirn greift, mein Gehirn geht. Also, warum lügst du denn?

Das sind mehr die Theoretiker. Es gibt nun auch Praktiker. Wenn sie irgendeinen Unfug an sich bemerken, den sie nicht abstellen wollen, dann sagen sie: Ja, das kann ich nicht abstellen, das ist nun einmal so meine Natur. Es kommt von selber, ich bin machtlos dagegen. – Solche Menschen gibt es viele. Sie berufen sich auf die unabänderliche Verursachung ihres Wesens. Sie werden nur meistens unkonsequent, wenn sie einmal etwas zur Schau tragen, was sie haben möchten an sich, wofür sie keine Entschuldigung brauchen, sondern wofür sie eine Belobigung wünschen; dann gehen sie ab von dieser Anschauung.

Die Grundtatsache des freien Menschenwesens, die ist eben eine solche Tatsache, sie kann unmittelbar erlebt werden. Nun ist schon im gewöhnlichen Erdenleben die Sache so, daß wir vielerlei Dinge tun, in voller Freiheit tun, und eigentlich sie wiederum so liegen, diese Dinge, daß wir sie nicht gut ungetan sein lassen können. Trotzdem fühlen wir unsere Freiheit dadurch nicht beeinträchtigt.

Nehmen Sie einmal an, Sie fassen jetzt den Beschluß, sich ein Haus zu bauen. Das Haus braucht, um erbaut zu werden, meinetwillen ein Jahr. Sie werden nach einem Jahre drinnen wohnen. Werden Sie Ihre Freiheit dadurch beeinträchtigt fühlen, daß Sie sich dann sagen müssen: Jetzt ist das Haus da, ich muß da herein, ich muß da drinnen wohnen – das ist doch Zwang! – Sie werden Ihre Freiheit nicht beeinträchtigt fühlen dadurch, daß Sie sich ein Haus gebaut haben.

Diese zwei Dinge bestehen durchaus nebeneinander auch schon im gewöhnlichen Leben: daß man sozusagen sich für etwas engagiert hat, was dann Tatsache geworden ist im Leben, mit dem man rechnen muß.

Nehmen Sie nun alles das, was aus früheren Erdenleben stammt, alles das, womit Sie eben rechnen müssen, weil es ja von Ihnen herrührt, geradeso wie der Hausbau von Ihnen herrührt, dann werden Sie dadurch, daß Ihr gegenwärtiges Erdenleben von früheren Erdenleben her bestimmt ist, keine Beeinträchtigung Ihrer Freiheit empfinden.

Nun können Sie sagen: Ja, gut, ich baue mir ein Haus, aber ich will doch ein freier Mensch bleiben, ich will mich dadurch nicht zwingen lassen. Ich werde, wenn es mir nicht gefällt, nach einem Jahre eben nicht in dieses Haus einziehen, werde es verkaufen. – Schön! Man könnte darüber auch seine Ansicht haben, man könnte die Ansicht haben, daß Sie nicht recht wissen, was Sie eigentlich wollen im Leben, wenn Sie das tun. Gewiß, diese Ansicht könnte man auch haben; aber sehen wir ab von dieser Ansicht. Sehen wir ab davon, daß jemand ein Fanatiker der Freiheit ist und sich fortwährend Dinge vornimmt, die er dann aus Freiheit unterläßt. Man könnte dann sagen: Der Mann hat nicht einmal die Freiheit, auf dasjenige einzugehen, was er sich vorgenommen hat. Er steht unter dem fortwährenden Stachel, frei sein zu wollen, und wird geradezu gehetzt von diesem Freiheitsfanatismus.

Es handelt sich wirklich darum, daß diese Dinge nicht starr theoretisch gefaßt werden, sondern daß sie lebensvoll gefaßt werden. Und gehen wir jetzt, ich möchte sagen, zu einem komplizierteren Begriffe über. Wenn wir dem Menschen Freiheit zuschreiben, so müssen wir ja den anderen Wesen, die nicht beeinträchtigt sind in ihrer Freiheit durch die Schranken der Menschennatur – wenn wir zu den Wesen hinaufgehen, die den höheren Hierarchien angehören, so sind die ja nicht beeinträchtigt durch die Schranken der Menschennatur –, da müssen wir die Freiheit bei ihnen sogar in einem höheren Grade suchen. Nun könnte jemand eine eigentümliche theologische Theorie aufstellen, könnte sagen: Aber Gott muß doch frei sein! Und doch hat er ja die Welt in einer gewissen Weise eingerichtet. Dadurch ist er aber doch engagiert, er kann doch nicht jeden Tag die Weltordnung ändern; also wäre er doch unfrei.

Sehen Sie, wenn Sie in dieser Weise die innere karmische Notwendigkeit und die Freiheit, die eine Tatsache unseres Bewußtseins ist, die einfach ein Ergebnis der Selbstbeobachtung ist, gegeneinanderstellen, so kommen Sie aus einem fortwährenden Zirkel gar nicht heraus. Auf diese Weise kommen sie aus einem Zirkel gar nicht heraus. Denn die Sache ist diese: Nehmen Sie einmal – ich will das Beispiel zwar nicht tottreten, aber es kann uns doch noch auf die weitere Fährte führen –, nehmen Sie noch einmal das Beispiel vom Hausbau. Also jemand baut sich ein Haus. Ich will nicht sagen, ich baue mir ein Haus – ich werde mir wahrscheinlich niemals eins bauen –, aber sagen wir, jemand baut sich ein Haus. Nun, durch diesen Entschluß bestimmt er in einer bestimmten Weise seine Zukunft. Nun bleibt ihm für diese Zukunft, wenn das Haus fertig ist und er mit seinem früheren Entschluß rechnet, für das Drinnenwohnen scheinbar keine Freiheit. Er hat sie sich freilich selber beschränkt, diese Freiheit; aber es bleibt ihm scheinbar keine Freiheit.

Aber denken Sie, für wie vieles Ihnen dann noch innerhalb dieses Hauses doch Freiheit bleibt! Es steht Ihnen sogar frei, darinnen dumm oder gescheit zu sein. Es steht Ihnen frei, darinnen mit Ihren Mitmenschen ekelhaft oder liebevoll zu sein. Es steht Ihnen frei, darinnen früh oder spät aufzustehen. Vielleicht hat man dafür andere Notwendigkeiten, aber jedenfalls steht es Ihnen in bezug auf den Hausbau frei, früh oder spät aufzustehen. Es steht Ihnen frei, darinnen Anthroposoph oder Materialist zu sein. Kurz, es gibt unzählige Dinge, die Ihnen dann noch immer freistehen.

Geradeso gibt es im einzelnen Menschenleben, trotzdem die karmische Notwendigkeit vorliegt, unzählige Dinge, viel mehr als in einem Haus, unzählige Dinge, die einem freistehen, die wirklich ganz im Bereiche der Freiheit liegen.

Nun werden Sie vielleicht weiter sagen können: Gut, dann haben wir also im Leben einen gewissen Bereich von Freiheit. Den will ich hier in der Zeichnung hell machen, weil ihn die Menschen gern haben, und ringsherum die karmische Notwendigkeit (siehe Zeichnung, rot). – Ja, die ist nun auch da! Also ein gewisser eingeschlossener Bereich von Freiheit, ringsherum die karmische Notwendigkeit.

Tafel 5

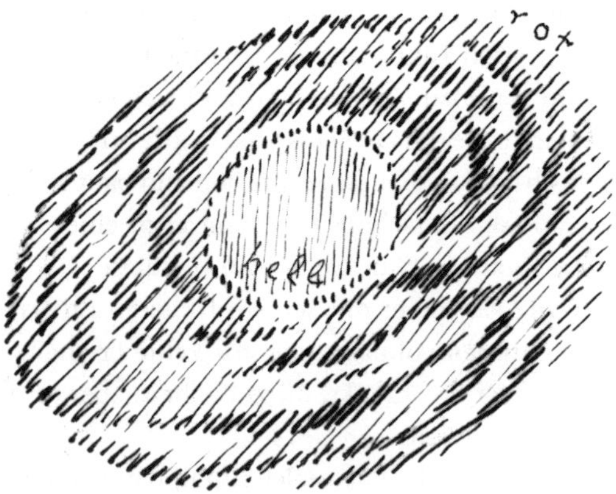

Nun, dieses anschauend, können Sie folgendes geltend machen. Sie können sagen: Nun ja, jetzt bin ich in einem gewissen Bezirke frei; aber nun komme ich an die Grenze meiner Freiheit. Da empfinde ich überall die karmische Notwendigkeit. Ich gehe in meinem Freiheitszimmer herum, aber überall an den Grenzen komme ich an meine karmische Notwendigkeit und empfinde diese karmische Notwendigkeit.

Ja, meine lieben Freunde, wenn der Fisch ebenso dächte, so wäre er höchst unglücklich im Wasser, denn er kommt, wenn er im Wasser schwimmt, an die Grenze des Wassers. Außerhalb dieses Wassers kann er nicht mehr leben. Daher unterläßt er es, außerhalb des Wassers zu gehen. Er geht gar nicht außerhalb des Wassers. Er bleibt im Wasser, er schwimmt im Wasser herum und läßt das andere, was außer dem Wasser ist, Luft sein, oder was es eben ist. Und aus dem Grunde, weil der Fisch das tut, kann ich Ihnen die Versicherung abgeben, daß der Fisch gar nicht unglücklich ist darüber, daß er nicht mit Lungen atmen kann. Er kommt gar nicht darauf, unglücklich zu sein. Wenn aber der Fisch darauf kommen sollte, unglücklich zu sein darüber, daß er nur mit Kiemen atmet und nicht mit Lungen atmet, da müßte er Lungen in der Reserve haben, und da müßte er vergleichen, wie es ist, unter dem Wasser zu leben und in der Luft zu leben. Und dann wäre die ganze Art, wie der Fisch sich innerlich fühlt, anders. Es wäre alles anders.

Wenden wir den Vergleich auf das Menschenleben in bezug auf Freiheit und karmische Notwendigkeit an, dann ist das so, daß ja zunächst der Mensch in der gegenwärtigen Erdenzeit das gewöhnliche Bewußtsein hat. Mit diesem gewöhnlichen Bewußtsein lebt er im Bezirk der Freiheit, so wie der Fisch im Wasser lebt, und er kommt gar nicht mit diesem Bewußtsein in das Reich der karmischen Notwendigkeit herein. Erst wenn der Mensch anfängt, die geistige Welt wirklich wahrzunehmen – was so wäre, wie wenn der Fisch Lungen in Reserve hätte –, und erst dann, wenn der Mensch wirklich in die geistige Welt sich einlebt, dann bekommt er eine Anschauung von den Impulsen, die als karmische Notwendigkeit in ihm leben. Und dann schaut er in seine früheren Erdenleben zurück und empfindet nicht, sagt nicht, indem er aus dem früheren Erdenleben herüber die Ursachen für gegenwärtige Erlebnisse hat: Ich bin jetzt unter dem Zwang einer eisernen Notwendigkeit und meine Freiheit ist beeinträchtigt –, sondern er schaut zurück, wie er selber sich dasjenige, was jetzt vorliegt, zusammengezimmert hat, so wie einer, der sich ein Haus gebaut hat, auf den Entschluß zurückschaut, der zum Bau dieses Hauses geführt hat. Und dann findet man es gewöhnlich gescheiter, zu fragen: War dazumal das ein vernünftiger Entschluß, das Haus zu bauen, oder ein unvernünftiger? – Nun, da kann man natürlich allerlei Ansichten später darüber gewinnen, wenn sich die Dinge herausstellen, gewiß; aber man kann höchstens, wenn man findet, daß es eine riesenhafte Torheit war, sich das Haus zu bauen, man kann höchstens sagen, daß man töricht gewesen ist.

Nun, im Erdenleben, da ist das so eine Sache, wenn man sich in bezug auf irgendein Ding, das man inauguriert hat, sagen muß, es war töricht. Man hat das nicht gern. Man leidet nicht gern unter seinen Torheiten. Man möchte, daß man den Entschluß nicht gefaßt hätte. Aber das bezieht sich nämlich auch nur auf das eine Erdenleben, weil nämlich zwischen der Torheit des Entschlusses und der Strafe, die man dafür hat, indem man die Konsequenzen dieser Torheit erleben muß, das gleichartige Erdenleben dazwischen ist. Es bleibt immer so.

So ist es aber nicht zwischen den einzelnen Erdenleben. Da sind immer dazwischen die Leben zwischen dem Tod und einer neuen Geburt, und diese Leben zwischen dem Tod und einer neuen Geburt, die ändern manches, was sich nicht ändern würde, wenn das Erdenleben sich in gleichartiger Weise fortsetzte. Nehmen Sie nur an, Sie schauen zurück in ein früheres Erdenleben.

Da haben Sie irgendeinem Menschen Gutes oder Böses angetan. Das Leben zwischen dem Tod und einer neuen Geburt war zwischen diesem vorigen Erdenleben und dem jetzigen Erdenleben. In diesem Leben, in diesem geistigen Leben können Sie gar nicht anders denken als: Sie sind unvollkommen geworden dadurch, daß Sie einem Menschen irgendetwas Böses zugefügt haben. Das nimmt etwas weg von Ihrem Menschenwert, das macht Sie seelisch verkrüppelt. Sie müssen die Verkrüppelung wiederum ausbessern, und Sie fassen den Entschluß, im neuen Erdenleben dasjenige zu erringen, was den Fehler ausbessert. Sie nehmen zwischen dem Tod und einer neuen Geburt dasjenige, was den Fehler ausgleicht, durch Ihren eigenen Willen auf. Haben Sie einem Menschen etwas Gutes zugefügt, dann wissen Sie, daß das ganze menschliche Erdenleben – das sieht man insbesondere in dem Leben zwischen dem Tod und einer neuen Geburt –, daß das ganze Erdenleben für die gesamte Menschheit da ist. Und dann kommen Sie darauf, daß, wenn Sie einen Menschen gefördert haben, er in der Tat ja dadurch gewisse Dinge errungen hat, die er ohne Sie nicht errungen hätte in einem früheren Erdenleben. Aber Sie fühlen sich dadurch wiederum in dem Leben zwischen dem Tod und einer neuen Geburt mit ihm vereinigt, um dasjenige, was Sie mit ihm zusammen in bezug auf menschliche Vollkommenheit erreicht haben, nun weiter auszuleben. Sie suchen ihn wieder auf im neuen Erdenleben, um gerade durch die Art und Weise, wie Sie ihn vervollkommnet haben, weiter zu wirken im neuen Erdenleben.

Also es handelt sich gar nicht darum, daß man etwa, wenn man nun den Bezirk der karmischen Notwendigkeiten ringsherum durch eine wirkliche Einsicht in die geistige Welt wahrnimmt, diese Notwendigkeiten verabscheuen könnte, sondern es handelt sich darum, daß man dann zurücksieht auf diese Notwendigkeiten, wie die Dinge waren, die man da selber verrichtet hat, und sie so anschaut, daß man sich sagt: Es muß dasjenige geschehen – aus voller Freiheit auch müßte das geschehen –, was aus einer inneren Notwendigkeit heraus geschieht.

Man wird eben niemals den Fall erleben, daß man bei einer wirklichen Einsicht in das Karma mit diesem Karma nicht einverstanden ist. Wenn sich im Karma Dinge ergeben, die einem nicht gefallen, dann sollte man sie eben aus der allgemeinen Gesetzmäßigkeit der Welt heraus betrachten. Und da kommt man immer mehr darauf, daß zuletzt doch dasjenige, was karmisch bedingt ist, besser ist, als wenn wir mit jedem neuen Erdenleben neu anfangen müßten, mit jedem neuen Erdenleben voller unbeschriebener Blätter wären. Denn wir sind eigentlich unser Karma selber. Das, was da herüberkommt aus früheren Erdenleben, das sind wir eigentlich selber, und es hat gar keinen Sinn, davon zu sprechen, daß irgend etwas in unserem Karma, neben dem eben der Bezirk der Freiheit durchaus da ist, daß irgend etwas in unserem Karma anders sein sollte, als es ist, weil überhaupt in einem gesetzmäßig zusammenhängenden Ganzen das einzelne gar nicht kritisiert werden kann. Es kann jemandem seine Nase nicht gefallen; aber es hat gar keinen Sinn, bloß die Nase an sich zu kritisieren, denn die Nase, die man hat, muß tatsächlich so sein, wie sie ist, wenn der ganze Mensch so ist, wie er ist. Und derjenige, der sagt, ich möchte eine andere Nase haben, der sagt eigentlich damit, er möchte ein ganz anderer Mensch sein. Aber damit schafft er sich in Gedanken selber weg. Man kann das doch nicht.

So können wir auch unser Karma nicht wegschaffen, denn wir sind das, was unser Karma ist, selber. Es beirrt uns aber auch gar nicht, denn es verläuft durchaus neben den Taten unserer Freiheit, beeinträchtigt nirgends die Taten unserer Freiheit.

Ich möchte einen anderen Vergleich noch gebrauchen, der das klar macht. Wir gehen als Menschen; aber es ist doch der Boden da, auf dem wir gehen. Kein Mensch fühlt sich in seinem Gehen beeinträchtigt dadurch, daß unter ihm der Boden ist. Ja er sollte sogar wissen, wenn der Boden nicht da wäre, könnte er nicht gehen, er würde überall herunterfallen. So ist es mit unserer Freiheit. Die braucht den Boden der Notwendigkeit. Die muß sich heraus erheben aus einem Untergrunde.

Dieser Untergrund, wir sind es selbst. Sobald man in der richtigen Weise den Freiheitsbegriff und den Begriff des Karmas faßt, wird man sie durchaus miteinander vereinbaren können. Und dann braucht man auch nicht mehr davor zurückzuschrecken, diese karmische Notwendigkeit durch und durch zu betrachten. Ja, man kommt sogar dazu, in gewissen Fällen das Folgende sich zu sagen: Ich setze jetzt voraus, irgend jemand kann durch die Initiationseinsicht in frühere Erdenleben zurückschauen. Wenn er in frühere Erdenleben zurückschaut, weiß er dadurch ganz genau, daß ihm dieses oder jenes geschehen ist, was in dieses Erdenleben mit hereingekommen ist. Wäre er nicht zur Initiationswissenschaft gekommen, dann würde eine objektive Notwendigkeit ihn drängen, gewisse Dinge zu tun. Er täte sie unweigerlich. Seine Freiheit würde er ja dadurch nicht beeinträchtigt fühlen, denn seine Freiheit liegt im gewöhnlichen Bewußtsein. Mit dem reicht er gar nicht herein in die Region, wo diese Notwendigkeit wirkt, geradeso wie der Fisch nicht an die äußere Luft kommt. Aber wenn er die Initiationswissenschaft in sich hat, dann sieht er zurück, sieht, wie das war in einem vorigen Erdenleben, und betrachtet dasjenige, was da ist, als eine Aufgabe, die ihm für dieses Erdenleben bewußt zugeteilt ist. Es ist auch so.

Sehen Sie, derjenige, der keine Initiationswissenschaft hat, der weiß eigentlich immer – ich sage jetzt etwas, was Ihnen etwas paradox erscheinen wird, was aber doch so ist – durch einen gewissen inneren Drang, durch einen Trieb, was er tun soll. Ach, die Leute tun ja immer, wissen immer, was sie tun sollen, fühlen sich immer zu dem oder zu jenem gedrängt! Bei dem, der mit Initiationswissenschaft anfängt, bei dem wird es in der Welt doch etwas anders. Es tauchen, wenn das Leben an ihn herantritt, den einzelnen Erlebnissen gegenüber ganz merkwürdige Fragen auf. Wenn er sich gedrängt fühlt, etwas zu tun, ist er gleich auch wiederum gedrängt, es nicht zu tun. Der dunkle Trieb, der die meisten Menschen zu dem oder jenem drängt, er fällt weg. Und tatsächlich, auf einer gewissen Stufe der Initiationseinsicht könnte der Mensch schon, wenn nichts anderes an ihn heranträte, dazu kommen, sich zu sagen: Jetzt verbringe ich am liebsten mein ganzes folgendes Leben, nachdem ich zu dieser Einsicht gekommen bin – ich bin jetzt vierzig Jahre alt, das kann mir ganz gleichgültig sein –, so, daß ich auf einen Stuhl mich setze und gar nichts mehr tue; denn es sind nicht solche ausgesprochenen Triebe da, das oder jenes zu tun.

Glauben Sie nicht, meine lieben Freunde, daß die Initiation nicht eben reale Wirklichkeit hat. Es ist merkwürdig in dieser Beziehung, wie die Menschen manchmal denken. Von einem gebackenen Huhn glaubt jeder, wenn er es ißt, daß es reale Wirklichkeit hat. Von der Initiationswissenschaft glauben die meisten Menschen, daß sie nur theoretische Wirkungen habe. Sie hat Lebenswirkungen. Und eine solche Lebenswirkung ist diejenige, die ich eben jetzt angedeutet habe. Bevor der Mensch die Initiationswissenschaft hat, ist ihm immer das eine wichtig, das andere unwichtig aus einem dunklen Drange heraus. Der Initiierte möchte sich am liebsten auf einen Stuhl setzen und die Welt ablaufen lassen, denn es kommt nicht darauf an – so könnte es sich bei ihm einstellen –, ob das eine geschieht und das andere unterbleibt und dergleichen. Da gibt es dann nur die Korrektur – es wird ja nicht so bleiben, weil die Initiationswissenschaft auch noch etwas anderes bringt –, da gibt es nur die eine Korrektur dafür, daß sich der betreffende Initiierte nicht auf einen Stuhl setzt, die Welt ablaufen läßt und sagt: Mir ist alles gleichgültig –, da gibt es nur die Korrektur: zurückzublicken in frühere Erdenleben. Da liest er dann aus seinem Karma die Aufgabe für sein Erdenleben ab. Da tut er dann dasjenige, was ihm seine früheren Erdenleben auferlegen, bewußt. Er unterläßt es nicht, weil er meint, daß seine

Freiheit dadurch beeinträchtigt wird, sondern er tut es, weil er, indem er auf das kommt, was er erlebt hat in früheren Erdenleben, zugleich gewahr wird, was in dem Leben zwischen dem Tod und einer neuen Geburt war, wie er es da als vernünftig eingesehen hat, die entsprechenden Folgetaten zu tun. Er würde sich unfrei fühlen, wenn er nicht in die Lage kommen könnte, seine sich ihm aus dem vorigen Erdenleben gestellte Aufgabe zu erfüllen.

Ich möchte hier nur eine kleine Parenthese machen. Sehen Sie, das Wort Karma ist ja auf dem Umweg durch das Englische nach Europa gekommen. Nun, deswegen, weil man das so schreibt: Karma, sagen die Leute sehr häufig «Karma». Das ist falsch ausgesprochen. Karma ist geradeso zu sprechen, wie wenn es mit ä geschrieben wäre. Ich spreche nun, seit ich die Anthroposophische Gesellschaft führe, immer «Ka(=ä)rma», und ich bedaure, daß Tafel 5
sehr viele Leute sich daraus angewöhnt haben, fortwährend das schreckliche Wort «Kirma» zu sagen. Sie müssen immer verstehen, diese Leute, wenn ich «Karma» sage, «Kirma». Das ist schrecklich. Sie werden es auch schon gehört haben, daß manche sehr getreue Schüler nun seit einiger Zeit «Kirma» sagen.

Also weder vor noch nach dem Eintritte der Initiationswissenschaft gibt es einen Widerspruch zwischen karmischer Notwendigkeit und Freiheit. Vor dem Eintritte der Initiationswissenschaft aus dem Grunde nicht, weil der Mensch eben mit dem gewöhnlichen Bewußtsein innerhalb des Bereiches der Freiheit bleibt und sich die karmische Notwendigkeit draußen wie naturhaft abspielt; er hat gar nicht etwas, das anders empfindet, als das, was ihm eben seine Natur eingibt. Und nachher aus dem Grunde nicht, weil er mit seinem Karma ganz einverstanden geworden ist, einfach im Sinne des Karmas handeln für vernünftig ansieht. Geradeso wie man nicht sagt, wenn man sich ein Haus gebaut hat: Das beeinträchtigt meine Freiheit, daß ich da jetzt hineinziehe –, sondern wie man sich sagt: Nun, das war ja doch ganz vernünftig von dir, daß du dir in dieser Gegend an diesem Platze ein Haus gebaut hast, jetzt sei frei in diesem Hause –, geradeso weiß derjenige, der mit Initiationswissenschaft zurückblickt in frühere Erdenleben, daß er frei wird dadurch, daß er seine karmische Aufgabe erfüllt, also in das Haus einzieht, das er sich in früheren Erdenleben gebaut hat.

So wollte ich Ihnen heute, meine lieben Freunde, die Verträglichkeit von Freiheit und karmischer Notwendigkeit im menschlichen Leben darlegen. Wir werden morgen vom Karma weiter sprechend auf Einzelheiten des Karmas dann eingehen.

VIERTER VORTRAG

DORNACH, 24. FEBRUAR 1924

Heute möchte ich zunächst einige umfassendere Gesichtspunkte in bezug auf die Entwickelung des Karmas bringen, um dann allmählich immer mehr und mehr auf diejenigen Dinge eingehen zu können, die eigentlich nur durch die, wenn ich so sagen soll, speziellen Ausführungen wenigstens veranschaulicht werden können. Wir müssen uns, wenn wir in den Gang des Karmas Einsicht gewinnen wollen, vorstellen können, wie eigentlich der Mensch beim Heruntersteigen aus der geistigen Welt in die physische Welt seine ganze Organisation zusammensetzt.

Sie werden ja begreifen, daß es in der gegenwärtigen Sprache nicht eigentlich geeignete Ausdrücke gibt für Vorgänge, die in der gegenwärtigen Zivilisation ziemlich unbekannt sind, und daß daher die Ausdrücke für das, was da geschieht, eigentlich nur ungenau sein können. Wir haben, wenn wir aus der geistigen in die physische Welt heruntersteigen zu einem Erdenleben, zunächst unseren physischen Leib durch die Vererbungsströmung vorbereitet. Dieser physische Leib, wir werden sehen, wie er dennoch in einer gewissen Beziehung mit dem zusammenhängt, was der Mensch zwischen dem Tod und einer neuen Geburt erlebt. Für heute kann es uns genügen, wenn wir uns eben darüber klar sind, daß dieser physische Leib uns eigentlich von der Erde aus gegeben wird. Diejenigen Glieder der menschlichen Wesenheit dagegen, welche als höhere Glieder angesprochen werden können, ätherischer Leib, astralischer Leib und Ich, die kommen ja herunter aus der geistigen Welt.

Den ätherischen Leib zieht der Mensch gewissermaßen aus dem ganzen Weltenäther heran, bevor er sich mit dem physischen Leib, der ihm durch die Abstammung gegeben wird, vereinigt. Es kann eine Vereinigung des seelisch-geistigen Menschen nach Ich, astralischem Leib und ätherischem Leib mit dem physischen

Menschenembryo nur dadurch erfolgen, daß sich der ätherische Leib des mütterlichen Organismus allmählich von dem physischen Menschenkeim zurückzieht.

Der Mensch also vereinigt sich mit dem physischen Menschenkeim, nachdem er seinen ätherischen Leib aus dem allgemeinen Weltenäther herangezogen hat. Die genaueren Beschreibungen dieser Vorgänge sollen uns später beschäftigen. Jetzt soll uns vorzugsweise interessieren, woher die einzelnen Glieder der menschlichen Wesenheit kommen, die der Mensch während seines Erdenlebens zwischen Geburt und Tod hat.

Der physische Organismus also kommt aus der Abstammungsströmung, der ätherische Organismus aus dem Weltenäther, aus dem er herangezogen wird. Der astralische Organismus – er bleibt ja, man möchte sagen, in jeder Beziehung während des Erdenlebens dem Menschen unbewußt oder unterbewußt –, er enthält alles dasjenige, was Ergebnisse des Lebens zwischen dem Tode und einer neuen Geburt sind.

Und zwischen dem Tode und einer neuen Geburt ist es ja so, daß der Mensch nach Maßgabe dessen, was er geworden ist durch die vorigen Erdenleben, in der mannigfaltigsten Weise zu anderen Menschenseelen in Beziehung kommt, die sich auch zwischen dem Tode und einer neuen Geburt befinden, oder zu anderen geistigen Wesenheiten höherer Weltenordnung, die nicht in einem Menschenleibe zur Erde herabsteigen, sondern in der geistigen Welt ihr Dasein haben.

Alles das, was der Mensch herüberbringt aus früheren Erdenleben, nach dem, wie er war, nach dem, was er getan hat, das findet die Sympathie oder Antipathie der Wesenheiten, die er kennenlernt, indem er durchgeht durch die Welt zwischen dem Tode und einer neuen Geburt. Da ist für das Karma nicht nur von einer großen Bedeutung, welche Sympathien und Antipathien bei höheren Wesenheiten der Mensch findet durch das, was er getan hat im vorigen Erdenleben, sondern da ist vor allen

Dingen von einer großen Bedeutung, daß der Mensch in Beziehung kommt zu denjenigen Menschenseelen, mit denen er auf Erden in Beziehung war, und daß eine eigentümliche Spiegelung stattfindet zwischen seinem Wesen und dem Wesen derjenigen Seelen, mit denen er auf Erden in Beziehung war. Nehmen wir an, irgend jemand hat zu einer Seele, die er nun wieder trifft zwischen dem Tod und einer neuen Geburt, eine gute Beziehung gehabt. In ihm hat gelebt während früherer Erdenleben alles das, was eine gute Beziehung begleitet. Dann spiegelt sich diese gute Beziehung in der Seele, wenn diese Seele zwischen dem Tode und einer neuen Geburt getroffen wird. Und es ist wirklich so, daß der Mensch bei diesem Durchgange durch das Leben zwischen dem Tod und einer neuen Geburt in den Seelen, mit denen er nun zusammenlebt, weil er mit ihnen auf Erden zusammengelebt hat, überall sich selbst gespiegelt sieht. Hat man einem Menschen etwas Gutes zugefügt, es spiegelt sich etwas von der Seele herüber; hat man ihm etwas Böses zugefügt, es spiegelt sich etwas von der Seele herüber. Und man hat das Gefühl – wenn ich mich da des Ausdruckes «Gefühl» mit der Einschränkung, die ich im Beginne meiner Auseinandersetzungen gemacht habe, bedienen darf –: du hast diese Menschenseele gefördert. Was du da erlebt hast durch die Förderung, was du da empfunden hast für diese Menschenseele, was aus Empfindungen heraus zu deinem Verhalten geführt hat, deine eigenen inneren Erlebnisse während der Tat dieser Förderung, sie kommen zurück von dieser Seele. Sie spiegeln sich von dieser Seele aus. Eine andere Seele – man hat sie geschädigt; dasjenige, was in einem gelebt hat während dieser Schädigung, es spiegelt sich.

Und man hat eigentlich wie in einem mächtigen, ausgebreiteten Spiegelungsapparat seine vorigen Erdenleben, namentlich das letzte, aus den Seelen, mit denen man zusammen war, gespiegelt vor sich. Und man bekommt gerade bezüglich seines Tatenlebens den Eindruck: das alles geht von einem fort. Man verliert, oder hat eigentlich längst verloren, zwischen dem Tode und einer neuen Geburt, das Ich-Gefühl, das man auf Erden im Leibe gehabt hat; man bekommt aber das Ich-Gefühl von dieser ganzen Spiegelung. Man lebt in all den Seelen mit den Spiegelungen seiner Taten auf, mit denen man im Erdenleben zusammen war.

Auf Erden war das Ich als ein Punkt gewissermaßen. Hier zwischen dem Tode und einer neuen Geburt spiegelt es sich überall aus dem Umkreise. Es ist ein inniges Zusammensein mit den anderen Seelen, aber ein Zusammensein nach Maßgabe der Beziehungen, die man mit ihnen angeknüpft hat.

Und das ist alles in der geistigen Welt eine Realität. Wenn wir durch irgendeinen Raum gehen, der viele Spiegel hat, sehen wir uns in jedem Spiegel gespiegelt. Aber wir wissen auch: das ist – der gewöhnlichen Menschensprache nach – nicht da; wenn wir weggehen, bleibt es nicht, spiegeln wir uns nicht mehr. Aber das, was sich da in den Menschenseelen spiegelt, das bleibt, das bleibt vorhanden. Und es kommt eine Zeit im letzten Drittel zwischen dem Tode und einer neuen Geburt, da bilden wir uns aus diesen Spiegelbildern unseren astralischen Leib. Da ziehen wir das zusammen zu unserem astralischen Leib, so daß wir durchaus in unserem astralischen Leib, wenn wir von der geistigen Welt in die physische heruntersteigen, dasjenige tragen, was wir in uns wieder aufgenommen haben nach der Spiegelung, die unsere Taten im vorigen Erdenleben in anderen Seelen gefunden haben zwischen dem Tod und einer neuen Geburt.

Das aber gibt uns die Impulse, die uns drängen zu den Menschenseelen, oder abdrängen von den Menschenseelen, mit denen wir dann im physischen Leib zugleich wiederum geboren werden.

Und auf diese Art – ich werde demnächst noch ausführlicher den Vorgang zu beschreiben haben, indem ich später auch auf das Ich Rücksicht zu nehmen haben werde –, aber auf diese Art bildet sich zwischen dem Tod und einer neuen Geburt der Impuls zum Karma im neuen Erdenleben aus.

Und da läßt sich verfolgen, wie ein Impuls des einen Lebens in die anderen Leben hinüberwirkt. Nehmen wir zum Beispiel den Impuls der Liebe. Wir können unsere Taten den anderen Menschen gegenüber aus dem heraus verrichten, was wir Liebe nennen. Es ist ein Unterschied, ob wir unsere Taten aus bloßem Pflichtgefühl heraus verrichten, aus Konvention, aus Anstand und so weiter, oder ob wir sie aus einer größeren oder geringeren Liebe heraus verrichten.

Nehmen wir an, ein Mensch bringt es dazu, Handlungen zu verrichten in einem Erdenleben, die von der Liebe getragen sind, die durchwärmt sind von der Liebe. Ja, das bleibt als Kraft in seiner Seele vorhanden. Und was er nun mitnimmt als Ergebnis seiner Taten, und was sich da spiegelt in den Seelen, das kommt auf ihn zurück eben als Spiegelbild. Und indem der Mensch sich seinen astralischen Leib daraus bildet, mit dem er herunterkommt zur Erde, wandelt sich die Liebe des vorigen Erdenlebens, die von dem Menschen ausgeströmt ist, rückkommend von anderen Menschen, in Freude. So daß also, indem der Mensch seinen Mitmenschen gegenüber in einem Erdenleben irgend etwas tut, was von Liebe getragen ist, wobei also die Liebe von ihm ausströmt, mit den Taten mitgeht, die den anderen Menschen fördern, dann die Metamorphose beim Durchgang durch das Leben zwischen dem Tod und einer neuen Geburt so ist, daß sich, was ausströmende Liebe in einem Erdenleben ist, im nächsten Erdenleben metamorphosiert, verwandelt in an den Menschen heranströmende Freude.

Erleben Sie durch einen Menschen Freude, meine lieben Freunde, in einem Erdenleben, so können Sie sicher sein, daß diese Freude das Ergebnis der Liebe ist, die Sie ihm gegenüber in einem vorigen Erdenleben entfaltet haben. Diese Freude strömt nun wiederum in Ihre Seele zurück während des Erdenlebens. Sie

Tafel 6*

kennen jenes innerlich Erwärmende der Freude. Sie wissen, was Freude im Leben für eine Bedeutung hat, Freude insbesondere, die von Menschen kommt. Sie wärmt das Leben, sie trägt das Leben, sie gibt dem Leben, können wir sagen, Schwingen. Sie ist karmisch das Ergebnis aufgewendeter Liebe.

Aber wir erleben ja wiederum an der Freude eine Beziehung zu dem anderen Menschen, der uns Freude macht. So daß wir in den früheren Erdenleben innerlich etwas gehabt haben, was ausströmen machte die Liebe; in den folgenden Erdenleben haben wir schon als Ergebnis innerlich erlebend die Wärme der Freude. Das ist wiederum etwas, was von uns ausströmt. Ein Mensch, der im Leben Freude erleben darf, ist auch wiederum etwas für die anderen Menschen, was erwärmende Bedeutung hat. Ein Mensch, der Gründe dafür hat, freudelos durchs Leben zu gehen, ist anders zu den anderen Menschen als ein Mensch, der in Freuden darf durch das Leben gehen.

* Siehe Hinweis.

Das aber, was da erlebt wird in der Freude zwischen der Geburt und dem Tode, das wiederum spiegelt sich in den verschiedensten Seelen, mit denen man auf Erden zusammen war, und die jetzt auch in dem Leben zwischen dem Tode und einer neuen Geburt sind. Und dieses Spiegelbild, das in vielfacher Weise dann von den Seelen der uns bekannten Menschen kommt, das wirkt wiederum zurück. Wir tragen es wiederum in unserem astralischen Leib, wenn wir zum nächsten – also jetzt sind wir beim dritten Erdenleben –, zum nächsten Erdenleben heruntersteigen. Und wiederum ist es eingeschaltet, eingeprägt unserem astralischen Leibe. Und jetzt wird es in seinem Ergebnis zur Grundlage, zum Impuls des leichten Verstehens von Menschen und Welt. Es wird zur Grundlage derjenigen Seelenverfassung, die uns trägt dadurch, daß wir die Welt verstehen. Wenn wir Freude haben können an dem interessanten Verhalten der Menschen, verstehen das interessante Verhalten der Menschen in einer Erdeninkarnation, so weist uns das zurück auf die Freude der vorhergehenden, auf die Liebe der weiter vorangehenden Erdeninkarnation. Menschen, die mit freiem, offenem Sinn so durch die Welt gehen können, daß der freie, offene Sinn die Welt in sie hereinströmen läßt, so daß sie für die Welt Verständnis haben, das sind Menschen, die diese Stellung zur Welt sich durch Liebe und Freude errungen haben.

Das ist etwas ganz anderes, was wir in den Taten aus der Liebe heraus tun, als dasjenige, was wir aus starrem, trockenem Pflichtgefühl heraus tun. Sie wissen ja, wie ich in meinen Schriften immer darauf gesehen habe, die Taten, die aus der Liebe kommen, als die eigentlich ethischen, als die eigentlich moralischen aufzufassen.

Ich habe oftmals auf den großen Gegensatz hinweisen müssen, der in dieser Beziehung zwischen Kant und Schiller besteht. Kant hat ja eigentlich im Leben und in der Erkenntnis alles verkantet. Es ist alles eckig und kantig in der Erkenntnis durch Kant geworden, und so auch das menschliche Handeln: «Pflicht, du erhabener, großer Name, der du nichts Beliebtes, was Einschmeichelung bei sich führt, in dir fassest ...» und so weiter. Ich habe die Stelle in meiner «Philosophie der Freiheit» zum geheuchelten Ärger vieler Gegner – nicht zum wirklichen, zum geheuchelten Ärger vieler Gegner – zitiert und habe dasjenige dagegengestellt, was ich selber als meine Anschauung anerkennen muß: Liebe, du warm zur Seele sprechender Impuls – und so weiter.

Schiller, gegenüber dem starren, trockenen Pflichtbegriffe Kants, hat ja die Worte geprägt: «Gerne dien' ich den Freunden, doch tu' ich es leider mit Neigung, und so wurmt es mich oft, daß ich nicht tugendhaft bin.» Denn nach Kantscher Ethik ist dasjenige, was man aus Neigung tut, nicht tugendhaft, sondern dasjenige, was man aus dem starren Pflichtbegriff heraus tut.

Nun, es gibt eben Menschen – die kommen nicht zum Lieben zunächst. Aber weil sie dem anderen Menschen nicht aus Liebe die Wahrheit sagen können – man sagt zu dem anderen Menschen, wenn man Liebe für ihn hat, die Wahrheit und nicht die Lüge –, aber weil sie nicht lieben können, sagen sie die Wahrheit aus Pflichtgefühl; weil sie nicht lieben können, vermeiden sie es aus Pflichtgefühl, den anderen gleich zu prügeln oder ihn mit Ohrfeigen zu traktieren, anzustoßen und dergleichen, wenn er irgend etwas tut, was ihnen nicht gefällt. Es ist eben ein Unterschied zwischen dem Handeln aus starrem Pflichtbegriff, das aber durchaus im sozialen Leben notwendig ist, für viele Dinge notwendig ist, und zwischen den Taten der Liebe.

Nun, die Taten, die in starrem Pflichtbegriff oder in Konvention, «weil sich's so schickt», getan werden, die rufen im nächsten Erdenleben nicht Freude hervor, sondern, indem sie eben so wie ich es geschildert habe, durch jene Spiegelung durch die Seelen gehen, rufen sie im nächsten Erdenleben etwas hervor, was man nennen könnte: Man spürt, man ist den Menschen mehr oder weniger gleichgültig. Und das, was mancher durchs Leben trägt, daß er den Menschen gleichgültig ist und daran leidet – man leidet mit Recht daran, wenn man den anderen Menschen gleichgültig ist, denn die Menschen sind füreinander da, und der Mensch ist darauf angewiesen, daß er den anderen Menschen nicht gleichgültig ist –, das, was man da erleidet, das ist eben das Ergebnis des Mangels an Liebe in einem vorigen Erdenleben, wo man sich als anständiger Mensch deshalb betragen hat, weil die starre Pflicht über einem hing wie ein Damoklesschwert, ich will nicht sagen wie ein stählernes, denn das würde beunruhigend sein für die meisten Pflichtmenschen, sondern eben wie ein hölzernes.

Nun aber sind wir beim zweiten Erdenleben. Was als Freude von der Liebe kommt, das wird im dritten Erdenleben, wie wir gesehen haben, ein offenes, freies Herz, das uns die Welt nahebringt, das uns für alles Schöne, Wahre, Gute den freien, einsichtsvollen Sinn gibt. Das, was als Gleichgültigkeit von seiten anderer Menschen zu uns strömt, und was wir dadurch erleben in einem Erdenleben, das macht uns für das dritte, also für das nächste Erdenleben, zu einem Menschen, der nichts Rechtes mit sich anzufangen weiß. Wenn er in die Schule kommt, weiß er nicht, was er mit dem anfangen soll, was die Lehrer mit ihm tun. Wenn er etwas älter wird, weiß er nicht, ob er Schlosser oder Hofrat werden soll. Er weiß nichts mit sich im Leben zu machen. Er geht eigentlich ohne Richtung, direktionslos im Leben dahin. In bezug auf die Anschauung der äußeren Welt ist er nicht gerade stumpf. Er kann zum Beispiel Musik schon verstehen, aber er hat keine Freude dran. Es ist ihm schließlich gleichgültig, ob es mehr oder weniger gute oder mehr oder weniger schlechte Musik ist. Er empfindet schon die Schönheit irgendeines malerischen oder sonstigen Werkes, aber immer kratzt es ihn in der Seele: Wozu eigentlich das alles? und so weiter. Das sind Dinge, die wiederum im dritten Erdenleben im karmischen Zusammenhange sich einstellen.

Nehmen wir aber an, der Mensch begeht gewisse Schädigungen seiner Mitmenschen aus dem Haß oder aus einer Neigung zur

Antipathie heraus. Man kann da an alle Stufen denken, welche dabei vorkommen können. Es kann einer, sagen wir, mit verbrecherischem Haßgefühl seine Mitmenschen schädigen. Er kann aber auch, ich lasse die Zwischenstufen aus, er kann aber auch ein Kritiker sein. Man muß, um Kritiker zu sein, immer ein bißchen hassen, wenn man nicht ein lobender Kritiker ist, und die sind ja heute selten, denn das ist nicht interessant, die Dinge anzuerkennen. Interessant wird es ja nur, wenn man Witze macht über die Dinge. Nun gibt es ja alle möglichen Zwischenstufen. Aber es handelt sich hier um dasjenige an Menschentaten, das aus kalter Antipathie, aus einer gewissen Antipathie, über die man sich oftmals gar nicht klar wird, bis zum Haß hin hervorgeht. Alles das, was in dieser Weise von Menschen bewirkt wird gegenüber anderen Menschen oder selbst gegenüber untermenschlichen Wesenheiten, all das lädt sich wiederum in Seelenzuständen ab, die sich nun auch spiegeln in dem Leben zwischen dem Tod und einer neuen Geburt. Und da kommt dann im nächsten Erdenleben aus dem Haß dasjenige heraus, was uns zuströmt von der Welt als leidvolles Wesen, als Unlust, die von außen verursacht wird, als das Gegenteil der Freude.

Sie werden sagen: Ja, wir erleben doch so viel Leid, soll das wirklich alles von größerem oder geringerem Haß im vorigen Erdenleben herrühren? Ich kann doch von mir unmöglich denken, daß ich ein so schlechter Kerl gewesen bin – so wird der Mensch leicht sagen –, daß ich so viel Unlust erleben kann, weil ich so viel gehaßt habe! – Ja, wenn man auf diesem Gebiete vorurteilslos denken will, dann muß man sich schon klarmachen, wie groß die Illusion ist, die einem wohltut und der man daher sehr leicht sich hingibt, wenn es sich darum handelt, irgendwelche Antipathiegefühle gegen andere Menschen sich abzusuggerieren. Die Menschen gehen mit viel mehr Haß, als sie denken, eigentlich durch die Welt, wenigstens mit viel mehr Antipathie. Und es ist nun schon einmal so: Haß, er wird zunächst, weil er der Seele ja Befriedigung gibt, gewöhnlich gar nicht erlebt. Er wird zugedeckt durch die Befriedigung. Wenn er zurückkommt als Leid, das uns von außen zuströmt, dann wird eben das Leid bemerkt.

Aber denken Sie nur einmal daran, meine lieben Freunde, um, ich möchte sagen, in einer ganz trivialen Art sich vorzustellen, was da als Möglichkeit vorliegt, denken Sie nur einmal an einen Kaffeeklatsch, an einen so richtigen Kaffeeklatsch, wo ein Halbdutzend – es genügt schon! – irgendwelcher Tanten oder Onkels – es können auch Onkels sein – beisammensitzen und über ihre Mitmenschen sich ergehen! Denken Sie, wieviel da an Antipathien in anderthalb Stunden – manchmal dauert es länger – abgeladen wird auf die Menschen! Indem das ausströmt, bemerken es die Leute nicht; aber wenn es im nächsten Erdenleben zurückkommt, da wird es sehr wohl bemerkt. Und es kommt unweigerlich zurück.

So daß tatsächlich ein Teil – nicht alles, wir werden noch andere karmische Zusammenhänge kennenlernen –, so daß ein Teil dessen, was wir in einem Erdenleben an von außen zugefügtem Leid empfinden, tatsächlich von Antipathiegefühlen in früheren Erdenleben herrühren kann.

Bei alledem muß man sich natürlich stets klar sein, daß ja das Karma, daß irgendeine karmische Strömung irgendwo einmal anfangen muß. So daß, wenn Sie zum Beispiel hier hintereinanderliegende Erdenleben haben

a b c (d) e f g h Tafel 6

und dieses d das gegenwärtige Erdenleben ist, so muß natürlich nicht aller Schmerz, der uns von außen zukommt, im früheren Erdenleben begründet sein. Es kann auch ein ursprünglicher Schmerz sein, der dann im nächsten Erdenleben sich erst karmisch auslebt. Aber deshalb sage ich: Ein großer Teil jenes Leides, das uns von außen zuströmt, ist die Folge von Haß, der in früheren Erdenleben aufgebracht worden ist.

Wenn wir nun zum dritten Erdenleben wieder übergehen, dann ist das Ergebnis dessen, was da als Leid uns zuströmt – aber nur das Ergebnis desjenigen Leides, das uns aus sozusagen aufgespeichertem Haß zukommt –, dann ist das Ergebnis dieses Leides, das sich dann in der Seele ablädt, zunächst eine Art Stumpfheit des Geistes, eine Art Stumpfheit der Einsicht gegenüber der Welt. Und wer gleichgültig und phlegmatisch der Welt gegenübersteht, nicht mit offenem Herzen den Dingen oder den Menschen gegenübersteht, bei dem liegt oftmals eben das vor, daß er sich diese Stumpfheit erworben hat durch das in seinem eigenen Karma verursachte Leid eines vorigen Erdenlebens, das aber zurückgehen muß, wenn es in dieser Weise in einer stumpfen Seelenverfassung sich ausdrückt, auf Haßgefühle mindestens im drittletzten Erdenleben. Man kann nämlich immer sicher sein: Töricht in irgendeinem Erdenleben zu sein, ist immer die Folge von Haß in einem bestimmten früheren Erdenleben.

Aber sehen Sie, meine lieben Freunde, das Verständnis für das Karma soll nicht nur darauf beruhen, daß wir das Karma zum Begreifen des Lebens auffassen, sondern daß wir es auch als Impuls des Lebens auffassen können, daß wir uns eben bewußt
Tafel 6 sind, daß es mit dem Leben nicht bloß ein «a, b, c, d» gibt (siehe Schema), sondern auch ein «e, f, g, h», daß auch kommende Erdenleben da sind, und daß dasjenige, was wir in einem gegenwärtigen Erdenleben an Inhalt in unserer Seele entwickeln, Wirkungen, Ergebnisse im nächsten Erdenleben haben wird. Wenn einer in dem drittnächsten Erdenleben besonders töricht sein will, braucht er im gegenwärtigen Erdenleben ja nur sehr viel zu hassen. Wenn einer aber im drittnächsten Erdenleben einen freien, offenen Sinn haben will, braucht er ja nur in diesem Erdenleben besonders viel zu lieben. Und erst dadurch gewinnt die Einsicht, die Erkenntnis des Karmas ihren Wert, daß sie in unseren Willen für die Zukunft einströmt, in diesem Willen für die Zukunft eine Rolle spielt. Es ist durchaus so, daß gegen-

wärtig derjenige Zeitpunkt für die Menschheitsentwickelung vorhanden ist, wo nicht mehr in derselben Art, wie das früher der Fall war, während unsere Seelen durch frühere Erdenleben gegangen sind, das Unbewußte weiterwirken kann, sondern die Menschen werden immer freier und bewußter. Seit dem ersten Drittel des 15. Jahrhunderts haben wir das Zeitalter, in dem die Menschen immer freier und bewußter werden. Und so wird für diejenigen Menschen, welche Menschen der Gegenwart sind, ein nächstes Erdenleben schon ein dunkles Gefühl der vorigen Erdenleben haben. Und so wie der heutige Mensch, wenn er an sich bemerkt, daß er nicht besonders klug ist, das nicht sich selber, sondern eben seiner Anlage zuschreibt, gewöhnlich es in seiner physischen Natur sucht nach der Ansicht des heutigen Materialismus, so werden die Menschen, die diejenigen sein werden, welche wiederkommen aus den Gegenwartsmenschen, wenigstens schon ein dunkles Gefühl haben, das sie beunruhigen wird: Wenn sie nicht besonders klug sind, so muß da irgend etwas gewesen sein, das mit Haß- und Antipathiegefühlen zusammenhing.

Und wenn wir heute reden von einer Waldorfschul-Pädagogik, so müssen wir natürlich der gegenwärtigen Erdenzivilisation Rechnung tragen. Da können wir noch nicht mit voller Offenheit so erziehen, daß wir sozusagen für das Bewußtsein in wiederholten Erdenleben erziehen, denn die Menschen haben heute auch noch nicht einmal ein dunkles Gefühl für die wiederholten Erdenleben. Aber die Ansätze, die gerade in der Waldorfschul-Pädagogik gemacht werden, sie werden sich, wenn sie aufgenommen werden, in den nächsten Jahrhunderten dahin weiterentwickeln, daß man in die ethische, in die moralische Erziehung das hineinbeziehen wird: Ein wenig begabtes Kind geht zurück auf frühere Erdenleben, in denen es viel gehaßt hat, und man wird dann an der Hand der Geisteswissenschaft aufsuchen, wen es gehaßt haben könnte. Denn die müssen sich in irgendwelcher

Umgebung wiederfinden, die Menschen, die gehaßt worden sind und denen gegenüber Taten begangen worden sind aus dem Haß. Und man wird die Erziehung nach und nach in den kommenden Jahrhunderten viel mehr ins Menschenleben hineinstellen müssen. Man wird bei einem Kinde sehen müssen, woher sich spiegelt oder spiegelte in dem Leben zwischen dem Tod und einer neuen Geburt dasjenige, was da in einer Metamorphose des Unverstandes sich auslebt im Erdenleben. Und dann wird man etwas tun können, damit im kindlichen Alter zu denjenigen Menschen besondere Liebe entwickelt wird, zu denen in früheren Erdenleben ein besonderer Haß vorhanden war. Und man wird sehen, daß durch eine solche konkret aufgewendete Liebe der Verstand, überhaupt die ganze Seelenverfassung sich aufhellen wird. Nicht in allgemeinen Theorien über das Karma wird dasjenige liegen, was der Erziehung helfen kann, sondern in dem konkreten Hineinschauen in das Leben, um zu bemerken, wie die karmischen Zusammenhänge sind. Man wird schon bemerken: daß schließlich Kinder in einer Klasse zusammengetragen werden vom Schicksal, das ist doch nicht ganz gleichgültig. Und wenn man hinauskommen wird über jene scheußliche Sorglosigkeit, die in bezug auf solche Dinge heute herrscht, wo man ja das, was an «Menschenmaterial» – man nennt es ja oftmals so – zusammengewürfelt ist in einer Klasse, wirklich so auffaßt, als ob es zusammengewürfelt wäre vom Zufall, nicht zusammengetragen wäre vom Schicksal, wenn man hinauskommen wird über diese scheußliche Sorglosigkeit, dann wird man gerade als Erzieher in Aussicht nehmen können, was da für merkwürdige karmische Fäden von dem einen zu dem anderen gesponnen sind durch frühere Leben. Und dann wird man in die Entwickelung der Kinder dasjenige hineinnehmen, was da ausgleichend wirken kann. Denn Karma ist in einer gewissen Beziehung etwas, was einer ehernen Notwendigkeit unterliegt. Wir können aus einer ehernen Notwendigkeit heraus unbedingt aufstellen die Reihe:

Liebe – Freude – offenes Herz. Tafel 6

Antipathie oder Haß – Leid – Torheit.

Das sind unbedingte Zusammenhänge. Aber es ist auch so, daß geradeso wie man einer unbedingten Notwendigkeit gegenübersteht, wenn ein Fluß läuft und dennoch man schon Flüsse reguliert hat, ihnen einen anderen Lauf gegeben hat, es auch möglich ist, die karmische Strömung, ich möchte sagen, zu regulieren, in sie hineinzuwirken. Das ist möglich. Tafel 6 unten

Wenn Sie also bemerken, im kindlichen Alter ist Anlage zur Torheit, und Sie kommen darauf, das Kind anzuleiten, besonders in seinem Herzen Liebe zu entwickeln, und wenn Sie – und das würde für Menschen, die eine feine Lebensbeobachtung haben, schon heute möglich sein –, wenn Sie entdecken, mit welchen anderen Kindern das Kind karmisch verwandt ist, und das Kind dazu bringen, gerade diese Kinder zu lieben, ihnen gegenüber Taten der Liebe zu tun, dann werden Sie sehen, daß Sie der Antipathie ein Gegengewicht in der Liebe geben können, und in einer nächsten Inkarnation, in einem nächsten Erdenleben damit die Torheit verbessern können.

Es gibt ja wirklich, ich möchte sagen, instinktgeschulte Erzieher, die oftmals so etwas aus ihrem Instinkte heraus tun, die schlecht veranlagte Kinder dazu bringen, lieben zu können, und sie dadurch zu auffassungsfähigeren Menschenwesen allmählich heranerziehen. Diese Dinge, sie machen eigentlich erst die Einsicht in die karmischen Zusammenhänge zu einem Lebensdienlichen.

Nun, bevor wir weitergehen in der Betrachtung von Einzelheiten des Karmas, muß sich ja noch eine Frage vor unsere Seele stellen. Fragen wir uns: Was ist denn der Mensch, demgegenüber man sich, im allgemeinen wenigstens, in einem karmischen Zusammenhange wissen kann? Ich muß einen Ausdruck gebrauchen, der heute oftmals in einem etwas spöttischen Sinne gebraucht wird: Ein solcher Mensch ist ein Zeitgenosse. Er ist eben zu gleicher Zeit mit uns auf der Erde.

Und wenn Sie dies bedenken, so werden Sie sich sagen: Wenn Sie in einem Erdenleben mit gewissen Menschen zusammen sind, so waren Sie auch in einem früheren Erdenleben – wenigstens im allgemeinen, die Dinge können sich auch etwas verschieben – mit den Menschen zusammen, und ebenso wiederum in einem früheren Erdenleben.

Tafeln 6 u. 7

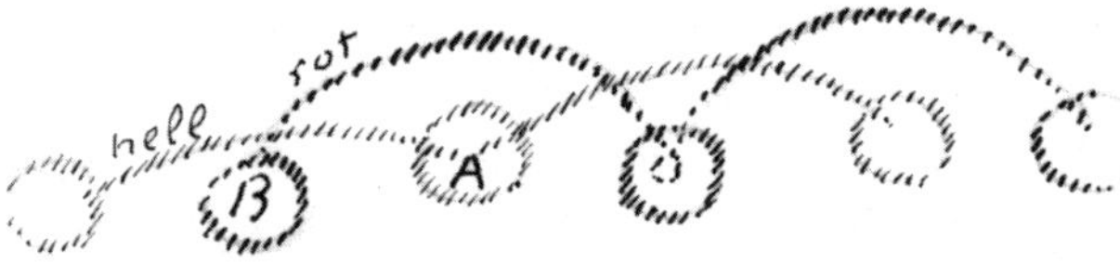

Ja, aber nun diejenigen, die fünfzig Jahre später leben als Sie, die waren im früheren Erdenleben wiederum zusammen mit Menschen! Im allgemeinen werden die Menschen, ich will sagen der B-Reihe, mit den Menschen der A-Reihe, nach diesem Gedanken, den wir hier entwickelt haben, nicht zusammenkommen. Das ist ein bedrückender Gedanke, aber ein wahrer Gedanke.

Über andere Zweifelsfragen, die sich ergeben dadurch, daß die Menschen oftmals sagen: die Menschheit vermehrt sich auf der Erde und so weiter, werde ich ja später sprechen. Aber ich möchte Ihnen jetzt diesen Gedanken nahelegen; er ist ein vielleicht bedrückender Gedanke, aber er ist ein wahrer Gedanke: Es ist tatsächlich so, daß das fortlaufende Leben der Menschen auf der Erde in Rhythmen sich vollzieht. Ich möchte sagen, ein Menschenschub geht im allgemeinen fort von einem Erdenleben zum anderen, ein anderer Menschenschub geht fort von einem Erdenleben zum anderen, und die sind in einer gewissen Weise voneinander getrennt, finden sich nicht im Erdenleben zusammen. In dem langen Leben zwischen dem Tode und einer neuen Geburt, da findet man sich schon zusammen; aber im Erdenleben ist es in der Tat so, daß man immer wiederum mit einem beschränkten Kreis von Leuten auf die Erde herunterkommt. Gerade für die wiederholten Erdenleben hat die Zeitgenossenschaft eine innere Bedeutung, eine innere Wichtigkeit.

Und warum das? Ich kann Ihnen sagen, diese Frage, die einen zunächst verstandesmäßig beschäftigen kann, diese Frage hat mir wirklich auf geisteswissenschaftlichem Boden die denkbar größten Schmerzen gemacht, weil es ja nötig ist, über diese Frage die Wahrheit herauszubringen, den inneren Sachverhalt herauszubringen. Und da kann man sich fragen – verzeihen Sie, daß ich ein Beispiel gebrauche, das wirklich, ich möchte sagen, eine Rolle für mich spielt, nur in bezug auf die Untersuchung –: Warum warst du nicht ein Zeitgenosse von Goethe? Dadurch, daß du nicht ein Zeitgenosse von Goethe bist, kannst du ungefähr schließen im allgemeinen nach dieser Wahrheit, daß du niemals mit Goethe zusammen auf der Erde gelebt hast. Er gehört zu einem anderen Schub von Menschen.

Was liegt da eigentlich dahinter? Da muß man die Frage umkehren. Aber um eine solche Frage umzukehren, muß man einen offenen, freien Sinn haben für menschliches Zusammenleben. Man muß sich fragen können, und über diese Frage werde ich nun in der nächsten Zeit sehr viel zu reden haben hier: Wie ist es denn eigentlich, Zeitgenosse eines Menschen zu sein, und wie ist es, von einem Menschen nur aus der Geschichte wissen zu können für das Erdenleben? Wie ist denn das?

Nun, sehen Sie, da muß man eben einen freien, offenen Sinn haben für die Beantwortung der intimen Frage: Wie ist es mit allen inneren Begleiterscheinungen der Seele, wenn ein Zeitgenosse mit dir spricht, Handlungen verrichtet, die an dich herankommen –, wie ist das? Und man muß das dann vergleichen können, nachdem man sich die nötige Erkenntnis erworben hat, wie das wäre, wenn man mit einer Persönlichkeit zusammenkäme, die nicht ein Zeitgenosse ist, vielleicht in gar keinem Erdenleben ein Zeitgenosse war – die man deshalb doch aufs höchste verehren kann, viel mehr als alle Zeitgenossen –, wie es wäre, wenn man mit ihr als Zeitgenosse zusammenträfe? Also, wie wäre es, wenn – verzeihen Sie das Persönliche – ich ein Zeitgenosse von Goethe gewesen wäre? Ja, wenn man kein gleichgültiger Mensch ist – selbstverständlich, wenn man ein gleichgültiger Mensch ist und eben nicht Verständnis hat für dasjenige, was ein Zeitgenosse sein kann, dann kann man sich auch nicht gut die Antwort darauf geben –, dann kann man fragen: Wie wäre es, wenn ich nun in der Schillergasse von Weimar hinuntergegangen wäre gegen den Frauenplan und mir «der dicke Geheimrat» entgegengekommen wäre, meinetwillen im Jahre 1826, 1827? – Nun, man weiß ganz gut, das hätte man nicht vertragen! Den «Zeitgenossen» verträgt man. Denjenigen, mit dem man nicht Zeitgenosse sein kann, verträgt man nicht; er würde in einer gewissen Weise wie vergiftend auf das Seelenleben wirken. Man verträgt ihn, weil man nicht Zeitgenosse ist, sondern Nachfolger oder Vorgänger. Gewiß, wenn man für diese Dinge kein Empfinden hat, so bleiben sie im Unterbewußten. Man kann sich vorstellen, daß einer eine feine Empfindung für Geistiges hat und weiß: Wenn er die Schillerstraße in Weimar hinunterginge gegen den Frauenplan und würde als Zeitgenosse dem dicken Geheimrat Goethe mit dem Doppelkinn etwa begegnet sein, er würde sich wie innerlich unmöglich gefühlt haben. Derjenige aber, der keine Empfindung dafür hat, nun, er hätte vielleicht gegrüßt.

Ja, sehen Sie, diese Dinge sind eben nicht aus dem Erdenleben, weil die Gründe, warum wir nicht Zeitgenossen irgendeines Menschen sein können, eben nicht innerhalb des Erdenlebens sind, weil man da schon hineinschauen muß in geistige Zusammenhänge; deshalb nehmen sie sich für das Erdenleben zuweilen paradox aus. Aber es ist so, es ist durchaus so.

Ich kann Ihnen die Versicherung geben, ich habe in wahrer Liebe eine Einleitung zu Jean Paul geschrieben, die in der Cottaschen «Bibliothek der Weltliteratur» erschienen ist. Hätte ich jemals in Bayreuth mit Jean Paul selber zusammensitzen müssen – Magenkrämpfe hätte ich ganz bestimmt bekommen. Das hindert nicht, daß man die höchste Verehrung hat. Aber das ist für jeden Menschen der Fall, nur bleibt es eben bei den meisten Menschen im Unterbewußten, bleibt im astralischen oder im ätherischen Leib, greift auch nicht den physischen Leib an. Denn das seelische Erlebnis, das den physischen Leib angreifen muß, muß eben zum Bewußtsein kommen. Aber Sie müssen auch darüber sich klar sein, meine lieben Freunde: Ohne das geht es nicht ab, wenn man Erkenntnisse über die geistige Welt gewinnen will, daß man Dinge zu hören bekommt, die einem grotesk, paradox erscheinen, eben weil die geistige Welt anders ist als die physische Welt.

Natürlich kann jemand leicht spotten, wenn irgendwie behauptet wird: Wäre ich Zeitgenosse von Jean Paul gewesen, dann würde ich Magenkrämpfe bekommen haben, wenn ich mit ihm zusammengesessen hätte. – Das ist natürlich für die gewöhnliche, banale, philiströse Welt des irdischen Lebens, ganz selbstverständlich, durchaus wahr; aber die Gesetze der banal-philiströsen Welt gelten nicht für die geistigen Zusammenhänge. Man muß sich daran gewöhnen, in anderen Denkformen denken zu können, wenn man die geistige Welt verstehen will. Man muß sich daran gewöhnen, schon durchaus das Überraschende zu erleben. Wenn das gewöhnliche Bewußtsein über Goethe liest, so kann es sich natürlich gedrängt fühlen, zu sagen: Den hätte ich gern auch persönlich gekannt, ihm die Hand gedrückt und dergleichen. Das ist eine Gedankenlosigkeit, denn es gibt Gesetze, nach denen wir eben für ein bestimmtes Erdenzeitalter vorbestimmt sind und in diesem Zeitalter leben können. Geradeso wie wir für einen bestimmten Luftdruck für unseren physischen Leib vorbestimmt sind, und uns nicht erheben können über die Erde bis zu einem Luftdruck, der uns nicht genehm ist, ebensowenig kann ein Mensch, der für das 20. Jahrhundert bestimmt ist, im Zeitalter Goethes leben.

Das ist dasjenige, was ich zunächst über das Karma habe vorbringen wollen.

FÜNFTER VORTRAG

DORNACH, 1. MÄRZ 1924

Wenn man über das Karma im einzelnen spricht, so muß man ja zunächst natürlich zwischen den karmischen Ereignissen, die im Menschenleben mehr von außen an den Menschen herantreten, und denjenigen, die von innen im Menschen gewissermaßen aufsteigen, unterscheiden.

Das Schicksal des Menschen setzt sich ja aus den allerverschiedensten Faktoren zusammen. Das Schicksal des Menschen ist von seiner physischen und ätherischen Konstitution abhängig, das Schicksal des Menschen ist abhängig von dem, was der Mensch nach seiner astralischen und Ich-Beschaffenheit an Sympathie und Antipathie der Außenwelt entgegenbringen kann, was man ihm wiederum nach seiner Beschaffenheit an Sympathie und Antipathie entgegenbringen kann; das Schicksal des Menschen ist wiederum abhängig von den allerallermannigfaltigsten Verwicklungen, Verstrickungen, in die der Mensch auf seinem Lebenswege verwoben wird. Das alles ergibt für irgendeinen Zeitpunkt oder in Summa für das ganze Leben eben die Schicksalslage des Menschen.

Nun werde ich versuchen, das Gesamtschicksal des Menschen aus den einzelnen Faktoren zusammenzusetzen. Dazu wollen wir heute einmal den Ausgangspunkt von gewissen inneren Faktoren im Menschen nehmen, wollen einmal auf jenen Faktor sehen, der da wirklich in vieler Beziehung in erster Linie ausschlaggebend ist, die Gesundheits- oder Krankheitslage des Menschen, und dasjenige, was als Unterlage für die Gesundheits- und Krankheitslage des Menschen dann zur Wirkung kommt in seiner physischen, in seiner seelischen Stärke, mit der er seine Aufgaben erfüllen kann und so weiter.

Will man aber diese Faktoren in der rechten Weise beurteilen, dann muß man ja über vieles, was in den heutigen Zivilisationsvorurteilen enthalten ist, hinwegsehen können. Man muß mehr auf die ursprüngliche Wesenheit des Menschen eingehen können, muß wirklich Einsicht gewinnen, was es denn eigentlich heißt, daß der Mensch seiner tieferen Wesenheit nach aus geistigen Welten zum physischen Erdendasein heruntersteigt.

Nun wissen Sie, daß heute auch schon in die Kunst, in die Dichtung zum Beispiel dasjenige eingezogen ist, was man unter den Begriff der Vererbung zuammenfaßt. Und wenn irgend jemand mit bestimmten Eigenschaften in der Welt auftritt, fragt man ja zuerst nach der Vererbung. Wenn jemand mit Krankheitsanlagen auftritt, fragt man: Wie steht es mit den Vererbungsverhältnissen?

Es ist gewiß zunächst eine durchaus berechtigte Frage. Aber so, wie man sich heute zu diesen Dingen verhält, so sieht man eigentlich an dem Menschen vorbei. Man sieht völlig an dem Menschen vorbei. Man sieht nicht auf dasjenige, was eigentlich des Menschen wahre Wesenheit ist, und wie sich diese Wesenheit entfaltet. Man sagt natürlich, der Mensch ist zunächst das Kind seiner Eltern, ist der Nachkomme seiner Vorfahren. Gewiß, man sieht das auch. Man sieht es auftreten schon in der äußeren Physiognomie, noch mehr in den Gebärden vielleicht, man sieht die Ähnlichkeit mit den Vorfahren auftreten. Aber nicht nur das. Man sieht ja auch, wie der Mensch seinen physischen Organismus eben als Produkt dessen hat, was ihm die Vorfahren geben. Er trägt diesen physischen Organismus an sich. Und man weist heute stark, sehr stark darauf hin, daß der Mensch diesen physischen Organismus an sich trägt.

Man beachtet dabei das Folgende nicht. Wenn der Mensch geboren wird, so hat er gewiß zunächst seinen physischen Organismus von seinen Eltern. Aber was ist dieser physische Organismus, den er von seinen Eltern hat? Darüber denkt man in der heutigen Zivilisation im Grunde genommen ganz falsch.

Wenn der Mensch im Zahnwechsel steht, tauscht er ja nicht nur seine zuerst bekommenen Zähne gegen andere aus, sondern es ist das der Zeitpunkt im menschlichen Leben, in dem sich zum erstenmal die ganze menschliche Wesenheit als Organisation erneuert.

Nun ist es wirklich ein durchgreifender Unterschied zwischen dem, was dann der Mensch in seinem achten, neunten Jahre wird, und demjenigen, was er zum Beispiel im dritten, vierten Jahre war. Es ist ein durchgreifender Unterschied. Dasjenige, was er im dritten, vierten Jahre als Organisation war, hat er vererbt bekommen, das haben ihm die Eltern gegeben. Dasjenige, was da wird und zuerst auftritt im achten, neunten Lebensjahre, das geht im höchsten Grade hervor aus dem, was der Mensch heruntergetragen hat aus der geistigen Welt.

Will man das, was da eigentlich zugrunde liegt, schematisch zeichnen, so muß man es in der folgenden, die heutige Menschheit gewiß schockierenden Art tun. Man muß sagen: Der Mensch bekommt, indem er geboren wird, etwas mit wie ein Modell zu seiner Menschenform (siehe Zeichnung Seite 100, grün). Dieses Tafel 8
Modell, das bekommt er von seinen Vorfahren. Sie geben ihm ein Modell mit. Und an diesem Modell entwickelt der Mensch dasjenige, was er später wird (rot). Das aber, was er da entwickelt, ist das Ergebnis dessen, was er aus geistigen Welten herunterträgt.

So schockierend es für einen heutigen Menschen auch sein kann, wenn er ganz in der Bildung der Gegenwart drinnensteckt, so muß man doch sagen: Die ersten Zähne, die der Mensch bekommt, sind ganz und gar vererbt, sind Vererbungsprodukte. Sie dienen ihm als Modell, nach dem er ausarbeitet – aber jetzt nach Maßgabe der Kräfte, die er sich herunterträgt aus der geistigen Welt – die zweiten Zähne; die arbeitet er sich aus.

So wie es mit den Zähnen ist, so ist es mit dem ganzen Organismus. Und die Frage könnte nur entstehen: Ja, warum brauchen wir als Menschen ein Modell? Warum können wir nicht einfach, wie es in älteren Phasen der Erdenentwickelung auch der Fall war, warum können wir nicht einfach, indem wir heruntersteigen und unseren Ätherleib an uns heranziehen – den ziehen wir ja durch unsere eigenen Kräfte heran, die wir heruntertragen aus der geistigen Welt –, warum können wir so nicht auch die physische Materie heranziehen und ohne physische Abstammung unseren physischen Leib formen?

Das ist natürlich für das Denken eines heutigen Menschen eine kolossal törichte Frage, eine verrückte Frage selbstverständlich. Aber nicht wahr, da muß man schon sagen: In bezug auf die Verrücktheit gilt schon einmal die Relativitätstheorie, wenn man auch die Relativitätstheorie zunächst heute nur auf Bewegungen anwendet und sagt, man kann für den Anblick nicht unterscheiden, ob man sich selber mit dem Körper, auf dem man sich befindet, bewegt, oder ob der Körper sich bewegt, der in der Nähe ist. Das ist deutlich hervorgetreten bei dem Übergang von der alten Welttheorie zur Kopernikanischen. Aber wenn man heute auch nur die Relativitätstheorie auf Bewegungen anwendet, so gilt sie – sie hat ja einen gewissen Geltungsbereich –, sie gilt schon in bezug auf diese angedeutete Verrücktheit: nämlich, da stehen zwei voneinander ab, der eine ist gegen den anderen verrückt. Es kommt nur darauf an, nicht wahr, wer absolut verrückt ist.

Nun, die Frage muß aber trotzdem aufgeworfen werden gegenüber den Tatsachen der geistigen Welt: Warum braucht der Mensch ein Modell? – Ältere Weltanschauungen haben in ihrer Art die Antwort darauf gegeben. Nur in der heutigen Zeit, wo man überhaupt die Moralität nicht mehr in die Weltenordnung einbezieht, sondern nur als menschliche Konvention gelten lassen will, da stellt man solche Fragen nicht. Ältere Weltanschauungen haben wohl diese Fragen gestellt und haben sie für sich sogar beantwortet. Ältere Weltanschauungen haben gesagt: Ursprünglich war der Mensch dazu veranlagt, sich in der Weise auf die Erde hereinzustellen, daß er ebenso wie er seinen Ätherleib aus der allgemeinen kosmischen Äthersubstanz heranzieht, so auch seinen physischen Leib sich bildet aus den Substanzen der Erde. Nur ist der Mensch den luziferischen und ahrimanischen Einflüssen verfallen, und dadurch hat er die Fähigkeit verloren, sich aus seiner Wesenheit heraus seinen physischen Leib aufzubauen, und muß ihn aus der Abstammung entnehmen.

Diese Art, zu einem physischen Leib zu kommen, ist für den Menschen das Ergebnis der Erbsünde. Das haben ältere Weltanschauungen gesagt, das ist die eigentliche Grundbedeutung der Erbsünde: hinein sich versetzen zu müssen in die Erdverhältnisse.

Für unsere Zeit müssen ja erst wieder die Begriffe herbeigeschafft werden, um erstens solche Fragen ernst zu nehmen, zweitens, um Antworten darauf zu finden. Es ist eben tatsächlich der Mensch innerhalb seiner Erdenentwickelung nicht so stark geblieben, als er veranlagt war, bevor die luziferischen und ahrimanischen Einflüsse da waren. Und so ist der Mensch darauf angewiesen, nicht sogleich beim Hereintreten in die Erdenverhältnisse sich seinen physischen Leib von sich aus zu bilden, sondern er braucht eben ein Modell, jenes Modell, welches heranwächst in den ersten sieben Lebensjahren. Da er sich nach diesem Modell richtet, so ist es natürlich, daß von diesem Modell auch im späteren Leben etwas an ihm bleibt, mehr oder weniger. Derjenige, der als Mensch, welcher an sich selber wirkt, ganz und gar vom Modell abhängig ist, der wird, wenn ich so sagen darf, vergessen, was er eigentlich heruntergebracht hat, und wird sich ganz nach dem Modell richten. Derjenige, der stärkere innere Kraft hat, durch seine früheren Erdenleben erworben, er wird sich weniger nach dem Modell richten, und man wird dann sehen können, wie er sich sehr bedeutend verändert gerade im zweiten Lebensalter zwischen dem Zahnwechsel und der Geschlechtsreife.

Die Schule wird sogar die Aufgabe haben, wenn sie eine rechte Schule ist, dasjenige im Menschen zur Entfaltung zu bringen, was er heruntergetragen hat aus den geistigen Welten in das physische Erdendasein. So daß also dasjenige, was der Mensch dann weiter im Leben mit sich trägt, mehr oder weniger die Vererbungsmerkmale enthält, je nachdem er sie überwinden kann oder nicht überwinden kann.

Nun, sehen Sie, meine lieben Freunde, alle Dinge haben ihre geistige Seite. Was der Mensch da hat als seinen Körper in den ersten sieben Lebensjahren, das ist eben einfach ein Modell, nach dem er sich richtet. Entweder es gehen seine geistigen Kräfte in einem gewissen Grade in dem unter, was ihm da durch das Modell aufgedrängt wird, und er bleibt ganz vom Modell abhängig, oder er arbeitet in den ersten sieben Lebensjahren durch das Modell dasjenige durch, was das Modell verändern will. Dieses Arbeiten, dieses Durcharbeiten findet seinen äußeren Ausdruck. Denn es handelt sich ja nicht bloß darum, daß da gearbeitet wird und daß dieses hier das ursprüngliche Modell ist; sondern das ursprüngliche Modell löst sich ja los, schuppt sich ab sozusagen, fällt ab, wie die ersten Zähne abfallen; alles fällt ab. (Siehe Zeichnung,
Tafel 8 hell.) Es handelt sich da wirklich darum, daß von der einen Seite die Formen, die Kräfte das Modell drücken; auf der anderen Seite will der Mensch ausprägen, was er heruntergebracht hat. Das gibt einen Kampf in den ersten sieben Lebensjahren. Vom geistigen Gesichtspunkte aus gesehen, bedeutet dieser Kampf dasjenige, was dann äußerlich symptomatisch in den Kinderkrankheiten

Tafel 8

zum Ausdrucke kommt. Kinderkrankheiten sind der Ausdruck dieses inneren Kampfes.

Es treten natürlich bei den Menschen ähnliche Formen des Erkranktseins auch später auf. Das ist dann der Fall, wenn die Sache zum Beispiel so ist, daß jemand in den ersten sieben Lebensjahren es nicht sehr gut dazu gebracht hat, das Modell zu überwinden. Dann kann in einem späteren Lebensalter ein innerer Drang auftauchen, nun doch das, was da karmisch in ihm geblieben ist, herauszubekommen. Er kann in seinem achtundzwanzigsten, neunundzwanzigsten Lebensjahre plötzlich innerlich aufgerüttelt werden, gegen das Modell nun erst recht anstoßen, und bekommt dann eine Kinderkrankheit.

Nun kann man schon, wenn man einen Blick dafür hat, sehen, wie bei manchen Menschenkindern das stark auftritt, daß sie sich nach dem siebenten, achten Jahre wesentlich ändern, ändern in der Physiognomie, ändern in den Gesten. Man weiß nicht, woher gewisse Dinge kommen. Heute, wo man in der allgemeinen Zivilisationsansicht so außerordentlich an der Vererbung hängt, ist das schon sogar in die Redensarten übergegangen. Plötzlich tritt im achten, neunten Lebensjahre bei einem Kinde etwas auf, was sehr organisch begründet ist. Der Vater sagt: Na, von mir hat er das nicht. – Die Mutter sagt: Nun, von mir erst recht nicht! – Das rührt natürlich von dem allgemeinen Glauben heute her, der in das elterliche Bewußtsein übergegangen ist, daß die Kinder alles von den Eltern haben müßten.

Auf der anderen Seite ist ja auch das, daß dann auch gesehen werden kann, wie Kinder unter Umständen in diesem zweiten Lebensalter sogar ähnlicher werden ihren Eltern, als sie früher waren. Ja, aber da müssen Sie nur in ganz vollem Ernste nehmen, wie der Mensch herunterkommt in die physische Welt.

Sehen Sie, die Psychoanalyse hat manche wirklich schreckliche Sumpfblüte getrieben; unter anderem zum Beispiel auch das – Sie können es ja heute überall lesen –, daß im Geheimen, im Unterbewußten jeder Sohn in seine Mutter verliebt ist, oder jede Tochter in den Vater verliebt ist, und daß das Lebenskonflikte gäbe in den unterbewußten Provinzen der Seele.

Nun, das alles sind natürlich dilettantische Lebensinterpretationen. Was aber wahr ist, das ist, daß der Mensch, schon bevor er heruntersteigt zum irdischen Dasein, in seine Eltern verliebt ist, daß er heruntersteigt, weil sie ihm gefallen. Nur muß man natürlich das Urteil, das die Menschen hier auf Erden haben über das Leben, unterscheiden von dem Urteil, das die Menschen haben außer dem irdischen Leben, zwischen dem Tod und einer neuer Geburt, über das Leben.

Im Anfange des anthroposophischen Wirkens kam es einmal vor, daß eine Dame auftrat, die hörte von den wiederholten Erdenleben und erklärte: Nein, das andere an der Anthroposophie gefiele ihr zwar, aber die wiederholten Erdenleben wollte sie nicht mitmachen, sie habe genug an dem einen; die wiederholten Erdenleben, die wolle sie nicht mitmachen. – Nun, es waren ja dazumal auch schon sehr wohlmeinende Anhänger da, die haben sich auf alle mögliche Weise bemüht, der Dame klarzumachen, daß das doch eine richtige Idee ist, und daß jeder Mensch die wiederholten Erdenleben eben mitmachen muß. Sie konnte sich nicht dazu bereitfinden. Der eine hat links, der andere rechts in sie hineingeredet. Sie ist dann abgereist. Mir aber hat sie eine Postkarte geschrieben nach zwei Tagen, sie wolle nun doch nicht noch einmal auf der Erde geboren werden!

In einem solchen Falle muß derjenige, der eben einfach die Wahrheit aus der geistigen Erkenntnis heraus sagen will, das Folgende zu den Leuten sagen: Gewiß, es mag sein, daß Sie, während Sie hier auf Erden sind, gar keinen Geschmack daran finden, wiederum zur Erde herunterzusteigen in einem zukünftigen Leben. Aber das ist ja nicht maßgebend. Hier auf Erden gehen Sie zunächst durch die Pforte des Todes in die geistige Welt hinein. Das wollen Sie. Ob Sie wieder heruntersteigen wollen, das hängt von Ihrem Urteile dann ab, wenn Sie keinen Leib mehr an sich tragen. Da werden Sie schon ein anderes Urteil dann sich bilden. – Die Urteile sind eben durchaus verschieden, die der Mensch hier im physischen Dasein hat, und diejenigen, die er hat zwischen dem Tod und einer neuen Geburt. Es ändert sich da jeder Gesichtspunkt.

Und so ist es auch. Wenn Sie jetzt einem Menschen, einem jungen Menschen hier auf der Erde sagen, er habe sich seinen Vater gewählt, so könnte er ja unter Umständen immerhin einwenden: Wie aber, einen Vater, der mich so geprügelt hat, den soll ich mir gewählt haben? – Er hat sich ihn wirklich gewählt, weil er einen anderen Gesichtspunkt hatte, bevor er zur Erde heruntergestiegen ist. Da hatte er nämlich den Gesichtspunkt, daß die Prügel ihm sehr gut tun werden. Es ist das tatsächlich gar keine lächerliche Sache, es ist absolut tiefernst gemeint. Und so wählt sich der Mensch auch seine Eltern nach der Gestalt. Er hat das Bild für sich selbst vor sich, seinen Eltern ähnlich zu werden. Er wird dann nicht durch Vererbung ähnlich, sondern durch seine inneren geistig-seelischen Kräfte, die er sich gerade aus der geistigen Welt herunterbringt. Deshalb sind in dem Augenblicke, wo man allseitig, aus der geistigen und aus der physischen Wissenschaft heraus urteilt, solche Urteile in Bausch und Bogen nicht mehr möglich, daß man sagt: Ich habe auch schon Kinder gesehen, die wurden erst in ihrem zweiten Lebensalter ihren Eltern ähnlicher. Gewiß, da liegt eben dann der andere Fall vor, daß diese Kinder sich als Ideal vorgesetzt haben, die Gestalt ihrer Eltern anzunehmen.

Nun handelt es sich darum, daß der Mensch im Grunde genommen die ganze Zeit zwischen dem Tod und einer neuen Geburt im Vereine mit anderen verstorbenen Seelen und im Vereine mit den Wesenheiten der höheren Welten an demjenigen arbeitet, was ihm die Möglichkeit bringt, sich seinen Körper aufzubauen.

Sehen Sie, man unterschätzt das, was der Mensch im Unterbewußten trägt, gar sehr. Man ist im Unterbewußten viel weiser als im Oberbewußten als Erdenmensch. Man arbeitet schon aus einer weitgehenden universellen Weltenweisheit dasjenige aus, was sich innerhalb des Modells dann im zweiten Lebensalter zu dem ausgestaltet, was man nun als seinen eigentlichen, einem zugehörigen Menschen an sich trägt. Wird man einmal wissen, wie wenig der Mensch eigentlich in bezug auf seine Körpersubstanz aufnimmt aus dem, was er ißt – wie er viel mehr entnimmt dem, was er aus Luft und Licht und so weiter aufnimmt in außerordentlich fein verteiltem Zustande –, dann wird man auch eher glauben können, daß der Mensch sich ganz unabhängig von allen Vererbungsverhältnissen seinen zweiten Körper für das zweite Lebensalter ganz und gar aus der Umgebung aufbaut. Der erste Körper ist tatsächlich nur ein Modell, und dasjenige, was den Eltern entstammt, substantiell und auch den äußeren körperlichen Kräften nach, das ist nicht mehr da im zweiten Lebensalter.

Das Verhältnis zu den Eltern wird ein moralisch-seelisches im zweiten Lebensalter, und es ist ein physisches Vererbungsverhältnis nur im ersten Lebensalter bis zum siebenten Lebensjahre.

Nun, es gibt ja auch noch in diesem Erdenleben Menschen, die haben ein ganz reges Interesse für alles, was im sichtbaren Kosmos um sie herum ist. Es sind Menschen, die beobachten Pflanzen, beobachten die Tierwelt, sie haben Anteil, Interesse an dem und jenem, was in der sichtbaren Umwelt ist. Sie haben Interesse für die Erhabenheit des gestirnten Himmels. Sie sind sozusagen mit ihrer Seele beim ganzen physischen Kosmos dabei. Das Innere eines Menschen, der ein solches warmes Interesse für den physischen Kosmos hat, ist ja anders als das Innere eines Menschen, der mit einer gewissen Gleichgültigkeit, mit einem seelischen Phlegma an der Welt vorbeigeht.

Es gibt wirklich in dieser Beziehung die ganze Skala von Menschencharakteren. Auf der einen Seite, nicht wahr, hat einer eine ganz kurze Reise gemacht. Man redet nachher mit ihm. Er beschreibt einem die Stadt, in der er gewesen ist, mit einer unendlichen Liebe bis in die Kleinigkeiten hinein. Man bekommt unter Umständen deshalb, weil er so starkes Interesse gehabt hat, eine völlige Vorstellung von dem, wie es in der Stadt, wo er war, ausgesehen hat. Von diesem Extrem geht es bis zu dem anderen herunter, wie zum Beispiel jenem, wo ich einmal zwei ältere Damen getroffen habe, die von Wien nach Preßburg gereist waren. Preßburg ist eine schöne Stadt. Sie waren wiederum zurückgekommen. Ich fragte sie, wie es in Preßburg ausschaut, wie es ihnen gefallen hat. Nichts wußten sie zu erzählen, als daß sie am Strande zwei schöne Dackerln gesehen hätten! – Die hätten sie in Wien auch sehen können, sie hätten dazu nicht gebraucht nach Preßburg zu fahren. Aber sie haben eben nichts anderes gesehen.

So gehen manche Menschen durch die Welt. Zwischen diesen beiden äußersten Vertretern der Skala liegt ja jede Art von Interesse, die der Mensch für dasjenige haben kann, was die physisch sichtbare Welt ist.

Nehmen wir an, ein Mensch hat wenig Interesse für die umliegende physische Welt. Er interessiert sich meinetwillen gerade noch für das, was unmittelbar seine Körperlichkeit angeht, für die Art und Weise meinetwillen, ob man in irgendeiner Gegend gut oder schlecht ißt oder dergleichen, aber darüber hinaus gehen seine Interessen nicht. Seine Seele bleibt arm. Er trägt die Welt nicht in sich. Und er trägt wenig von dem, was die Erscheinungen der Welt ihm entgegengeleuchtet haben, durch die Pforte des Todes mit seinem Inneren hinüber in die geistige Welt. Dadurch wird ihm das Arbeiten drüben mit den geistigen Wesenheiten, mit denen er jetzt zusammen ist, schwer. Dadurch bringt er aber auch nicht Stärke, nicht Energie, sondern Schwäche, eine Art von Ohnmacht in seiner Seele mit für den Aufbau seines physischen Leibes. Das Modell wirkt schon stark auf ihn ein. Der Kampf mit dem Modell drückt sich in allerlei Kinderkrankheiten aus, aber die Schwäche bleibt ihm. Er bildet gewissermaßen einen zerbrechlichen Leib, der allen möglichen Krankheiten ausgesetzt ist. So verwandelt sich karmisch seelisch-geistiges Interesse aus dem einen Erdenleben in die Gesundheitslage eines nächsten Erdenlebens. Diejenigen Menschen, die vor Gesundheit strotzen, die haben zunächst in einem früheren Erdenleben ein reges Interesse für die sichtbare Welt gehabt. Und in dieser Beziehung wirken wirklich die Einzeltatsachen des Lebens außerordentlich stark.

Gewiß, es ist ja, ich möchte sagen, mehr oder weniger riskiert heute, über diese Dinge zu sprechen; aber verstehen wird man die Zusammenhänge des Karma doch nur, wenn man geneigt ist, Einzelheiten über das Karma aufzunehmen. Es hat ja auch in der Zeit zum Beispiel, in der die Menschenseelen, die heute da sind, in einem früheren Erdenleben gelebt haben, schon Malerei gegeben, und es hat Menschen gegeben, welche an dieser Malerei kein Interesse hatten. Es gibt ja heute auch Menschen, denen es ganz gleichgültig ist, ob sie irgendeine malerische Scheußlichkeit an der Wand hängen haben oder irgendein sehr gut gemaltes Bild. So hat es auch in der Zeit, in der die Seelen, die heute leben, in früheren Erdenleben vorhanden waren, solche Menschen gegeben. Ja, sehen Sie, meine lieben Freunde, ich habe niemals einen Menschen gefunden, der ein sympathisches Gesicht hat, einen sympathischen Gesichtsausdruck hat, der nicht seine Freude an der Malerei in einem früheren Erdenleben gehabt hat. Menschen mit unsympathischem Gesichtsausdrucke – was ja auch im Karma des Menschen eine Rolle spielt, was für das Schicksal eine Bedeutung hat – waren immer solche, die stumpf und gleichgültig, phlegmatisch an Bildwerken vorbeigegangen sind.

Aber es gehen die Dinge viel weiter. Es gibt Menschen, die ihr ganzes Leben hindurch – und das war auch schon in früheren Erdenaltern der Fall – niemals zu den Sternen aufsahen, die nicht wissen, wo der Löwe oder der Widder oder der Stier ist, die sich für gar nichts in dieser Richtung interessieren. Diese Menschen werden in einem nächsten Erdenleben mit einem irgendwie schlaffen Körper geboren, beziehungsweise wenn sie durch die

Stärke ihrer Eltern noch das Modell bekommen, das sie darüber hinwegführt, werden sie an dem Körper, den sie sich dann selber aufbauen, schlaff, kraftlos.

Und so könnte man den ganzen Gesundheitszustand des Menschen, den er in irgendeinem Erdenleben trägt, zurückführen auf die Interessen, die er im früheren Erdenleben an der sichtbaren Welt in ihrem weitesten Umfange genommen hat.

Menschen, welche in unserer heutigen Zeit zum Beispiel absolut kein Interesse für Musikalisches haben, denen das Musikalische gleichgültig ist, die werden ganz sicher in einem nächsten Erdenleben entweder asthmatisch oder mit Lungenkrankheiten wiedergeboren werden, beziehungsweise für Lungenkrankheiten oder Asthma geeignet geboren werden. Es ist tatsächlich so, daß sich dasjenige Seelische, das sich ausbildet in einem Erdenleben durch das Interesse an der sichtbaren Welt, in der Gesundheits- oder Krankheitsstimmung des Körpers im nächsten Erdenleben zum Ausdrucke bringt.

Vielleicht könnte jetzt jemand sagen: Das zu wissen, könnte einem schon den Geschmack an dem folgenden Erdenleben nehmen. – Aber das ist wiederum solch ein Urteil, das man vom Erdenstandpunkte aus fällt, der ja wirklich nicht der einzige ist, denn das Leben zwischen dem Tode und einer neuen Geburt dauert länger als das Erdenleben. Wenn jemand stumpf ist für irgendetwas Sichtbares in seiner Umgebung, dann bleibt er in der Unfähigkeit, auf gewissen Gebieten zu arbeiten zwischen Tod und einer neuen Geburt, und er ist nun durch die Pforte des Todes gegangen, sagen wir, mit den Folgen der Interesselosigkeit. Er geht weiter nach dem Tode. Er kommt nicht heran an gewisse Wesenheiten. Gewisse Wesenheiten halten sich von ihm zurück, weil er nicht an sie heran kann. Andere Menschenseelen, mit denen er auf der Erde zusammen war, bleiben ihm fremd. Das würde ewig dauern, es würde eine Art Ewigkeit der Höllenstrafen geben, wenn es nicht abgeändert werden könnte. Daß der Mensch nun beschließt zwischen dem Tode und einer neuen Geburt, ins irdische Leben herunterzusteigen und das, was ein Unvermögen ist in der geistigen Welt, nun auch zu fühlen an dem erkrankten Leibe, das ist der einzige Ausgleich, das ist die einzige Kur. Diese Kur wünscht man zwischen dem Tod und einer neuen Geburt, denn zwischen dem Tod und einer neuen Geburt hat man nur das: Man kann etwas nicht; aber man fühlt es nicht. So daß dann im weiteren Verlauf, wenn man wieder stirbt und wiederum geht durch die Zeit zwischen dem Tode und einer neuen Geburt, das, was irdischer Schmerz war, der Antrieb ist, nun hereinzukommen in dasjenige, was man versäumt hat. So kann man sagen, der Mensch trägt sich im wesentlichen Gesundheit und Krankheit mit seinem Karma aus der geistigen Welt in die physische Welt herunter.

Und wenn man dabei berücksichtigt, daß es nicht immer ein sich erfüllendes, sondern auch ein werdendes Karma gibt, daß gewisse Dinge auch zum ersten Mal auftreten können, dann wird man natürlich nicht alles, was der Mensch, sagen wir, von gesundheitlicher oder Krankheitsseite zu erleiden hat im physischen Leben, auf die früheren Erdenleben beziehen. Aber man wird wissen, daß durchaus dasjenige, was namentlich von innen heraus veranlagt auftritt in bezug auf Gesundheits- und Krankheitsverhältnisse, auf dem Umwege, den ich eben charakterisiert habe, karmisch bestimmt ist. Die Welt wird eben erst erklärlich, wenn man über das Erdenleben hinaus zu sehen vermag. Vorher ist sie nicht erklärlich. Aus dem Erdenleben ist die Welt nicht erklärlich.

Und wenn wir von diesen inneren Bedingungen des Karma, die aus der Organisation folgen, mehr nach dem Äußerlichen, nach dem Äußeren gehen, so können wir wiederum, ich möchte sagen, nur um zunächst das Thema anzuschlagen, ausgehen von einem den Menschen nahe berührenden Tatsachengebiet. Nehmen wir zum Beispiel dasjenige, was nun seelisch sehr stark mit der allgemeinen seelischen Gesundheits- und Krankheitsstimmung zusammenhängen kann im Verhältnis zu anderen Menschen.

Ich will den Fall setzen, jemand findet einen Jugendfreund. Es bildet sich eine innige Jugendfreundschaft heraus. Die Menschen hängen sehr aneinander. Das Leben führt sie auseinander, so daß vielleicht bei beiden, vielleicht bei einem besonders, mit einer gewissen Wehmut zurückgesehen wird auf die Jugendfreundschaft. Aber sie läßt sich nicht wieder herstellen, so oft man sich im Leben auch trifft, die Jugendfreundschaft stellt sich nicht wieder her. Wenn Sie bedenken, wieviel unter Umständen von solch einer zerbrochenen Jugendfreundschaft schicksalsmäßig abhängen kann, dann werden Sie doch sich sagen, das Schicksal des Menschen kann tiefgehend beeinflußt sein von solch einer zerbrochenen Jugendfreundschaft.

Man sollte eigentlich möglichst wenig über solche Dinge aus der Theorie heraus reden. Das aus der Theorie heraus Reden hat eigentlich keinen besonderen Wert. Man sollte über diese Dinge im Grunde genommen nur reden entweder aus der unmittelbaren Anschauung heraus oder auf Grundlage dessen, was man mündlich oder schriftlich vernommen hat von demjenigen, der eine solche unmittelbare Anschauung haben kann, und was einem plausibel erscheint, begreiflich ist. Das Theoretisieren über diese Dinge hat keinen Wert. Deshalb will ich sagen, wo man sich bemüht, mit geistiger Anschauung hinter so etwas zu kommen wie eine zerbrochene Jugendfreundschaft, da stellt sich das Folgende heraus.

Geht man in ein früheres Erdenleben zurück, so findet man in der Regel, daß die beiden Menschen, die Jugendfreundschaft in einem Leben hatten, welche dann zerbrochen ist, daß diese in einem früheren Erdenleben eine Freundschaft im späteren Leben hatten.

Also nehmen wir an, zwei Menschen sind Jugendfreunde oder Jugendfreundinnen bis zu ihrem zwanzigsten Lebensjahre, dann zerbricht die Jugendfreundschaft. Geht man nun mit Geisteserkenntnis zurück in ein früheres Erdenleben, so findet man, da war eine Freundschaft zwischen den beiden Leuten auch vorhanden, aber die hat etwa im zwanzigsten Jahre begonnen und ging ins spätere Leben hinauf. Das ist ein sehr interessanter Fall, den man oftmals findet, wenn man den Dingen geisteswissenschaftlich nachgeht.

Zunächst stellt sich dann, wenn man die Fälle genauer prüft, dieses ein, daß der Drang, den Menschen, mit dem man eine Freundschaft in älteren Jahren hatte, nun auch so kennenzulernen, wie er in der Jugend sein kann, einen im nächsten Leben dazu führt, ihn wirklich als Jugendfreund kennenzulernen. Man hat ihn als älteren Menschen in einem vorigen Erdenleben gekannt; das hat den Drang in die Seele gebracht, ihn nun auch in der Jugend kennenzulernen. Das kann man nicht mehr in diesem Leben, so macht man es im nächsten Leben.

Aber das hat einen großen Einfluß, wenn in einem von den beiden oder in den beiden dieser Drang entsteht, durch den Tod geht und dann zwischen dem Tod und einer neuen Geburt sich auslebt in der geistigen Welt. Denn dann ist in der geistigen Welt etwas da wie ein Hinstarren auf die Jugend. Man hat diese ganz besondere Sehnsucht, auf die Jugend hinzustarren, und man bildet nicht den Drang aus, den Menschen auch wiederum im Alter kennenzulernen. Und so zerbricht die Jugendfreundschaft, die vorbestimmt war aus dem Leben, das man durchlebt hat, bevor man auf die Erde herabgestiegen ist.

Nun, es ist das durchaus ein Fall, den ich Ihnen aus dem Leben erzähle. Das, was ich Ihnen erzähle, ist durchaus etwas, was real ist. Es entsteht nur jetzt die Frage: Ja, wie war denn eigentlich im vorigen Leben die ältere Freundschaft, so daß sie nun diesen Drang entstehen ließ, den Menschen in der Jugend wiederum zu haben in einem neuen Erdenleben?

Nun, damit sich dieser Trieb, den Menschen in der Jugend zu haben, nicht dennoch dazu auswächst, dann den Jugendfreund im Alter weiter zu haben, muß irgendetwas anderes im Leben eintreten. In all den Fällen, die mir bewußt sind, ist es dann immer so gewesen, daß, wären diese Menschen in einem späteren Leben vereinigt geblieben, wäre die Jugendfreundschaft nicht zerbrochen, so würden sie einander überdrüssig geworden sein, weil sie die Freundschaft in einem früheren Leben, die eine Altersfreundschaft war, zu egoistisch ausgebildet haben. Der Egoismus von Freundschaften in einem Erdenleben rächt sich karmisch in dem Verlust dieser Freundschaften in anderen Erdenleben. So sind die Dinge kompliziert. Aber man bekommt immer einen Leitfaden, wenn man eben sieht: Es ist in vielen Fällen dies vorhanden, daß zwei Menschen in einem Erdenleben, sagen wir, bis zu ihrem zwanzigsten Lebensjahr ihr Leben für sich und dann weiter in Freundschaft gehen (siehe Zeichnung I). In einem nächsten Erdenleben entspricht gewöhnlich diesem Bilde dann das andere (II), es entspricht diesem anderen die Jugendfreundschaft, und dann geht das Leben auseinander. Das ist sehr häufig der Fall.

Tafel 9

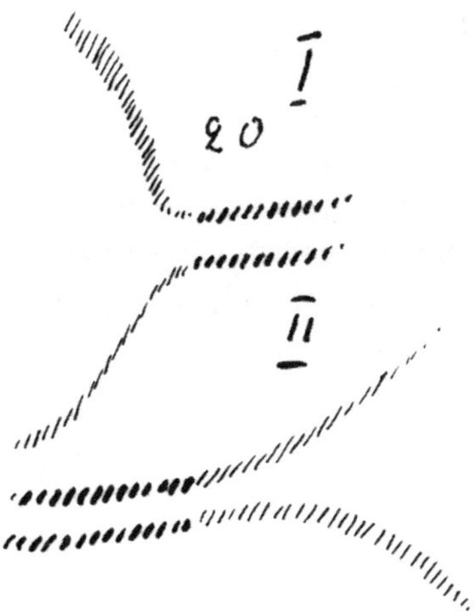

Wie denn überhaupt das gefunden wird, daß sich die einzelnen Erdenleben, ich möchte sagen, ihrer Konfiguration nach angesehen, gegenseitig ergänzen.

Besonders das wird häufig gefunden: Trifft man einen Menschen, der auf das Schicksal einen starken Einfluß hat – die Dinge gelten natürlich nur in der Regel, sind nicht für alle Fälle gültig –, aber trifft man einen Menschen im mittleren Lebensalter in einer Inkarnation, so hat man ihn unter Umständen am Anfange und am Ende des Lebens in einer vorigen Inkarnation schicksalsmäßig neben sich gehabt. Dann ist das Bild so: Man durchlebt Anfang und Ende in der einen Inkarnation mit dem anderen Menschen zusammen, und in einer anderen Inkarnation durchlebt man Anfang und Ende nicht, aber man trifft ihn gerade in der Mitte des Lebens.

Tafel 9

Oder aber es stellt sich so heraus, daß man als Kind an irgendeinen Menschen gebunden ist schicksalsmäßig. In einem vorigen Erdenleben war man gerade, bevor man zu Tode ging, mit demselben Menschen verbunden. Solche Spiegelungen finden in den schicksalsmäßigen Zusammenhängen außerordentlich häufig statt.

SECHSTER VORTRAG

DORNACH, 2. MÄRZ 1924

Indem wir in unseren Betrachtungen über das Karma weiterschreiten, haben wir zunächst nötig, einen Blick auf die Art und Weise zu werfen, wie in der Menschenentwickelung das Karma eingreift; wie das Schicksal, das sich verwebt mit den freien Menschentaten, eigentlich aus der geistigen Welt heraus im physischen Abglanz gestaltet wird.

Da werde ich Ihnen heute einiges zu sagen haben über dasjenige, was mit dem Menschen, insofern er auf der Erde lebt, zusammenhängt. Dieser irdische Mensch, wir haben ihn ja in bezug auf seine Gliederung in diesen Vorträgen betrachtet. Wir haben an ihm den physischen Leib, den ätherischen Leib, den astralischen Leib, die Ich-Organisation unterschieden. Wir können aber, indem wir unseren Blick auf den Menschen, einfach wie er vor uns steht in der physischen Welt, wenden, die Gliederung des Menschen noch anders einsehen.

Wir wollen heute unabhängig von dem, was wir schon besprochen haben, an eine Gliederung des Menschen herantreten und dann versuchen, eine Verbindung zu schlagen zwischen dem, was wir heute besprechen, und dem, was wir schon kennen.

Wenn wir den Menschen, so wie er auf der Erde vor uns steht, einfach seiner physischen Gestalt nach betrachten, so hat ja diese physische Gestaltung drei deutlich voneinander unterschiedene Glieder. Man unterscheidet nur gewöhnlich diese Gliederung des Menschen nicht, weil alles dasjenige, was heute als Wissenschaft sich geltend macht, eigentlich nur oberflächlich auf die Dinge und Tatsachen hinschaut, keinen Sinn hat für dasjenige, was sich offenbart, wenn man mit innerlich aufgehelltem Blicke Dinge und Tatsachen betrachtet.

Da haben wir am Menschen zunächst das Haupt. Dieses Haupt des Menschen, schon äußerlich betrachtet, kann sich uns zeigen als von der übrigen menschlichen Gestalt ganz verschieden. Man braucht nur den Blick auf die Entstehung des Menschen aus dem Menschenkeim heraus zu wenden. Man wird als erstes, was sich im Leibe der Mutter bildet als Menschenkeim, eigentlich nur die Hauptes-, die Kopfesorganisation sehen können.

Die ganze menschliche Organisation geht vom Kopfe aus, und alles übrige, was am Menschen später in die Gestaltung einfließt, ist eigentlich Anhangsorgan am Menschenkeim. Erst ist der Mensch im Grunde genommen als physische Gestalt der Kopf; das andere ist Anhangsorgan. Und dasjenige, was dann diese Anhangsorgane im späteren Leben übernehmen, Ernährung, Atmung und so weiter, das wird in der ersten Embryonalzeit des Menschen gar nicht als Atmungs- oder Zirkulationsprozeß und so weiter von dem Inneren des Menschenkeimes aus besorgt, sondern von außen herein aus dem Leibe der Mutter durch Organe, die später abfallen, die später am Menschen gar nicht mehr vorhanden sind.

Dasjenige, was der Mensch zunächst ist, ist eben durchaus Haupt, ist durchaus Kopf. Das andere ist Anhangsorgan. Man übertreibt nicht, wenn man geradezu den Satz ausspricht: Der Mensch ist anfangs Kopf, das andere ist im Grunde genommen Anhangsorgan. Und da später dasjenige, was zuerst Anhangsorgan ist, heranwächst, Wichtigkeit gewinnt für den Menschen, unterscheidet man im späteren Leben das Haupt, den Kopf, nicht strenge von dem übrigen Organismus.

Aber damit ist nur eine oberflächliche Charakteristik des Menschen gegeben. In Wirklichkeit ist eben der Mensch auch als physische Gestalt ein dreigliedriges Wesen. Und alles dasjenige, was eigentlich seine erste Gestalt ist, das Haupt, das bleibt ein mehr oder weniger individuelles Glied am Menschen durch das ganze Erdenleben hindurch. Man beachtet das nur nicht, es ist aber so.

Sie werden sagen: Ja, man sollte den Menschen nicht so einteilen, daß man ihn gewissermaßen köpft, ihm das Haupt abschneidet. – Daß in der Anthroposophie dies geschehe, das war nur der

Glaube von dem Professor, der der Anthroposophie vorgeworfen hat, daß sie den Menschen einteilt in Kopf, Brustorgane, Gliedmaßenorgane. Aber das ist nicht wahr, so ist es nicht; sondern in dem, was äußerlich Hauptesgestaltung ist, liegt nur der hauptsächlichste Ausdruck für die Kopfgestaltung. Der Mensch bleibt auch sein ganzes Leben hindurch ganz Kopf. Die wichtigsten Sinnesorgane, Augen, Ohren, Geruchsorgane, Geschmacksorgane, sind allerdings am Kopfe; aber zum Beispiel der Wärmesinn, der Drucksinn, der Tastsinn, sind über den ganzen Menschen ausgebreitet. Das ist deshalb, weil man nicht räumlich die drei Glieder voneinander unterscheiden soll, sondern nur so, daß die Kopfbildung hauptsächlich im äußerlich gestalteten Kopfe erscheint, aber eigentlich den Menschen ganz durchdringt. Und so ist es auch für die übrigen Glieder. Der Kopf ist während des ganzen Erdenlebens auch in der großen Zehe, insofern die große Zehe eine Tastempfindung hat oder eine Wärmeempfindung hat.

Sehen Sie, damit haben wir das eine Glied der menschlichen Wesenheit, jener menschlichen Wesenheit, die als sinnliche vor uns steht, zunächst charakterisiert. Diese Organisation habe ich in meinen Schriften auch die Nerven-Sinnesorganisation genannt, um sie mehr innerlich zu charakterisieren. Das ist das eine Glied der menschlichen Wesenheit, die Nerven-Sinnesorganisation.

Das zweite Glied der menschlichen Wesenheit ist alles dasjenige, was in rhythmischer Tätigkeit sich auslebt. Sie werden von der Nerven-Sinnesorganisation nicht sagen können, daß sie in rhythmischer Tätigkeit sich auslebt, sonst müßten Sie zum Beispiel in der Augenwahrnehmung in einem bestimmten Augenblicke das eine wahrnehmen, dann das andere, dann das dritte, dann das vierte, dann wiederum auf das erste zurückkommen und so weiter. Es müßte ein Rhythmus in Ihrer Sinneswahrnehmung drinnen sein. Das ist nicht darinnen. Dagegen: gehen Sie auf das Hauptsächlichste Ihrer Brustorganisation, dann finden Sie da den

Atmungsrhythmus, den Zirkulationsrhythmus, den Verdauungsrhythmus und so weiter. Das ist alles Rhythmus.

Und der Rhythmus mit seinen Rhythmusorganen ist das zweite, was sich in der menschlichen Wesenheit ausbildet, was sich nun wiederum verbreitet über den ganzen Menschen, aber hauptsächlich seine äußere Offenbarung in den Brustorganen hat. Der ganze Mensch ist wiederum Herz, ist wiederum Lunge; aber Lunge und Herz sind eben lokalisiert sozusagen in den Organen, die man gewöhnlich so nennt. Es atmet ja auch der ganze Mensch. Sie atmen an jeder Stelle Ihres Organismus. Man spricht von der Hautatmung. Nur hauptsächlich ist die Atmung konzentriert auf die Tätigkeit der Lunge.

Und das dritte ist dann dasjenige, was Gliedmaßenorganismus des Menschen ist. Die Gliedmaßen endigen in dem Brustorganismus. Sie treten im Embryonalstadium als Anhangsorgane auf. Sie bilden sich am spätesten aus. Sie sind aber diejenigen Organe, welche mit dem Stoffwechsel am meisten zusammenhängen. Dadurch, daß diese Organe in Bewegung kommen, dadurch, daß diese Organe vorzugsweise die Arbeit am Menschen verrichten, findet der Stoffwechsel die meiste Anregung. Dadurch haben wir die drei Glieder, die uns an der menschlichen Gestalt erscheinen, charakterisiert.

Aber diese drei Glieder hängen innig zusammen mit dem seelischen Leben des Menschen. Das seelische Leben des Menschen zerfällt in das Denken, in das Fühlen, in das Wollen. Das Denken findet seine physische Organisation vorzugsweise in der Hauptesorganisation. Es findet schon aber auch im ganzen Menschen seine physische Organisation, weil das Haupt in der Weise, wie ich es Ihnen eben erzählt habe, im ganzen Menschen eben ist.

Das Fühlen hängt mit der rhythmischen Organisation zusammen. Es ist ein Vorurteil, ja geradezu ein Aberglaube unserer heutigen Wissenschaft, daß das Nervensystem direkt mit dem Fühlen etwas zu tun hätte. Das Nervensystem hat direkt nichts mit dem

Fühlen zu tun. Das Fühlen hat zu seinen Organen Atmungs- und Zirkulationsrhythmus, und die Nerven, die vermitteln nur das, daß wir vorstellen, daß wir unsere Gefühle haben. Die Gefühle haben ihre Organisation im rhythmischen Organismus, aber wir wüßten nichts von unseren Gefühlen, wenn nicht die Nerven uns Vorstellungen verschaffen würden von unseren Gefühlen. Und weil die Nerven uns Vorstellungen verschaffen von unseren Gefühlen, bildet sich der heutige Intellektualismus den Aberglauben, daß die Nerven auch die Organe für die Gefühle wären. Das ist nicht der Fall.

Aber wenn wir die Gefühle, wie sie aus unserem rhythmischen Organismus heraufkommen, in unserem Bewußtsein uns anschauen und sie vergleichen mit unseren Gedanken, die an unsere Hauptes-, an unsere Nerven-Sinnesorganisation gebunden sind, dann werden wir zwischen unseren Gedanken und unseren Gefühlen ganz den gleichen Unterschied wahrnehmen – wenn wir nur überhaupt beobachten können – wie zwischen unseren Tagesgedanken, die wir im Wachleben haben, und dem Träumen. Gefühle haben keine stärkere Intensität im Bewußtsein als die Träume. Sie haben nur eine andere Form. Sie kommen nur auf eine andere Weise zum Vorschein. Wenn Sie träumen in Bildern, lebt Ihr Bewußtsein eben in Bildern. Aber diese Bilder bedeuten in ihrer Bildform ganz dasselbe, was in einer anderen Form die Gefühle bedeuten. So daß wir sagen können: das hellste Bewußtsein, das durchleuchtetste Bewußtsein haben wir in unseren Vorstellungen, in unseren Gedanken. Eine Art Traumbewußtsein haben wir in bezug auf unser Fühlen. Wir glauben nur, wir hätten ein helles Bewußtsein von unserem Gefühl. Wir haben kein helleres Bewußtsein von unseren Gefühlen, als wir von unseren Träumen haben. Wenn wir, wachwerdend, uns erinnern und von den Träumen wache Vorstellungen bilden, da haben wir nicht den Traum erhascht. Der Traum ist viel reicher als dasjenige, was wir dann von ihm vorstellen. Ebenso ist die Gefühlswelt in sich unendlich viel reicher als dasjenige, was wir an Vorstellungen von dieser Gefühlswelt in uns präsent, gegenwärtig machen.

Und vollends in Schlaf getaucht ist das Wollen. Dieses Wollen ist an den Gliedmaßen-Stoffwechselorganismus, an den Bewegungsorganismus gebunden. Von diesem Wollen kennen wir ja nur die Gedanken. Ich bilde mir die Vorstellung: Diese Uhr werde ich ergreifen. Versuchen Sie einmal sich ehrlich zu gestehen, Sie bilden sich die Vorstellung «diese Uhr werde ich ergreifen», und dann ergreifen Sie sie: Was da vorgeht von Ihrer Vorstellung hinunter in die Muskeln und zuletzt dazu führt, daß wiederum eine Vorstellung auftritt, das Ergreifen der Uhr, die die erste Vorstellung fortsetzt, dasjenige, was zwischen der Absichtsvorstellung und der Verwirklichungsvorstellung liegt, was in Ihrem Organismus vor sich geht, das bleibt so unbewußt, wie nur das Leben im tiefsten Schlaf, im traumlosen Schlaf unbewußt bleibt.

Von unseren Gefühlen träumen wir wenigstens. Von unseren Willensimpulsen haben wir nichts anderes, als was wir von unserem Schlafe haben. Sie können sagen: Vom Schlafe habe ich gar nichts. – Nun, ich rede jetzt nicht vom physischen Gesichtspunkte aus. Da ist es natürlich von vornherein schon ein Unsinn, zu sagen, vom Schlafe habe ich gar nichts; aber Sie haben auch seelisch sehr viel vom Schlafe. Wenn Sie nie schlafen würden, so kämen Sie nie zu Ihrem Ich-Bewußtsein.

Sie müssen sich nur das Folgende vergegenwärtigen. Wenn Sie sich erinnern an die Erlebnisse, die Sie gehabt haben, dann gehen Sie also zurück, von dem Jetzt weiter zurück. Ja, Sie meinen, das ist so: Sie gehen weiter zurück. – Aber so ist es ja nicht. Sie gehen nur zurück bis zu dem Momente, wo Sie das letzte Mal aufgewacht sind (siehe Zeichnung). Dann haben Sie geschlafen – was da dazwischenliegt, das schaltet sich aus –, und dann gliedert sich vom letzten Einschlafen bis zum vorletzten Aufwachen wirklich wiederum die Erinnerung an. Und

Tafel 10 oben

so geht es zurück. Und indem Sie zurückschauen, müssen Sie eigentlich immer die Bewußtseinslosigkeit einschalten. Indem wir da zurückschauen, müssen wir ein Drittel unseres Lebens hindurch die Bewußtseinslosigkeit einschalten. Das beachten wir nicht. Aber das ist gerade so, wie wenn Sie eine weiße Fläche haben und in der Mitte ein schwarzes Loch. Sie sehen doch das schwarze Loch, trotzdem nichts dort ist von Kräften. So sehen Sie bei der Rückerinnerung, trotzdem nichts drinnen ist von Lebensreminiszenzen, dennoch das Schwarze, die Nächte, die Sie verschlafen haben. Da stößt sich immer Ihr Bewußtsein. Das macht, daß Sie sich ein Ich nennen. Tafel 10 links unten

Wenn das wirklich immer fortginge und sich an nichts stoßen würde, kämen Sie gar nicht zu einem Ich-Bewußtsein. Also man kann schon sagen: Man hat etwas von dem Schlafe. Und geradeso wie man im gewöhnlichen Erdenleben etwas vom Schlafe hat, so hat man etwas von jenem Schlafe, der da in unserem Wollen waltet.

Man verschläft das, was eigentlich in einem vorgeht beim Willensakt. Aber darinnen liegt gerade das wahre Ich wiederum. So wie man das Ich-Bewußtsein durch das Schwarze erhält (siehe Zeichnung), so liegt in dem, was da schläft in uns während des Willensaktes, das Ich, aber das Ich durch die vorigen Erdenleben hindurch.

Ja, sehen Sie, da waltet das Karma. Im Wollen waltet das Karma. Im Wollen walten alle Impulse aus dem vorigen Erdenleben. Nur sind sie auch beim wachenden Menschen in Schlaf getaucht.

Wenn wir uns also den Menschen, so wie er uns im Erdenleben entgegentritt, vorstellen, dann tritt uns an ihm eine dreifache

Gliederung entgegen: Die Hauptesorganisation, die rhythmische Organisation, die Bewegungsorganisation. Das ist schematisch abgeteilt; jedes Glied gehört wieder dem ganzen Menschen an. Gebunden an die Hauptesorganisation ist das Vorstellen, gebunden an die rhythmische Organisation ist das Fühlen, gebunden an die Bewegungsorganisation ist das Wollen. Der Zustand, in dem die Vorstellungen sind, ist die Wachheit. Der Zustand, in dem die Gefühle sind, ist das Träumen. Der Zustand, in dem das Wollen ist, die Willensimpulse, ist das Schlafen auch während des Wachens.

Nun müssen wir am Haupte, beziehungsweise am Vorstellen, zweierlei unterscheiden. Wir müssen noch einmal, ich möchte sagen, intimer das Haupt gliedern. Diese intimere Gliederung, die führt uns dazu, zu unterscheiden zwischen demjenigen, was wir als augenblickliche Vorstellung haben, indem wir mit der Welt umgehen, und dem, was wir als Erinnerung haben.

Sie gehen durch die Welt. Fortdauernd bilden Sie sich Vorstellungen nach Maßgabe der Eindrücke, die Sie von der Welt empfangen. Aber es bleibt Ihnen die Möglichkeit, diese Eindrücke später wiederum aus der Erinnerung heraufzuholen. Innerlich unterscheiden sich die Vorstellungen, die Sie sich gegenwärtig im Umgange mit der Welt bilden, nicht von den Vorstellungen, die dann erregt werden, wenn die Erinnerung spielt. Das eine Mal kommen die Vorstellungen von außen, das andere Mal kommen sie von innen. Es ist eben durchaus eine naive Vorstellung, wenn man sich denkt, daß das Gedächtnis so wirkt: Ich trete jetzt einem Ding oder Ereignis gegenüber, bilde mir eine Vorstellung, diese Vorstellung, die geht dann in mich irgendwie hinunter, in irgendeinen Kastenschrank, und wenn man sich erinnert, nimmt man sie aus dem Schrank wieder heraus. Es gibt ganze Philosophien, die beschreiben, wie die Vorstellungen, die hinuntergehen unter die Schwelle des Bewußtseins, dann wieder herausgefischt werden bei der Erinnerung. Es sind naive Vorstellungen.

Es ist natürlich gar kein solcher Kasten da, in dem die Vorstellungen darinnen liegen, wenn wir uns an sie erinnern. Es ist auch nichts in uns, wo sie spazierengehen und wieder heraufspazieren in den Kopf, wenn wir uns erinnern. Das alles gibt es nicht. Das alles hat ja aber auch gar keine Erklärung für sich. Der Tatbestand ist vielmehr der folgende.

Denken Sie nur, wenn Sie für Ihre Erinnerungen arbeiten wollen, dann arbeiten Sie oftmals nicht bloß mit dem Vorstellen, sondern Sie kommen sich mit ganz anderem zu Hilfe. Ich habe schon Leute memorieren sehen, die haben sich möglichst wenig vorgestellt, aber sie haben äußerlich vehemente Sprechbewegungen immer und immer wieder ausgeführt [Bewegungen mit den Armen]: «und es wallet und woget und brauset und zischt.» So memorieren ja viele, und dabei wird möglichst wenig gedacht. Und damit noch eine andere Anregung da ist: «und es wallet und woget und brauset und zischt», haben sie mit den Fäusten vor die Stirne gehämmert. Das gibt es auch. Es ist eben durchaus so: Die Vorstellungen, die wir uns bilden, wenn wir mit der Welt umgehen, verfliegen wie die Träume. Dagegen, was aus der Erinnerung herauftaucht, das sind nicht Vorstellungen, die hinuntergehen, sondern das ist etwas anderes. Wenn ich Ihnen davon eine Vorstellung bilden will, so müßte ich es so machen (siehe Zeichnung Tafel 10
Seite 122). Das ist natürlich nur eine Art sinnbildlicher Zeichnung. Stellen Sie sich einmal den Menschen als sehendes Wesen vor. Er sieht etwas. Nun, ich will den Vorgang nicht genauer beschreiben, das könnte ja auch sein, aber das brauchen wir jetzt nicht. Er sieht etwas. Das geht durch sein Auge, durch den Sehnerv in die Organe, in die der Sehnerv dann übergeht.

Wir haben zwei deutlich unterschiedene Glieder unseres Gehirnes: das mehr äußere Gehirn, die graue Masse, darunterliegend die mehr weiße Masse. Die weiße Masse geht dann in die Sinnesorgane hinein; die graue Masse liegt darinnen, sie ist viel weniger entwickelt als die weiße Masse. Annähernd grau und weiß ist sie ja nur. Aber schon so grob anatomisch betrachtet, ist die Sache so: Da machen die Gegenstände auf uns einen Eindruck, gehen durch das Auge, gehen weiter zu Vorgängen in der weißen Masse des Gehirnes.

Dagegen unsere Vorstellungen haben ihr Organ in der grauen Masse (siehe Zeichnung), die dann eine ganz andere Zellenbildung hat. Da drinnen flimmern die Vorstellungen, die verschwinden wie die Träume. Sie flimmern, weil da unten dasjenige vor sich geht, was die Eindrücke sind.

Tafel 10

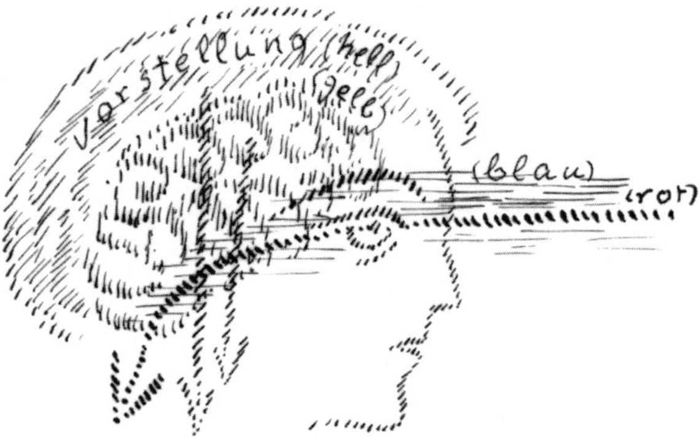

Wenn Sie darauf angewiesen wären, daß die Vorstellungen hinuntergehen, und Sie in der Erinnerung sie wieder heraufholen sollen, dann würden Sie sich an gar nichts erinnern, dann hätten Sie überhaupt kein Gedächtnis. Die Sache ist so: In diesem Augenblicke, sagen wir, sehe ich irgendetwas. Der Eindruck von diesem Irgendetwas geht in mich hinein, vermittelt durch die weiße Gehirnmasse. Die graue Gehirnmasse wirkt, indem sie da ihrerseits träumt von den Eindrücken, Bilder entwirft von den Eindrücken. Die gehen vorüber. Dasjenige, was bleibt, das stellen wir gar nicht vor in diesem Augenblick, sondern das geht da unten in unsere Organisation hinein. Und wenn wir uns erinnern, so schauen wir hinein: da unten bleibt der Eindruck.

Wenn Sie also Blau gesehen haben, so geht von dem Blau ein Eindruck in Sie hinein (siehe Zeichnung, unten); hier (oben) bilden Sie sich die Vorstellung von Blau. Die geht vorüber. Nach drei Tagen beobachten Sie in Ihrem Gehirn den Eindruck, der geblieben ist. Und Sie stellen sich jetzt, indem Sie nach innen schauen, das Blau vor. Das erste Mal, wenn Sie das Blau von außen sehen, werden Sie von außen angeregt durch den Gegenstand, der blau ist. Das zweite Mal, wenn Sie sich erinnern, werden Sie von innen angeregt, weil die Blauheit in Ihnen sich abgebildet hat. Der Vorgang ist in beiden Fällen derselbe. Es ist immer ein Wahrnehmen, die Erinnerung ist auch ein Wahrnehmen. So daß eigentlich unser Tagesbewußtsein im Vorstellen sitzt; aber unter dem Vorstellen, da sind gewisse Vorgänge, die uns auch nur durch das Vorstellen heraufkommen, nämlich durch die Erinnerungsvorstellungen. Unter diesem Vorstellen liegt das Vernehmen, das eigentliche Wahrnehmen, und unter diesem erst das Fühlen. So daß wir intimer an der Hauptesorganisation, an der Denkorganisation das Vorstellen und das Wahrnehmen unterscheiden können. Das haben wir dann, was wir vernommen haben, an das können wir uns dann erinnern. Aber es bleibt eigentlich schon stark unbewußt. Es kommt nur herauf ins Bewußtsein in der Erinnerung. Was da eigentlich vorgeht im Menschen, das schon erlebt der Mensch eigentlich nicht mehr. Wenn er wahrnimmt, erlebt er die Vorstellung. Die Wirkung der Wahrnehmung geht in ihn hinein. Er kann aus dieser Wirkung die Erinnerung wachrufen. Aber da beginnt schon das Unbewußte.

Nun, sehen Sie: Wo wir im wachen Tagesbewußtsein vorstellen, nur da sind wir eigentlich selbst als Mensch, da haben wir uns als Mensch. (Siehe Zeichnung Seite 125) Wo wir mit Tafel 11 unserem Bewußtsein nicht hinreichen – nicht einmal zu den Ursachen der Erinnerungen reichen wir –, da haben wir uns nicht als Mensch, da sind wir in die Welt eingegliedert. Genau wie es im physischen Leben ist: Sie atmen ein, die Luft, die Sie jetzt in sich haben, war kurz vorher draußen, war Weltenluft;

jetzt ist sie Ihre Luft. Nach kurzer Zeit übergeben Sie sie wieder der Welt: Sie sind mit der Welt eins. Die Luft ist bald draußen, bald drinnen, bald draußen, bald drinnen. Sie wären nicht Mensch, wenn Sie nicht so mit der Welt verbunden wären, daß Sie nicht nur das haben, was innerhalb Ihrer Haut ist, sondern dasjenige, womit Sie zusammenhängen mit der ganzen Atmosphäre. Ebenso wie Sie nach dem Physischen zusammenhängen, so hängen Sie in bezug auf Ihr Geistiges – in dem Augenblick, wo Sie ins nächste Unterbewußte herunterkommen, in diejenige Region, aus der die Erinnerung aufsteigt –, so hängen Sie da zusammen mit dem, was man die dritte Hierarchie nennt: Angeloi, Archangeloi, Archai. So wie Sie durch Ihr Atmen mit der Luft zusammenhängen, hängen Sie durch Ihre Hauptesorganisation, das heißt die untere Hauptesorganisation, die nur mit den äußeren Gehirnlappen bedeckt ist – die gehört einzig und allein der Erde an –, mit demjenigen, was darunter ist, mit der dritten Hierarchie zusammen, mit Angeloi, Archangeloi, Archai.

Gehen wir nun hinunter in die Region, seelisch gesprochen des Fühlens, körperlich gesprochen der rhythmischen Organisation, aus der ja nur die Träume des Gefühles heraufkommen, da haben wir uns erst recht nicht als Mensch. Da hängen wir mit dem, was die zweite Hierarchie ist, zusammen: geistige Wesenheiten, die nicht sich in irgendeinem Erdenleibe verkörpern, sondern die in der geistigen Welt bleiben, die aber ihre Strömungen, ihre Impulse, dasjenige, was von ihnen als Kräfte ausgeht, in die rhythmische Organisation des Menschen unaufhörlich hineinsenden. Exusiai, Dynamis, Kyriotetes, das sind die Wesenheiten, die wir in unserer Brust tragen.

Geradeso wie wir unser Menschen-Ich eigentlich nur in den äußeren Lappen unseres Gehirns tragen, tragen wir Angeloi, Archangeloi und so weiter unmittelbar darunter noch in unserer Hauptesorganisation. Da ist der Schauplatz ihres Wirkens auf Erden. Da sind die Angriffspunkte ihrer Tätigkeit.

In unserer Brust tragen wir die zweite Hierarchie, Exusiai und so weiter. Da in unserer Brust sind die Angriffspunkte ihrer Tätigkeit. Und gehen wir in unsere motorische Sphäre, gehen wir in unseren Bewegungsorganismus, so wirken in diesem die Wesenheiten der ersten Hierarchie: Seraphim, Cherubim, Throne.

In unseren Gliedmaßen zirkulieren die umgewandelten Nahrungsstoffe, die wir essen, machen dort einen Prozeß durch, der ein lebendiger Verbrennungsprozeß ist. Denn wenn wir einen Schritt machen, so entsteht in uns eine lebendige Verbrennung. Dasjenige, was außen ist, ist in uns. Wir stehen damit in Verbindung. Mit dem Niedrigsten stehen wir in Verbindung durch unseren Gliedmaßen-Stoffwechselorganismus als physischer Mensch. Mit dem Höchsten stehen wir gerade durch unseren Gliedmaßenorganismus in Verbindung. Mit der ersten Hierarchie, mit Seraphim, Cherubim, Thronen stehen wir in Verbindung durch dasjenige, was uns durchgeistet.

Tafel 11

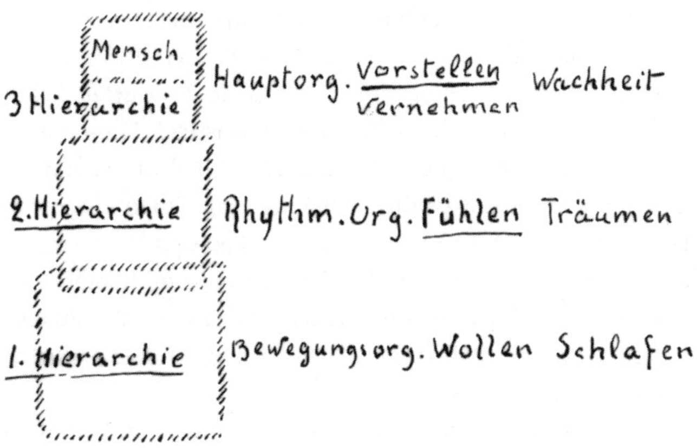

Nun entsteht die große Frage – es sieht trivial aus, indem ich diese Frage in Erdenworte kleide, aber ich muß es ja tun –, die Frage: Womit beschäftigen sich, indem sie unter uns sind, diese Wesenheiten der drei aufeinanderfolgenden Hierarchien, womit beschäftigen sie sich?

Nun, die dritte Hierarchie, Angeloi, Archangeloi und so weiter, sie beschäftigt sich mit dem, was seine physische Organisation im Haupte hat, beschäftigt sich mit unserem Denken. Würde sie nicht sich mit unserem Denken beschäftigen, mit demjenigen, was in unserem Haupte vor sich geht, wir hätten keine Erinnerung im gewöhnlichen Erdenleben. Die Wesenheiten dieser Hierarchie halten die Impulse, die wir mit den Wahrnehmungen empfangen, in uns; sie liegen der Tätigkeit zugrunde, die in unserem Erinnern sich offenbart, im Gedächtnisse sich offenbart. Sie führen uns das Erdenleben hindurch, im ersten Gebiete, das wir haben als unterbewußtes, unbewußtes Gebiet.

Gehen wir zu den Wesenheiten der zweiten Hierarchie, Exusiai und so weiter. Sie treffen wir, diese Wesenheiten, wenn wir durch die Pforte des Todes gegangen sind, in dem Leben zwischen dem Tod und einer neuen Geburt. Da treffen wir die Seelen der abgeschiedenen Menschen, die mit uns auf der Erde gelebt haben, da treffen wir aber vor allen Dingen die geistigen Wesenheiten dieser zweiten Hierarchie; allerdings auch die dritte Hierarchie, aber wichtiger ist die zweite Hierarchie. Mit ihnen zusammen arbeiten wir in der Zeit zwischen dem Tode und einer neuen Geburt an allem dem, was wir im Erdenleben gefühlt haben, was wir da in unsere Organisation hineinversetzt haben. Wir arbeiten im Vereine mit den Wesenheiten dieser zweiten Hierarchie das nächste Erdenleben aus.

Wenn wir hier auf der Erde stehen, haben wir das Gefühl, die geistigen Wesenheiten der göttlichen Welt sind über uns. Wenn wir drüben sind in der Sphäre zwischen dem Tod und einer neuen Geburt, hat man die umgekehrte Vorstellung. Die Angeloi, Archangeloi und so weiter, die uns durch das Erdenleben auf die angedeutete Art führen, die leben mit uns gewissermaßen in demselben Niveau nach dem Tode; darunter unmittelbar sind die Wesenheiten der zweiten Hierarchie. Mit denen arbeiten wir an der Formierung, der Gestaltung unseres inneren Karmas. Und was ich Ihnen gestern über das Karma der Gesundheit und Krankheit gesagt habe, das arbeiten wir mit diesen Wesenheiten aus, mit diesen Wesenheiten der zweiten Hierarchie.

Und wenn wir noch tiefer schauen in der Zeit zwischen dem Tode und einer neuen Geburt, also wenn wir gewissermaßen durch die Wesenheiten der zweiten Hierarchie durchschauen, dann entdecken wir unten die Wesenheiten der ersten Hierarchie, Seraphim, Cherubim und Throne. Die höchsten Götter sucht man als Erdenmensch droben. Das höchste Göttliche, das uns zunächst erreichbar ist, sucht man als Mensch zwischen dem Tod und einer neuen Geburt zutiefst unten. Und während man mit den Wesenheiten der zweiten Hierarchie das innere Karma ausarbeitet zwischen dem Tod und einer neuen Geburt, das dann im Abbilde erscheint im gesunden oder kranken Zustande des nächsten Erdenlebens, während man in dieser Arbeit steckt, während man also mit sich und den anderen Menschen arbeitet an den Leibern, die dann erscheinen im nächsten Erdenleben, betätigen sich die Wesenheiten der ersten Hierarchie unten in einer eigentümlichen Weise. Das sieht man. Sie stehen in bezug auf ihre Tätigkeit, in bezug auf einen Teil, einen kleinen Teil ihrer Tätigkeit in einer Notwendigkeit drinnen. Sie müssen nachbilden – denn sie sind die Schöpfer des Irdischen – dasjenige, was der Mensch im Erdenleben ausgestaltet hat, aber nachbilden in einer ganz bestimmten Weise.

Denken Sie sich, der Mensch vollbringt im Erdenleben in seinem Wollen – das gehört der ersten Hierarchie an – bestimmte Taten. Diese Taten sind gut oder böse, weise oder töricht. Die Wesenheiten der ersten Hierarchie, Seraphim, Cherubim und

Throne, die müssen die Gegenbilder ausgestalten in ihrer eigenen Sphäre.

Sehen Sie, meine lieben Freunde, wir leben miteinander. Ob das nun gut oder böse ist, was wir miteinander treiben: Für alles Gute, für alles Böse müssen Gegenbilder ausgestalten die Wesenheiten der ersten Hierarchie. Alles wird unter der ersten Hierarchie beurteilt, aber auch ausgestaltet. Und während man an dem inneren Karma arbeitet mit der zweiten Hierarchie und mit den abgeschiedenen Menschenseelen, schaut man zwischen dem Tod und einer neuen Geburt dasjenige, was Seraphim, Cherubim und Throne an unseren Erdentaten erlebt haben.

Ja, meine lieben Freunde, hier auf Erden wölbt sich über uns der blaue Himmel mit seinen Wolkengebilden, mit dem Sonnenschein und so weiter, wölbt sich als Sternenhimmel in nächtlicher Zeit über uns. Zwischen dem Tod und einer neuen Geburt wölbt sich unter uns das Tun der Seraphim, Cherubim und Throne. Und auf diese Seraphim, Cherubim und Throne schauen wir hin, wie wir hier hinaufschauen zu den Wolken, zum blauen Himmel, zum sternenbesäten Himmel. Wir sehen unter uns den Himmel, gebildet aus der Seraphim-, Cherubim- und Thronen-Tätigkeit. Aber in was für einer Tätigkeit? Indem wir zwischen dem Tod und einer neuen Geburt sind, sehen wir an den Seraphim, Cherubim und Thronen diejenige Tätigkeit, die sich als die gerechte ausgleichende Tätigkeit aus unseren eigenen und mit anderen Menschen verlebten Erdentaten ergibt. Die Götter müssen die ausgleichende Tätigkeit üben, und wir schauen sie als unseren Himmel, der jetzt unten ist. Wir schauen die Folgen unserer Erdentaten, ob irgend etwas gut oder böse ist, weise oder töricht ist, in den Taten der Götter. Wir verhalten uns zu dem Spiegelbilde unserer Taten zwischen dem Tod und einer neuen Geburt, indem wir hinunterschauen, so, wie wir uns hier im Erdenleben zu dem über uns sich wölbenden Himmel verhalten. Unser inneres Karma tragen wir in unsere innere Organisation herein. Wir bringen es auf die Erde mit als unsere Fähigkeiten, unsere Talente, unser Genie, unsere Torheit. Das, was da unten die Götter formen, was sie erleben müssen infolge unserer Erdenleben, das tritt uns im nächsten Erdenleben als die Schicksalstatsachen entgegen, die an uns herankommen. Und wir können sagen: Dasjenige, was wir eigentlich verschlafen, das trägt uns in unserem Erdenleben in unser Schicksal. Aber in dem lebt dasjenige drinnen, was die entsprechenden Götter der ersten Hierarchie als die Folgen unserer Taten bei sich erleben mußten in der Zeit zwischen unserem Tode und einer neuen Geburt.

Man hat immer das Bedürfnis, solche Dinge in Bildern auszusprechen. Wir stehen irgendwo auf der physischen Welt. Der Himmel ist bedeckt. Wir sehen den bedeckten Himmel. Gleich darauf rieselt Regen herunter. Regen fällt herunter. Was da noch über uns geschwebt hat, wir sehen es in den berieselten Feldern, in den berieselten Bäumen gleich nachher. Schaut man mit dem Blicke des Eingeweihten vom menschlichen Leben aus zurück in die Zeit, die man durchgemacht hat, bevor man herunterstieg ins Erdenleben, in die Zeit, die man durchgemacht hat zwischen dem letzten Tode und der letzten Geburt, so sieht man darinnen zunächst das Formen von Göttertaten, die Folge unserer Taten im letzten Erdenleben; dann sieht man, wie das geistig hereinrieselt und unser Schicksal wird.

Ob ich einen Menschen treffe, der für mich Bedeutung hat im Erdenleben, der für mich schicksalbestimmend ist: Dasjenige, was mit diesem Treffen des anderen Menschen geschieht, die Götter haben es vorgelebt als das Ergebnis dessen, was wir mit diesem Menschen in einem vorigen Erdenleben gehabt haben. Ob ich während meines Erdenlebens in eine Gegend versetzt werde, die für mich wichtig ist, in einen Beruf, der für mich wichtig ist, alles das, was da als äußeres Schicksal an mich herantritt, ist das Abbild desjenigen, was Götter erlebt haben, Götter der ersten Hierarchie, als Folgen meines früheren Erdenlebens in der Zeit, in der ich selber zwischen dem Tode und einer neuen Geburt gestanden habe.

Ja, sehen Sie, wenn man abstrakt denkt, so denkt man: Da sind die früheren Erdenleben, die Taten der früheren Erdenleben wirken herüber; damals waren die Ursachen, jetzt sind die Wirkungen. Man kann sich dabei nicht viel denken; man hat eigentlich nicht viel mehr als Worte, wenn man das ausspricht. Aber hinter dem, was man so als das Gesetz des Karmas schildert, liegen Göttertaten, Göttererlebnisse. Und hinter all dem liegt das andere.

Wenn wir Menschen nur der Empfindung nach an unser Schicksal herantreten, so schauen wir, je nach unserem Bekenntnis, zu Göttern hinauf oder zu irgendeiner Vorsehung, und fühlen davon den Verlauf unseres Erdenlebens abhängig. Aber die Götter, gerade diejenigen, die wir als die Wesenheiten der ersten Hierarchie anerkennen, Seraphim, Cherubim und Throne, sie haben gewissermaßen ein umgekehrtes religiöses Bekenntnis. Sie empfinden ihre Notwendigkeit bei den Menschen auf Erden, deren Schöpfer sie ja sind. Die Verirrungen und die Fördernisse, in die diese Menschen kommen, sie müssen von den Göttern ausgeglichen werden. Und was die Götter dann wiederum im späteren Leben für uns zubereiten als unser Schicksal, das haben sie zunächst uns vorgelebt.

Diese Dinge müssen wiederum durch Anthroposophie gefunden werden. Aus einem nicht voll entwickelten Bewußtsein heraus war das in einstigem instinktivem Hellsehen der Menschheit offenbar. Die alte Weisheit hatte solche Dinge in sich. Dann blieb nur ein dunkles Fühlen. Und in manchem, was uns im Geistesleben der Menschheit entgegentritt, ist noch ein dunkles Fühlen von diesen Dingen da. Erinnern Sie sich nur an den Vers des Angelus Silesius, den Sie ja auch in meinen Schriften finden, der für ein eingeschränktes religiöses Bewußtsein wie eine Frechheit aussieht:

> Ich weiß, daß ohne mich Gott nicht ein Nu kann leben,
> Werd' ich zunicht, er muß von Not den Geist aufgeben.

Und Angelus Silesius ist zum Katholizismus übergetreten und hat als Katholik solche Sprüche geschrieben. Er war sich noch klar darüber, daß die Götter von der Welt abhängig sind, wie die Welt von den Göttern, daß die Abhängigkeit eine wechselweise ist, und daß die Götter ihr Leben nach dem Leben der Menschen richten müssen. Aber das göttliche Leben wirkt schöpferisch, wirkt sich wiederum aus im Schicksale der Menschen. Dunkel fühlend, nicht das Genaue wissend, hat Angelus Silesius gesagt:

> Ich weiß, daß ohne mich Gott nicht ein Nu kann leben,
> Werd' ich zunicht, er muß von Not den Geist aufgeben.

Welt und Göttlichkeit sind voneinander abhängig, wirken ineinander.

Heute haben wir dieses Ineinanderwirken an dem Beispiel des menschlichen Schicksals, Karmas, gesehen. Ich mußte diese Betrachtungen einfügen in die Karmabetrachtungen.

DIE KARMISCHE BESTIMMTHEIT EINZELNER MENSCHLICHER SCHICKSALE

SIEBENTER VORTRAG

DORNACH, 8. MÄRZ 1924

In den Betrachtungen über das Karma möchte ich heute, nachdem ich das letzte Mal mehr die Bildung der karmischen Kräfte geschildert habe, gewissermaßen den Grund legen, um das Verständnis für das Karma dadurch hervorzurufen, daß man hinschaut auf einzelne Schicksale im Leben von Menschen, um die karmische Bestimmtheit, Bestimmung, sagen wir, dieser einzelnen menschlichen Schicksale ins Auge zu fassen.

Solche Schicksale können natürlich nur als Beispiele dienen; aber man kann schon, wenn man an konkrete menschliche Schicksale anknüpft und das Karma dabei ins Auge faßt, man kann schon, von da ausgehend, Einblicke dann gewinnen in die Art, wie Karma überhaupt bei den Menschen wirkt.

Es wirkt ja natürlich so vielfältig, als es Menschen auf Erden gibt. Die karmische Gestaltung ist durchaus individuell. Man kann also nur, wenn man auf das einzelne eingeht, eben in Beispielen sprechen.

Nun möchte ich heute Beispiele anführen, die ich untersucht habe, die mir durchsichtig geworden sind in ihrem karmischen Verlaufe. Es ist allerdings schon ein gewagtes Unternehmen, über, wenn auch fernerliegende, karmische Zusammenhänge im einzelnen zu sprechen, denn eigentlich ist es ja üblich, wenn von Karma gesprochen wird, in allgemeinen Redensarten zu sprechen: Dies oder jenes wird auf diese oder jene Weise verursacht –, oder: Man muß den oder jenen Schicksalsschlag auf irgend etwas zurückführen, wie ihn der Mensch verdient hat – und dergleichen. Nun, so einfach sind die Dinge nicht! Gerade wenn von Karma gesprochen wird, wird sehr viel trivialisiert.

Nun wollen wir heute einmal auf bestimmte, wenn auch fernerliegende karmische Beispiele eingehen, ganz, ich möchte sagen, dieses gewagte Unternehmen wirklich vollführen, über einzelne Karmas zu sprechen, soweit das eben nach den Untersuchungen, die mir obgelegen haben, geschehen kann. Beispiele sollen es also sein.

Da möchte ich zunächst über einen berühmten Ästhetiker und Philosophen, über Friedrich Theodor Vischer – ich habe ihn öfter erwähnt im Verlaufe meiner Vorträge –, sprechen. Ich möchte heute gerade diejenigen Eigentümlichkeiten seines Lebenslaufes herausheben, die ich dann zur Grundlage einer karmischen Besprechung wählen kann.

Friedrich Theodor Vischer wuchs hinein mit seiner Bildung in das Zeitalter, in dem innerhalb Deutschlands die sogenannte idealistische deutsche Philosophie blühte: das Hegeltum. Und Friedrich Theodor Vischer, der jung war, seine Studien durchmachte, während überall die Köpfe voll waren von Hegelscher Denkweise, er hat diese Denkweise angenommen. Er war empfänglich für dieses hohe Hegelsche Verweilen in Gedanken. Ihm war es einleuchtend, daß der Gedanke – wie das ja bei Hegel behauptet wird – tatsächlich das göttliche Wesen der Welt sei; daß also, wenn wir als Menschen denken, wir, indem wir in Gedanken leben, in der göttlichen Substanz leben.

Hegel war in der Tat durchaus davon überzeugt, daß von dem Leben in Gedanken eigentlich alle Erdenentwickelung abhängt. Das andere schließt sich daran. Die Weltenpläne werden gemacht, indem die Denker über die Welt nachdenken. – Gewiß, darin liegt viel Wahres. Aber bei Hegel hat das alles einen sehr abstrakten Charakter.

Aber Friedrich Theodor Vischer hat sich in diese Hegelsche Philosophie eingelebt. Dabei war er aber zugleich auch eine aus einem Volksstamme heraus entstandene Persönlichkeit, die die Eigentümlichkeiten dieses Volksstammes mit großer Deutlichkeit an sich trug. Er hatte alle Eigenschaften eines Schwaben, allen Eigensinn, alle Rechthaberei, auch allen Unabhängigkeitssinn des Schwaben! Er hatte auch das Kurzangebundene des Schwaben.

Und indem er diesen Schwabencharakter an sich trug, hatte er wiederum starke persönliche Eigentümlichkeiten: Ein, wenn man das Äußere nimmt, schönes blaues Auge, einen etwas struppigen, aber immerhin von ihm mit einem gewissen ästhetischen Enthusiasmus getragenen rötlichbraunen Vollbart. Ich sage, er hat ihn mit einem gewissen ästhetischen Enthusiasmus getragen, weil er sich ja in seinen Schriften genügend ausspricht über die Ungezogenheit jener Männer, die keinen Vollbart tragen. Er nennt sie «bartlose Affengesichter»; er war also durchaus nicht zurückhaltend. Das alles tat er mit der eigentümlichen, kurzangebundenen Bestimmtheit eben des Schwaben.

Er war mäßig groß, nicht dick, sondern eher schmächtig; aber er ging durch die Straßen, indem er die Arme so hielt, als ob er sich mit den Ellbogen immer den Weg frei machte. Das hat er ja auch als geistige Individualität durchaus getan! – So war das Äußere.

Er war von einem sehr starken, auch persönlichen Unabhängigkeitsdrang, hielt nicht zurück mit dem, was er gern sagen wollte. So traf es einmal zufällig zusammen, daß, nachdem er von «Freunden» – das geschieht ja sehr häufig von Freunden – bei der Stuttgarter Regierung angeschwärzt worden war, einen argen Verweis von der Stuttgarter Regierung bekommen hat – an demselben Tag, wo ihm sein Sohn geboren worden ist, der Robert, der dann ja auch als Ästhetiker einen Namen sich erworben hat –, daß er dann im Auditorium dies ankündigte, indem er sagte: Meine Herren, ich habe heute einen großen Wischer und einen kleinen Vischer bekommen!

Es war ihm durchaus eigen, über die Dinge sehr bestimmt zu sprechen. So ist ein entzückender Aufsatz von ihm: «Über Fußflegelei auf der Eisenbahn.» Er hat mit großem Mißfallen beobachtet, wie manchmal Passagiere, die im Coupé auf der einen Seite sitzen, ihre Füße nach der anderen Seite hinüber auf die Bank legen. Das konnte er gar nicht leiden! Da ist ein entzückender Aufsatz von ihm über Fußflegel auf den Eisenbahnen vorhanden.

Was er alles in seinem Buche «Mode und Zynismus» über allerlei Ungezogenheiten und Unangezogenheiten auf Bällen und anderen Unterhaltungen geschrieben hat, darüber will ich heute lieber schweigen. Er war schon eine starke Individualität.

Ein Freund von mir besuchte ihn einmal, klopfte ganz artig an der Tür. Ich weiß nicht, ob das sonst in Schwaben üblich ist, aber er sagte nicht «Herein!», oder wie man sonst sagt in einem solchen Fall, sondern er schmetterte: «Glei!» – Gleich oder sogleich würde er bereit sein.

Nun, Friedrich Theodor Vischer machte sich verhältnismäßig in jungen Jahren an eine große Aufgabe: die Ästhetik im Sinne der Hegelschen Philosophie zu schreiben. Und diese fünf Bände, die er da geschrieben hat, die sind in der Tat ein merkwürdiges Werk. Da ist eine strenge Paragrapheneinteilung, wie es bei Hegel üblich war; da sind die üblichen Definitionen. Wenn ich Ihnen ein Stück vorlesen würde, würden Sie sogleich alle gähnen, denn es ist durchaus in eben nicht gerade populärem Hegelismus geschrieben, sondern es sind schon Definitionen wie diese: Das Schöne ist die Erscheinung der Idee in sinnlicher Form. Das Erhabene ist die Erscheinung der Idee in sinnlicher Form so, daß die Idee die sinnliche Form überwiegt. Das Komische ist die Erscheinung der Idee in der sinnlichen Form so, daß die sinnliche Form überwiegt – und so weiter. Das sind Dinge, die noch verhältnismäßig interessant sind, aber es geht noch viel weiter! Dann aber stehen gegenüber diesen «Definitionen», «Deklarationen», das sogenannte Kleingedruckte. Die meisten lesen dieses Buch «Ästhetik» von Friedrich Theodor Vischer so, daß sie das Großgedruckte weglassen und nur das Kleingedruckte lesen. Und dieses Kleingedruckte enthält in der Tat das Geistreichste der Ästhetik, das auf den verschiedensten Gebieten vorgebracht worden ist. Da ist kein Pedantismus, kein Hegeltum drinnen, sondern da ist der Schwaben-Vischer mit all seiner geistreichen Gewissenhaftigkeit, aber auch mit seiner feinen Empfindung für alles Schöne, Großartige und Erhabene drinnen. Da ist zugleich das Naturgeschehen in einer unvergleichlichen Weise, in einem freien Stil, der geradezu musterhaft ist, geschildert. Da hat er wirklich in vielen Jahren mit einer eisernen Konsequenz dieses Werk zu Ende gebracht.

Nun gab es in der Zeit, als dieses Werk erschienen war und das Hegeltum noch in einem gewissen Sinne herrschend war, eigentlich viel Anerkennung für dieses Werk; natürlich auch Gegner, aber doch viel Anerkennung. Nun erwuchs aber im Laufe der Zeit diesem Werke ein großer Gegner, ein Gegner, der es vernichtend kritisiert hat, der eigentlich «kein gutes Haar» daran gelassen hat, der es in einer großen, geistreichen Weise kritisiert hat, musterhaft kritisiert hat: das war Friedrich Theodor Vischer selbst in seinen späteren Jahren!

Und wiederum ist es, ich möchte sagen, entzückend, etwas Entzückendes, diese Selbstkritik in den «Kritischen Gängen» zu lesen. Dabei gibt es so vieles, was Friedrich Theodor Vischer als Ästhetiker, als Philosoph, als allgemeiner Belletrist in seinen «Kritischen Gängen» oder später in der schönen Sammlung «Altes und Neues» hat erscheinen lassen. – Als er noch Student war, schrieb er Lyrisch-Ironisches. Bei all der großen Verehrung, die ich für Friedrich Theodor Vischer immer hatte, ich konnte nie anders, als das, was er da als Student geleistet hat, eigentlich gar nicht einmal für studentisch, sondern für urphiliströs zu halten! Das aber lebte wieder auf, als er in seinen Siebzigerjahren, nach siebzig seine Gedichtsammlung unter dem Pseudonym «Schartenmayer» schrieb – philiströses Zeug!

Ein Urphilister wurde er in bezug auf den Goetheschen «Faust». Vom Goetheschen «Faust» im ersten Teil, nun, da gab er noch einiges zu. Aber jedenfalls war er der Ansicht: Der zweite Teil ist ein zusammengeschustertes, zusammengeleimtes Machwerk des Alters, denn der zweite Teil des «Faust», der hätte ganz anders sein müssen! – Und er hat ja dann nicht nur seinen «Faust, der Tragödie dritter Teil» geschrieben, in dem er den zweiten Teil des Goetheschen «Faust» ironisiert hat, sondern er hat auch tatsächlich einen Plan verfaßt, wie der Goethesche «Faust» hätte werden sollen. Es ist ein philiströses Zeug. Es ist ungefähr so philiströs wie das, was Du Bois-Reymond, der große Naturforscher, in seiner Rede: «Goethe und kein Ende» gesagt hat: Der «Faust» ist eigentlich verfehlt; richtig wäre er, wenn Faust nicht allerlei solchen Schnack machen würde, wie Geisterbeschwörungen und den Erdgeist beschwören, sondern wenn er einfach in ehrlicher Weise hätte die Elektrisiermaschine und die Luftpumpe erfunden und Gretchen ehrlich gemacht. – In ganz ähnlicher Weise philiströs ist eigentlich alles das, was nun Friedrich Theodor Vischer in Anknüpfung an den Goetheschen «Faust» von sich gegeben hat.

Es war so, wie man, vielleicht nicht in Württemberg, aber in meiner Heimat Österreich sagt: es war ein «Schwabenstreich», was er in bezug auf den Goetheschen «Faust» getan hat! Solche Worte haben ja immer eine andere Bedeutung, je nach den Gegenden, wo sie gebraucht werden.

Nun, sehen Sie, das Bedeutsame an diesem Mann sind diese einzelnen Züge. Sie machen ungefähr sein Leben aus. Man könnte allerdings auch einzelne Tatsachen erzählen, aber das will ich nicht. Ich möchte ihn als Persönlichkeit so vor Sie hingestellt haben, und ich möchte dann auf dieser Grundlage eine karmische Betrachtung über ihn anstellen. Ich möchte Ihnen heute nur die Materialien zunächst liefern.

Eine zweite Persönlichkeit, die ich karmisch betrachten möchte – wie gesagt, es ist dies ein Wagnis, solche einzelnen Beispiele zu geben, aber sie sollen eben gegeben werden, und ich möchte Grundlagen dazu schaffen –, eine zweite Persönlichkeit ist Franz Schubert, der Liederkomponist, der Komponist überhaupt.

Ich will auch da diejenigen Züge, die ich zur karmischen Schilderung brauchen werde, herausheben. Franz Schubert war eigentlich so ziemlich sein Leben lang arm. Als Schubert eine Zeitlang gestorben war, gab es in Wien wirklich sehr viele nicht nur «gute

Bekannte», sondern «Freunde» von Franz Schubert. Eine ganze Menge Leute wollten ihm Geld geborgt haben, redeten von ihm als von dem Schubert-Franzl und so weiter. Ja, aber während seiner Lebzeiten war das nicht so!

Aber er hatte einen wirklichen Freund gefunden. Dieser Freund, ein Freiherr von Spaun, war eine außerordentlich edle Persönlichkeit. Er sorgte eigentlich von frühester Jugend an in einer zarten Weise für Schubert. Sie waren Schulkollegen schon. Damals hatte er für ihn zu sorgen, und dann setzte sich das so fort. Und in karmischer Beziehung scheint mir es von ganz besonderer Wichtigkeit zu sein – wir werden das dann bei der karmischen Betrachtung sehen –, daß Spaun in einem Berufe drinnen war, der ihm eigentlich ganz fremd war. Spaun war ein feingebildeter Mensch, der jede Art von Kunst liebte, der außer mit Schubert noch mit Moritz von Schwind eng befreundet war, ein Mensch, auf den wirklich in einer zarten Weise alles Künstlerische einen großen Eindruck machte. In Österreich kommt zwar manches vor – auch Grillparzer war ja Finanzbeamter –, aber eben auch Spaun war, trotzdem er nicht die geringste Ader dafür hatte, sein Leben lang in Finanzämtern. Er war Finanzbeamter, hatte Geld zu verwalten, eigentlich Zahlen zu verwalten, und als er in ein bestimmtes Alter gekommen war, wurde er sogar Lotto-Direktor, Lotterie-Direktor. Er hatte also die Lotterie in Österreich zu versorgen. Es war ihm außerordentlich antipathisch. Aber denken Sie doch nur einmal, was eigentlich der Realität nach ein Lotterie-Direktor verwaltet! Sie müssen nur bedenken: ein Lotterie-Direktor verwaltet Leidenschaften, Hoffnungen, zerstörte Hoffnungen, Enttäuschungen von unzähligen Menschen. Ein Lotterie-Direktor verwaltet in allergrößtem Stil den Aberglauben der Menschen, ein Lotterie-Direktor verwaltet in allergrößtem Stil die Träume der Menschen! Denken Sie nur, was alles eigentlich da in Betracht kommt, wenn ein Lotterie-Direktor, ein oberster Lotterie-Direktor seine administrativen

Maßregeln trifft! Gewiß, wenn man ins Büro hereintritt und wieder heraustritt, bemerkt man das nicht so; aber die Realität ist da. Und derjenige, der die Welt als real betrachtet, der muß eben durchaus so etwas in Betracht ziehen.

Nun, dieser Mann, der gar nichts zu tun hatte mit jenem Aberglauben, der da von ihm verwaltet wurde, mit jenen Enttäuschungen, Sehnsüchten, Hoffnungen, der war der intime Freund von Schubert, nahm teil an seinem materiellen und an seinem geistigen Wohlergehen im höchsten Maße. Man kann eigentlich äußerlich manchmal erstaunt sein, wozu die Welt alles imstande ist. Es gibt eine Biographie von Schubert, die schildert das Exterieur von Schubert so, wie wenn Schubert ungefähr wie ein Neger ausgesehen hätte. Es ist gar keine Rede davon gewesen! Er hat sogar ein sehr sympathisches Gesicht gehabt! Aber er war eben arm. Schon das Abendbrot, das er zumeist mit dem Freiherrn von Spaun zusammen einnahm, wurde meistens in zarter Weise von Spaun eben bezahlt. Und er hatte nicht Geld, um etwa ein Klavier zu mieten für seine musikalischen Bedürfnisse. Er war in seinem äußerlichen Auftreten – das schildert auch der Freiherr von Spaun sehr getreulich – eigentlich gemessen, fast phlegmatisch. Aber in einer merkwürdigen Weise konnte ein innerlich Vulkanisches aus seiner Natur hervorbrechen.

Interessant ist schon das, daß er seine schönsten musikalischen Motive in der Regel am Morgen hinschrieb, nachdem er aufgestanden war. Aus dem Schlafe heraus setzte er sich hin und schrieb seine schönsten musikalischen Motive in dieser Weise auf. Das hat der Freiherr von Spaun selber oftmals mitgemacht. Denn wie das ja gerade bei dem geistigen Wien so der Fall ist: die beiden Herren, Schubert und Spaun, liebten schon auch des Abends einen guten Tropfen, und dann wurde es spät, spät. Dann konnte Schubert, der weit wohnte, nicht mehr nach Hause gelassen werden. Dann blieb er in einem sehr bescheidenen Bette bei Spaun. Und da war Freiherr von Spaun oftmals wirklich Zeuge, wie, aufstehend, Schubert sich einfach hinsetzte und seine schönsten musikalischen Motive aus dem Aufwachen heraus hinschrieb.

Aus den verhältnismäßig ruhigen Gesichtszügen geht nicht hervor, wie vulkanisch es eigentlich in den Untergründen dieser Schubert-Seele aussah. Aber es war vulkanisch, und gerade diese besondere Art der Persönlichkeit muß ich Ihnen schildern als Grundlage der Karmabetrachtung. Denn, sehen Sie, da war es einmal so: Schubert konnte in die Oper gehen. Er sah Glucks «Iphigenie» und war im höchsten Grade hingerissen von der «Iphigenie». Sein Enthusiasmus entlud sich seinem Freunde Spaun gegenüber während und nach der Vorstellung stark, großartig, aber eben doch in gemessener Art. Er wurde sozusagen zart emotionell, nicht vulkanisch emotionell – ich wähle gerade diejenige Züge, die wir brauchen werden. Da war es so, daß er in dem Augenblicke, wo er Glucks «Iphigenie» kennenlernte, sie für das wunderbarste musikalische Kunstwerk hielt. Entzückend war für ihn die Darstellung der Sängerin Milder. Und in bezug auf den Sänger Vogl sagte er, er wolle ihn nur kennenlernen, um ihm zu Füßen fallen zu können, so entzückt war er von seiner Darstellung. Nun, da ging die Iphigenien-Darstellung zu Ende. Schubert und Spaun gingen in das sogenannte Bürgerstübl in Wien. Ich glaube, es war noch ein dritter dabei, den ich jetzt nicht vor mir habe. Sie saßen ganz ruhig, aber sie sprachen zuweilen enthusiastisch über dasjenige, was sie am Abend in der Oper erlebt hatten. – Ein Nachbartisch war da; da saß unter anderem auch ein dieser Gesellschaft bekannter Professor, ein Hochschulprofessor. Der wurde zunächst etwas rot gefärbt, als er hinhorchte auf dieses enthusiastische Gespräch. Die Röte wurde immer stärker. Dann fing er an zu brummen. Nachdem er eine Zeitlang gebrummt hatte, und die sich nicht hatten stören lassen, fing er aber an, fürchterlich zu toben und zu schimpfen und erklärte über den Tisch hinüber auf diese Gesellschaft hin: Und überhaupt, die ganze «Iphigenie» ist ein Dreck, das ist keine wirkliche Musik, und die Milder ist überhaupt keine Sängerin, die hat weder Läufe noch Triller, die kann gar nicht singen. Und der Vogl, der geht überhaupt, wie wenn er mit Elefantenfüßen auf dem Boden dahinginge!

Nun war Schubert nicht mehr zu halten. Es drohte in jedem Moment die schlimmste Konsequenz der Handgreiflichkeit. Schubert, der sonst völlig ruhig war, ließ alle seine Vulkanität los, und die anderen hatten tatsächlich alle Mühe, ihn nur zu beruhigen.

Ja, sehen Sie, wichtig ist für dieses Leben, daß wir es zu tun haben mit einem Mann, dessen Freund Finanzbeamter, sogar Lotterie-Direktor ist, daß er mit diesem im Leben karmisch zusammengeführt wird. Wichtig ist im karmischen Zusammenhang, daß Schubert so arm war, wie es eben aus diesen Verhältnissen hervorging, wichtig ist, daß Schubert sonst sich nicht rühren konnte. Er lebte natürlich dadurch, daß er arm war, auch in eingeschränkten gesellschaftlichen Verhältnissen; er hatte nicht Gelegenheit, immer solch einen Tischnachbarn zu haben, so daß sich die Vulkanität nicht immer ausleben konnte.

Aber wenn man sich das, was da eigentlich geschah, richtig vorstellt, und doch wiederum die Stammeseigentümlichkeit kennt, aus der Schubert hervorgewachsen ist, so kann man sich schon die Frage vorlegen – solche negativen Dinge sind ja natürlich bedeutungslos, aber sie klären manchmal auf –, so kann man sich doch eben die Frage vorlegen: Wenn die Verhältnisse anders gewesen wären – natürlich konnten sie nicht anders gewesen sein, aber ich meine, man kann sich zur Klärung die Sache so vorlegen –, wenn Schubert nicht Gelegenheit gehabt hätte, dasjenige, was an musikalischer Begabung in ihm war, aus sich herauszutreiben, wenn er nicht diesen hingebungsvollen Spaun als Freund gefunden hätte, hätte er nicht auch ein Raufbold werden können in einer untergeordneten Stellung? Man kann schon die Frage aufwerfen: Lag das nicht als Anlage in ihm, was da in einer so vulkanischen Weise an jenem Abend im Bürgerstübl zum Ausdruck gekommen ist? Und das menschliche Leben ist nicht durchsichtig, wenn man sich nicht die Frage beantworten kann: Wie geschieht da eigentlich die Metamorphose, daß man in einem Leben karmisch die Rauflust nicht auslebt, sondern ein feiner Musiker wird und sich die Rauflust in feine musikalische Phantasie verwandelt?

Es klingt paradox, es klingt grotesk, aber es ist eine Frage, die, wenn man das Leben in größerem Maße betrachtet, durchaus aufgeworfen werden muß, denn aus der Betrachtung von solchen Dingen entstehen eigentlich erst die tieferen Karma-Fragen.

Eine dritte Persönlichkeit, die ich betrachten will, ist der vielgehaßte und von einer kleinen Gemeinde auch geliebte Eugen Dühring. Auch mit diesem Charakter habe ich mich karmagemäß beschäftigt und möchte auch da zunächst sozusagen die biographischen Materialien geben.

Eugen Dühring war ein außerordentlich begabter Mensch, der in seiner Jugend eine ganze Reihe von Wissenschaften aufnahm, namentlich von der mathematischen Seite her, aber auch sonst eine ganze Reihe von Wissenschaften, Nationalökonomie, Philosophie, Mechanik, Physik und so weiter.

Eugen Dühring hat mit einer interessanten Abhandlung schon seinen Doktor gemacht und dann in einem Buch, das längst vergriffen ist, auch über diesen Gegenstand eigentlich recht klar, vor allen Dingen eindringlich geschrieben. Ich möchte, trotzdem die Sache fast schon so schwierig ist wie die Relativitätstheorie – aber schließlich, über die Relativitätstheorie haben ja auch eine Zeitlang alle Leute geredet, die nichts davon verstanden haben, und sie haben sie doch großartig gefunden und finden sie heute noch so –, ich möchte, trotzdem es schwierig ist, in einer Weise, wie man es vielleicht verstehen kann, über diese Gedanken der Erstlingswerke von Dühring einiges sagen.

Sehen Sie, da handelt es sich darum, daß gewöhnlich die Leute sich vorstellen: Da ist der Raum, der ist unendlich, und der Raum ist angefüllt mit Materie. Die Materie hat kleinste Teile. Ihre Zahl ist auch unendlich groß. Unendlich viele kleinste Teile der Materie sind im Weltenraum geballt, irgendwie zusammenkristallisiert und dergleichen. Da ist die unendliche Zeit. Die Welt hat gar nicht einen Anfang genommen; man kann auch nicht sagen, daß sie ein Ende nehmen werde.

Diese unbestimmten Unendlichkeitsbegriffe, die hatten es dem jungen Dühring angetan, und er sprach wirklich recht scharfsinnig darüber, daß dieses Reden über Unendlichkeitsbegriffe eigentlich gar keine Bedeutung habe, daß, wenn man auch von einer noch so großen Anzahl zum Beispiel von Weltenatomen oder Weltenmolekülen sprechen müsse, es aber doch eine abzählbare bestimmte Zahl sein müsse. Wenn der Weltenraum noch so groß vorgestellt wird, so muß er eine abmeßbare Größe sein, ebenso muß die Weltenzeit eine abmeßbare Größe sein, was, wie gesagt, mit großem Scharfsinn dargestellt wurde.

Dem liegt etwas Psychologisches zugrunde. Dühring wollte überall klares Denken haben, und in den Unendlichkeitsbegriffen steckt ja im Grunde genommen heute noch nirgends klares Denken drinnen. Dann hat Dühring das ausgedehnt auf andere Betrachtungen, zum Beispiel auf die sogenannten negativen Größen, zum Beispiel wenn man Vermögen hat, von negativen Größen, die man mit einem Minuszeichen belegt. Man unterscheidet
Tafel 12 dann die Zahlenreihen: Null, nach der einen Richtung plus eins usw., nach der anderen Richtung minus eins usw.

Dühring hat nun die Anschauung vertreten: Das ganze Schwätzen von Minuszahlen ist eigentlich ein Unsinn. Was bedeutet ein Negativ, eine Minuszahl? Er sagt: Habe ich fünf und ziehe eins ab, so bekomme ich vier; habe ich fünf und ziehe zwei ab, so bekomme ich drei; habe ich fünf und ziehe drei ab, so bekomme ich zwei; habe ich fünf und ziehe vier ab, so bekomme ich eins; habe ich fünf und ziehe fünf ab, so bekomme ich null. Nun sagen die Anhänger der negativen Größe: Habe ich fünf und ziehe sechs ab, habe ich minus eins; habe ich fünf und ziehe sieben ab, habe ich minus zwei.

Dühring sagt: Das ist eine unklare Denkungsweise, da liegt kein klarer Gedanke drinnen! Was bedeutet «minus eins»? Das bedeutet, ich soll sechs von fünf abziehen; aber da habe ich um eins zu wenig. Was bedeutet minus zwei? Ich soll von fünf sieben abziehen; da habe ich um zwei zu wenig. Was bedeutet minus drei? Ich soll acht von fünf abziehen; da habe ich um drei zu wenig. Die negativen Zahlen sind also gar nicht andere Zahlen als die positiven Zahlen. Sie bedeuten nur immer, daß ich beim Subtrahieren um eine bestimmte Zahl zu wenig habe. – Das hat dann Dühring auf die mannigfaltigsten mathematischen Begriffe ausgedehnt.

Ich weiß selbst, daß als junger Mann dieses auf mich einen ungeheuer starken Eindruck gemacht hat, weil wirklich verstandesmäßige Klarheit über diese Dinge bei Dühring ausgegossen war.

In einer ebensolchen verstandesmäßigen Schärfe ging er in der Nationalökonomie vor, ging er in der Philosophiegeschichte zum Beispiel vor. Und er wurde Dozent an der Berliner Universität; da hielt er Vorlesungen im besuchtesten Hörsal und über die mannigfaltigsten Gegenstände, über Nationalökonomie, Philosophie, Mathematik.

Nun trat der Fall ein, daß von der Göttinger Akademie der Wissenschaften ein Preis ausgeschrieben war auf das beste Buch über die Geschichte der Mechanik. – Bei einem solchen Preisausschreiben ist es üblich, daß die Werke derer, die sich um den Preis bewerben, eingeschickt werden so, daß man den Verfasser nicht kennt, sondern daß ein Motto gewählt wird, das auf dem Kuvert steht. Der Name des Verfassers ist darin verschlossen; dann wird ein Motto draufgeschrieben. Das steht dann oben und die Preisrichter kennen nicht den Verfasser.

Nun, die Göttinger Akademie der Wissenschaften hat den Preis für die Geschichte der Mechanik von Lugen Dühring erteilt, hat sogar ein außerordentlich anerkennendes Schreiben dem Verfasser zugehen lassen. Damit also war Eugen Dühring nicht nur vor seiner Zuhörerschaft als ein tüchtiger Dozent erklärt, sondern er war auch von einer im eminentesten Sinne gelehrten Körperschaft anerkannt.

Dieser selbe Dühring hat neben all den Talenten, die Ihnen ja schon anschaulich sind aus dem, was ich Ihnen nun erzählt habe, auch – man kann schon nicht anders sagen – eine böse Zunge gehabt. Er hatte etwas von bösartigem Kritikaster auf alle Dinge der Welt in sich. In dieser Beziehung hat er sich dann eigentlich immer weniger und weniger Zurückhaltung auferlegt. Und als er von einer so gelehrten Körperschaft wie der Göttinger Akademie der Wissenschaften preisgekrönt war, da stachelte ihn das doch sehr. Es war ja eine natürliche Anlage, aber es stachelte. Und da fing er an, wirklich zwei Dinge miteinander zu verbinden: einen außerordentlich starken Gerechtigkeitssinn, der ist ihm nicht abzusprechen, aber auf der anderen Seite – man bekommt so die Neigung dann, in den Wortbildungen der Leute zu reden, die man schildert – bekam er einen außerordentlich starken schimpfiererischen Sinn. Er schimpfte schrecklich. Er wurde ein «Schimpfierer».

Nun hatte er auch das Unglück, gerade in der Zeit, als es ihn so stachelte im Schimpfieren, blind zu werden. Er hat noch als blinder Dozent in Berlin vorgetragen. Er erblindete vollständig. Das hat ihn niemals irgendwie abgehalten, seinen ganzen Mann zu stellen. Er fuhr in seiner Tätigkeit als Schriftsteller fort und konnte sich seine Dinge immer selbst besorgen – bis zu einem gewissen Grade natürlich –, trotzdem er vollständig erblindet war. Aber zunächst machte er da die Bekanntschaft mit einem wirklich tragischen Schicksal in der Gelehrtengeschichte des 19. Jahrhunderts: mit dem Schicksal von Julius Robert Mayer, dem eigentlichen Entdecker des mechanischen Wärme-Äquivalents, der ja, wie man durchaus behaupten kann, unschuldigerweise ins Irrenhaus gesperrt, in die Zwangsjacke gesteckt worden ist, schrecklich behandelt worden ist von Familie, Kollegen und «Freunden». Dühring schrieb dann seine Schrift: «Robert Mayer, der Galilei des neunzehnten Jahrhunderts». Es war wirklich eine Art Galilei-Schicksal in diesem Julius Robert Mayer.

Das schrieb Dühring auf der einen Seite mit einer außerordentlich großen Sachkenntnis, mit einem wirklich tiefgehenden Gerechtigkeitssinn, aber auch mit einem Dreinhauen wie mit Dreschflegeln in alles dasjenige, was da an Schäden auftrat. Die Zunge ging immer mit ihm durch. So zum Beispiel, als er hörte und las von der Errichtung des ja vielen von Ihnen bekannten Julius Robert Mayer-Denkmals in Heilbronn, von der Enthüllungsfeier: Dieses Puppenbild, das da auf dem Heilbronner Marktplatz steht, das ist etwas, was man als eine letzte Schmach diesem Galilei des 19. Jahrhunderts angetan hat. Da sitzt der große Mann mit übergeschlagenen Beinen. Wenn man ihn wirklich darstellen wollte in der Verfassung, wie er wahrscheinlich gewesen wäre, wenn er hätte hinschauen können auf den Festredner und auf all die guten Freunde, die da unten ihm dieses Denkmal errichtet haben, so müßte man ihn darstellen nicht mit übergeschlagenen Beinen, sondern mit den Händen über dem Kopf zusammengeschlagen!

Da er sehr viel Leid durch Zeitungen erfahren hatte, wurde er auch wütender Antisemit. Und da war er auch wieder konsequent. Er hat zum Beispiel das Schriftchen geschrieben: «Die Überschätzung Lessings und dessen Anwaltschaft für die Juden», in dem über Lessing mordsmäßig geschimpft wird! Aber davon ist dann überhaupt seine besondere Art von Literaturbetrachtung ausgegangen.

Wenn Sie sich einmal die Güte antun wollen, meine lieben Freunde, etwas über deutsche Literatur zu lesen, das Sie sonst nicht lesen können, das ganz anders ist als die sonstigen Abhandlungen über deutsche Literatur, dann lesen Sie die Dühringschen zwei Bände: «Die Größen der modernen Literatur.» Da ist dasjenige, was in Dühring war, diese streng mathematische Denkweise, diese Verstandesschärfe auf die schöne Literatur angewendet. Und da hat er nötig, um die Art zu zeigen, wie er anders denkt als andere Leute, da hat er nötig, sogar umzutaufen die Größen des Tafel 13 deutschen Geisteslebens. Er spricht zum Beispiel in einem Kapitel von Kothe und Schillerer, was in der Dühringschen Sprache heißt: Goethe und Schiller. Dühring schreibt Kothe und Schillerer und hält das fest durch die ganzen Abhandlungen durch. Er ist manchmal in seinen Erfindungen in Wortbildungen grotesk. Intellektuaille – so zum Beispiel schreibt er immer von Leuten, die intellektualistisch sind. Die Intellektuaille – Verwandtschaft zu Kanaille – ähnliche Wortbildungen hat er immer. Nun, manches ist außerordentlich interessant.

Sehen Sie, mir passierte zum Beispiel einmal folgendes. Ich hatte mit noch ungedruckten Schriften von Nietzsche zu tun, bekam da in die Hand die ja jetzt längst gedruckte Schrift über die Wiederkehr des Gleichen. Die Nietzscheschen Manuskripte sind nicht sehr deutlich zu lesen, da kam ich denn an so eine Stelle, und sagte mir: Diese Wiederkunft des Gleichen bei Nietzsche hat eine merkwürdige Abstammung! Nun, gehen wir jetzt vom Nietzsche-Archiv, wo seine Hefte drinnen liegen – ich war dazumal befreundet mit Frau Elisabeth Förster-Nietzsche –, gehen wir jetzt einmal mit dieser Handschrift und suchen wir in der Bibliothek, schlagen wir die Wirklichkeitsphilosophie des Dühring auf, da werden wir die Wiederkehr des Gleichen finden! – Denn Nietzsche hat sehr viele Ideen als «Gegenideen» geprägt. Ich konnte es sehr rasch nachschlagen. Ich nahm die Wirklichkeitsphilosophie heraus, die in der Nietzsche-Bibliothek vorhanden war, schlug auf: Auf der betreffenden Seite fand sich die Stelle – ich kannte sie, fand sie daher gleich –: daß es unmöglich sei, aus einer wirklichen, sachgemäßen Erkenntnis der materiellen Tatsachen der Welt von einer Wiederkehr der Dinge, der Konstellationen, die schon einmal da waren, zu sprechen!

Dühring versuchte die Unmöglichkeit der Wiederkehr des Gleichen zu beweisen. An der Stelle, wo Dühring das ausführt, da steht auf der Seite ein Wort, das Nietzsche oftmals an den Rand der Schriften hingeschrieben hat, die er so benutzt hat, daß er die Gegenidee gebildet hat: Esel.

Diese Einzeichnung fand sich auch auf dieser Seite. Und man kann eben tatsächlich gerade bei Dühring manches finden, was dann in Nietzsches Ideen übergegangen ist, allerdings in genialer Weise. Ich werde damit nicht irgendetwas gegen Nietzsche einwenden, aber die Dinge liegen eben so.

Nun ist das Auffällige bei Dühring in karmischer Beziehung, daß er eigentlich nur mathematisch zu denken vermag. Er denkt in der Philosophie, in der Nationalökonomie, er denkt in der Mathematik selber mathematisch, aber mathematisch scharf und klar. Er denkt auch in der Naturwissenschaft scharf und klar, aber mathematisch. Er ist nicht Materialist, aber er ist mechanistischer Denker, er denkt die Welt unter dem Schema des Mechanismus. Und er hatte den Mut, das, was ehrlich ist bei einem solchen Denken, wirklich auch in seinen Konsequenzen zu verfolgen. Denn eigentlich ist es richtig: Wer so denkt, der kann über Goethe und Schiller nicht anders schreiben, wenn man von der Schimpfiererei absieht und das Sachliche nimmt.

Das ist also die besondere Anlage seines Denkens. Dabei frühzeitig erblindet, auch persönlich ziemlich ungerecht behandelt. Er ist ja von der Berliner Universität entfernt worden. Nun, Gründe gab es natürlich. Zum Beispiel als die zweite Auflage seiner «Kritischen Geschichte der allgemeinen Prinzipien der Mechanik» erschienen ist, da hat er sich nicht mehr zurückgehalten. Die erste Auflage war ja ganz zahm in der Behandlung der Größen der Mechanik, so daß jemand sagte: Er hat eben da so geschrieben, wie er sich denken konnte, daß es von einer gelehrten Körperschaft doch prämiiert werden kann! Aber als die zweite Auflage erschien, da hat er sich nicht mehr zurückgehalten, da war es ja schon prämiiert: da hat er ergänzt! Nun hat jemand gesagt – Dühring hat das oftmals wiederholt –: die Göttinger Akademie hätte die Klauen prämiiert, ohne den zugehörigen Löwen zu kennen! Aber der Löwe ist dann eben zum Vorschein gekommen, als die zweite Auflage erschien.

Da waren schon merkwürdige Sachen drinnen. Gerade zum Beispiel in Anknüpfung an Julius Robert Mayer, sein Galilei-Schicksal im 19. Jahrhundert, über das er so recht entrüstet war, nannte er jemand, den er für einen Plagiator von Julius Robert Mayer hielt – nämlich Hermann Helmholtz –, ein Universitätsgestell, ein hölzernes Universitätsgestell! Er hat dann später das noch erweitert, eine Zeitung herausgegeben: «Der Personalist». Da waren die Dinge sehr stark persönlich gefärbt. So zum Beispiel findet sich da eine Erweiterung der Stelle über Helmholtz. Da redet er nicht nur über das «Universitätsgestell»; sondern, da sich herausgestellt hatte, als die Leiche seziert worden ist, daß Helmholtz Wasser im Kopfe hatte, da sagte er: Aber der Hohlkopf war schon bemerkbar, als der Mann noch gelebt hat; das brauchte nicht erst nach dem Tode konstatiert zu werden.

Fein war Dühring ja nicht. Man kann nicht sagen, er schimpfte wie ein Waschweib, denn es hat nichts Philiströses, wie er schimpft, genial ist es schon auch nicht; aber es ist halt nicht mehr geschimpft: es ist schimpfiert. Es ist etwas ganz Eigenartiges.

Nun, die Blindheit, diese ganze mechanistische Denkanlage, das Verfolgtwerden – denn er wurde ja verfolgt, er wurde aus der Universität verwiesen, und dabei kamen schon Ungerechtigkeiten vor, wie überhaupt unzählige Ungerechtigkeiten in seinem Leben an ihm verübt worden sind –, das alles sind Schicksalszusammenhänge bei einem Menschen, die erst recht interessant werden, wenn man sie karmisch betrachtet.

Nun habe ich Ihnen diese drei Persönlichkeiten hingestellt: Friedrich Theodor Vischer; den Liederkomponisten Schubert und Eugen Dühring, und werde dann morgen Ihnen dasjenige, wofür ich Ihnen heute die Materialien geben wollte, karmisch schildern, das heißt, darauf zurückführen, wie die Dinge eigentlich in ihrem karmischen Zusammenhange liegen.

ACHTER VORTRAG

DORNACH, 9. MÄRZ 1924

Ich sagte gestern, daß ich, trotzdem die Behandlung einzelner karmischer Zusammenhänge etwas Gewagtes ist, dennoch als Beispiele solche karmischen Zusammenhänge hier in der Darstellung entwickeln möchte, und zwar anknüpfend an diejenigen Persönlichkeiten, von denen ich gestern einzelne biographische charakteristische Daten Ihnen vorgebracht habe. Wir werden später auch weniger repräsentative Persönlichkeiten karmisch betrachten können, aber ich möchte zunächst aus dem Grunde solche Persönlichkeiten wählen, weil an ihnen anschaulich werden kann, wie in dem karmischen Gang des menschlichen Lebens durch wiederholte Daseinsphasen die Gesamtentwickelung der Menschheit dann weitergeht. Wir reden ja in der heutigen Zivilisation von Geschichte wie von einem fortlaufenden Strom von Geschehen, beschreiben die Dinge so, daß wir dasjenige, was im 20. Jahrhundert ist, auf das 19. Jahrhundert beziehen, was im 19. Jahrhundert ist, auf das 18. Jahrhundert beziehen und so weiter. Daß die Menschen selbst es sind, die von einer Epoche der Geschichte in die andere Epoche hinüber die Dinge tragen, daß also die Menschen, die in der Gegenwart leben, herübergetragen haben in diese Gegenwart aus älteren historischen Epochen dasjenige, was heute lebt und da ist, das erst gibt Realität, das erst gibt Leben, gibt wahrhaftigen inneren realen Zusammenhang im geschichtlichen Leben.

Wenn bloß Ursache und Wirkung da ist, ist kein wirklicher Zusammenhang da. Wenn Menschenseelen herüberziehen aus einer uralten Erdenzeit in die jüngeren Erdenzeiten, in immer neue Erdenleben, dann kommt realer Zusammenhang in die Menschheitsentwickelung hinein. Diesen realen Zusammenhang, ihn kann man in seiner Bedeutung gerade ersehen, wenn man solche Persönlichkeiten betrachtet, auf die man eben hinschauen kann, weil sie repräsentative Persönlichkeiten sind.

Und da habe ich gestern eben zu erst den sogenannten Schwaben-Vischer, den Ästhetiker Friedrich Theodor Vischer angeführt und ihn Ihnen einigermaßen charakterisiert. Nun, ich sagte, ich will nur solche Beispiele wählen, für die mir wirklich die Untersuchungen vorliegen. Die Untersuchungen sind eben solche des Anschauens, solche, die mit denjenigen geistigen Mitteln geführt werden, von denen schon gesprochen worden ist, über die nachgelesen werden kann in der anthroposophischen Literatur. Und deshalb ist keine andere Methode gerade in der Besprechung solcher Dinge möglich als eine Art erzählender Methode. Denn nur dasjenige, was sich der unmittelbaren Anschauung ergibt, kann eben auf diesem Gebiete mitgeteilt werden. Und in dem Augenblicke, wo man von einem Erdenleben auf ein früheres zurückliegendes verweist, hört alles verstandesmäßige Begreifen auf. Da gibt es nur die Möglichkeit des Schauens. Es gibt noch einen letzten Rest von verstandesmäßigem Begreifen, wenn es sich darum handelt, das Erdenleben auf das letzte Erleben zwischen dem Tode und dieser Geburt zu beziehen, das Erdenleben zu beziehen auf dasjenige, aus dem es unmittelbar hervorgegangen ist, auf das Geistig-Seelische also vor dem Herabstieg auf die Erde; das geht bis zu einem gewissen Grade verstandesmäßig. Die Zurückführung eines Erdenlebens auf ein anderes geht nur in erzählender Form, denn da ist nur die Anschauung das Maßgebende. Und wer nun eben in der Lage ist, auf solch eine Persönlichkeit hinzuschauen, wie es der Schwaben-Vischer war, und aufzufassen dasjenige, was in einer solchen Persönlichkeit als Ewiges lebt, das heißt, von Erdenleben zu Erdenleben geht, der kann, wenn er, ich möchte sagen, die rechten Strömungen zurückfindet im ganzen Erdenleben, eine solche Persönlichkeit in einem früheren Erdendasein auftauchen sehen. Allerdings, in bezug auf die Forschung geht man zunächst zurück in das vorirdische Erleben. Aber jetzt in der Darstellung möchte ich dieses Zurückgehen auf das vorirdische

Erleben für die drei Persönlichkeiten immer an zweiter Stelle behandeln und zunächst darauf aufmerksam machen, wie hinter dem gegenwärtigen Erdenleben einer solchen Persönlichkeit das vorige Erdenleben auftaucht.

Man muß durchaus, wenn man solche Dinge erforschen will, ohne alles Vorurteil sein. Wenn man irgendwie deshalb, weil man diese oder jene Ansicht über das gegenwärtige Erdenleben eines Menschen oder über das letzte Erdenleben eines Menschen hat, sich einbildet, verstandesmäßig sagen zu können, der muß also, weil er jetzt so ist, in einem früheren Erdenleben so und so gewesen sein; wenn man sich solche Urteile bildet, geht man schon tatsächlich falsch, wenigstens geht man leicht falsch. Es wäre gerade so, solch ein Urteil verstandesmäßig von einer Inkarnation auf die andere zu bilden, wie wenn Sie irgendwo zum erstenmal in einem Hause sind: Sie schauen bei den Nordfenstern hinaus, sehen da draußen Bäume, und Sie wollten nun schließen aus den Bäumen, die Sie durch die Nordfenster sehen, wie die Bäume aussehen, die Sie vor den Südfenstern haben. Da müssen Sie eben hingehen zu den Südfenstern und dort sich die Bäume anschauen und mit aller Unbefangenheit den Bäumen gegenübertreten. So müssen Sie eben wirklich alles verstandesmäßig Intellektualistische dann ausschalten, wenn es sich darum handelt, jene Imaginationen zu begreifen, die eben einfach da sind als die Imaginationen entsprechender früherer Erdenleben für solche Persönlichkeiten.

Bei dem Schwaben-Vischer wird man zurückgeführt zur nächsten maßgebenden Inkarnation – dazwischen kann die eine oder andere gleichgültige, vielleicht auch in kürzerem Erdenleben verbrachte sein, aber das ist jetzt nicht wichtig –, in jene Inkarnation, in der sein gegenwärtiges Erdenleben – gegenwärtig in weiterem Sinne, er ist ja schon Ende der achtziger Jahre gestorben –, also sein letztes Erdenleben karmisch vorbereitet worden ist. Diese Inkarnation liegt etwa im 8. nachchristlichen Jahrhundert. Und zwar schaut man ihn als einen Angehörigen jener maurisch-arabischen Menschen, die in dieser Zeit von Afrika nach Sizilien herüberkamen, auch in Kämpfe kamen mit denjenigen Menschen, die vom Norden herunter nach Sizilien kamen.

Das Wesentliche ist, daß diese Individualität, von der ich hier rede, in dieser vorhergehenden maßgebenden Inkarnation ganz und gar eine arabische Bildung hatte, arabische Bildung mit allen Einzelheiten, und zwar so, daß diese arabische Bildung alles das umfaßte, was, ich möchte sagen, künstlerisch, vielleicht auch unkünstlerisch, im Arabismus drinnen ist, umfaßte zu gleicher Zeit aber alle Energie, mit der damals das Arabertum nach Europa vorgedrungen ist, und namentlich umfaßte eine menschliche Zusammengehörigkeit mit einer ziemlich großen Anzahl anderer, derselben arabischen Bevölkerung angehöriger Menschen.

Diese Individualität, die dann im 19. Jahrhundert als Friedrich Theodor Vischer gelebt hat, diese Individualität hat im 8. Jahrhundert einen engen Anschluß gesucht mit vielen, dem gleichen arabischen Volkstum und der gleichen arabischen Kultur angehörigen Menschen, die damals schon mit Europa stark in Berührung gekommen sind, fortdauernde Versuche gemacht haben, in Sizilien sich festzusetzen und harte Kämpfe bestehen mußten, das heißt, eigentlich mußten mehr die Europäer mit ihnen harte Kämpfe bestehen. An solchen Kämpfen hat diese Individualität in reichlichem Maße teilgenommen. Und man kann sagen, eine geniale Persönlichkeit war sie, in dem Sinne genial, wie man dazumal das Geniale auffassen konnte.

Nun, dies zunächst, diese Individualität im 8. Jahrhundert. Nun geht aber die Sache dann weiter. Als diese Persönlichkeit durch die Todespforte geht und das Leben zwischen dem Tod und einer neuen Geburt weiterlebt, da ist ja dann eine innige Gemeinschaft vorhanden, namentlich mit solchen Seelen, mit denen man auf Erden zusammen war. Das sind also jetzt die, von welchen ich Ihnen eben sagen konnte, daß unsere in Betracht kommende Individualität engere gesellige Zusammenhänge mit ihnen gesucht hat. Aber gerade unter den Menschen – es ist schwierig, für diese Dinge aus der Sprache, die ja natürlich für die irdischen Verhältnisse geformt ist, Ausdrücke zu finden, um die übersinnlichen Dinge zu charakterisieren –, mit denen nun unsere Individualität Zusammenhang hatte, nachdem sie und die anderen auch durch die Pforte des Todes gegangen waren, unter diesen Menschen bestand durch die ganzen folgenden Jahrhunderte bis herein ins 19. Jahrhundert ein Geistverband, ein geistiger Zusammenhang.

Sie werden schon aus jenem Karmavortrag, den ich vor acht Tagen gehalten habe, entnehmen, daß dasjenige, was auf Erden geschieht, vorher erlebt wird von den Wesenheiten der höchsten Hierarchien, von Cherubim, Seraphim und Thronen, und daß derjenige, der sein Leben durchlebt zwischen dem Tode und einer neuen Geburt, so heruntersieht, so auf einen geistig-seelischen Himmel heruntersieht, wie wir zum Himmel hinaufschauen. Da durchleben Seraphim, Cherubim und Throne, sagte ich Ihnen, dasjenige, was dann unser Schicksal wird, wenn wir wiederum heruntersteigen, was wir schicksalsgemäß realisieren.

Nun, in jenen Zusammenhängen, die sich da in der geistigen Welt ergeben, erlebte eben diese ganze Gesellschaft – die jetzt natürlich eine Geistgesellschaft war, in welche jene Individualität hineinversponnen war –, daß sie durch die Jahrhunderte hindurch zu bewahren hatten einen Fortschritt der Menschheit, ohne vom Christentum beeinflußt zu sein. Es wird Ihnen das, was ich damit sage, als etwas außerordentlich Merkwürdiges erscheinen; denn man hat so die Vorstellung, daß die Weltregierung auch so einfach ist, wie man als Mensch alles haben will und irgend etwas anordnen will. Die Weltregierung ist aber nicht so, sondern wenn auf der einen Seite mit dem Mysterium von Golgatha der allerkräftigste Impuls in die ganze Erdenentwickelung hineinversenkt wird, so ist auf der anderen Seite auch wiederum die Notwendigkeit da, nicht dasjenige, was vor dem Mysterium von Golgatha in der Erdenentwickelung war, sogleich zugrunde gehen zu lassen, sondern es fortströmen zu lassen, also das, ich will nicht sagen Antichristliche, aber Achristliche, das, was sich gar nicht kümmert um das Christentum, doch noch durch die Jahrhunderte fortströmen zu lassen.

Und die Aufgabe, diese Strömung für Europa zu tragen, gewissermaßen fortzusetzen die noch nichtchristliche Zeit in die Jahrhunderte des Christentums hinein, ist einer Anzahl von Leuten zugefallen, die im 8. Jahrhunderte, im 7., 8. Jahrhunderte in den Arabismus hineingeboren wurden, weil der eben nicht unmittelbar christlich war, aber auch nicht etwa so zurückgeblieben war wie die alten heidnischen Religionen, sondern immerhin mit den Jahrhunderten nach einer gewissen Richtung vorwärtsgegangen ist. Da waren eine Anzahl von Seelen hineingeboren, die sollten nun, unberührt von den irdischen Verhältnissen, in der geistigen Welt vorwärtstragen dasjenige, was der Menschengeist wissen kann, was der Menschengeist fühlen und empfinden kann, abgesondert vom Christentum. Die sollten gewissermaßen das Christentum erst später treffen, in späteren Epochen der Erdenentwickelung. Und das ist ja wirklich etwas außerordentlich Bedeutsames, etwas erschütternd Großartiges, eben zu sehen, wie da eine verhältnismäßig große Gesellschaft nun im Geistigen weiterlebt, und zwar abseits von der Entwickelung des Christentums, bis eben im 19. Jahrhundert diese Seelen in ihrer Mehrzahl herunterstiegen zur irdischen Inkarnation. Nun, das waren natürlich verschiedene Individualitäten, Individualitäten mit den allermannigfaltigsten Anlagen.

Der Schwaben-Vischer, Friedrich Theodor Vischer, war eine der ersten Seelen, die im 19. Jahrhunderte aus dieser Gesellschaft heruntergestiegen ist. Und er war eigentlich entzogen, stark entzogen der Möglichkeit, viel vom Christentum überhaupt zu erfahren. Dagegen war, als er noch im vorirdischen Dasein war, bei ihm die Möglichkeit vorhanden, gerade bei denjenigen geistigen Führern der Menschheit Impulse zu erlangen, die zwar dem

Christentum mehr oder weniger nahegestanden haben, aber in einem nicht eigentlich innerlich christlichen Sinne ihre Weltanschauung, ihre Lebensimpulse ausgebildet haben.

Es ist natürlich paradox, wenn man über diese Dinge so redet wie über irdische Dinge, aber ich sagte ja, ich will das Wagnis unternehmen. Für solch eine Seele wie diejenige, die wir jetzt im Auge haben, ist das Durchgehen durch diese Inkarnation im 7., 8. Jahrhundert eine ganz besonders gute Vorbereitung gewesen, um mit Seelen zusammenzuwachsen in der geistigen Welt wie mit der Seele Spinozas oder ähnlicher, namentlich einer großen Anzahl von nichtchristlichen Kulturträgern, die in jenen Jahrhunderten gestorben sind und in die geistige Welt hinaufgekommen sind, namentlich auch kabbalistischen Kulturträgern.

Und so vorbereitet, kam diese Seele – die anderen kamen nur etwas später – im 19. Jahrhundert ins irdische Dasein. Die anderen wurden alle, und zwar dadurch, daß sie etwas später kamen, Träger der naturwissenschaftlichen Gesinnung in der zweiten Hälfte des 19. Jahrhunderts. Denn tatsächlich, das ist das Geheimnis, meine lieben Freunde, für die sonderbare Entwickelung des naturwissenschaftlichen Denkens in der zweiten Hälfte des 19. Jahrhunderts, daß fast sämtliche Träger dieser mehr ursprünglich denkenden und fühlenden naturwissenschaftlichen Strömung in der zweiten Hälfte des 19. Jahrhunderts in ihrem vorigen Erdenleben, in ihrem bestimmenden Erdenleben, Araber waren, Genossen jener Individualität, die dann als Friedrich Theodor Vischer heruntergekommen ist. Nur ist Friedrich Theodor Vischer – gewissermaßen wie eine seelisch-geistige Frühgeburt – früher heruntergekommen.

Das ist auch tief begründet in seinem Karma durch seinen Zusammenhang mit denjenigen Seelen, mit denen Hegel Zusammenhang hatte, bevor er ins Erdenleben heruntergestiegen ist. Mit diesen Seelen hatte auch Friedrich Theodor Vischer schon im geistigen Leben Zusammenhang. Das übte auf ihn durch seine besondere individuelle Richtung einen Einfluß aus, namentlich für dasjenige, was Hegeltum auf der Erde war. Er wurde durch sein Hegeltum davor bewahrt, in eine mehr oder weniger ganz materialistisch-mechanistische Weltanschauung hineinzuwachsen. Wäre er etwas später geboren worden, wie die anderen Geistgenossen von ihm, so wäre er eben mit seiner Ästhetik auch in eine ganz gewöhnliche materialistische Richtung gekommen. So wurde er davor bewahrt durch dasjenige, was er durchgemacht hat im vorirdischen Leben und durch sein früheres Herunterkommen. Aber er konnte auch nicht daran festhalten. Deshalb hat er eben diese vernichtende Kritik seiner eigenen Ästhetik geschrieben, weil das ja nicht ganz seinem Karma entsprach, sondern als eine Wendung seines Karmas eingetreten ist. Ganz hätte es entsprochen seinem Karma, mit den entschieden bloß naturdenkerisch gesinnten Menschen der zweiten Hälfte des 19. Jahrhunderts, die seine Genossen im vorigen Erdenleben waren und dem Arabismus angehörten, geboren zu werden, mit denen derselben Gedankenrichtung zu sein.

Nun tritt das Eigentümliche ein: Durch eine Biegung des Karmas, die sich ausgleichen wird in späteren Erdenleben von Friedrich Theodor Vischer, wird er zunächst Hegelianer, das heißt, er wird herausgerissen, allerdings vorherbestimmt durch das vorirdische Dasein, aber nicht durch das Erdenkarma, herausgerissen aus der geradlinigen Richtung seines Karmas. Aber in einem gewissen Lebensalter hält er es nicht mehr aus. Er muß in sein Karma hinein. Er verleugnet seine fünfbändige Ästhetik, findet es ungeheuer verführerisch, die Ästhetik so aufzubauen, wie die Naturforscher es wollen. Er hat seine erste Ästhetik von oben nach unten geschaut, ist von den Prinzipien ausgegangen und dann zu dem Sinnlichen übergegangen. Das kritisiert er selber in Grund und Boden hinein. Er will jetzt die Ästhetik von unten nach oben bauen, von den Tatsachen ausgehend allmählich zu den Prinzipien aufsteigen. Und wir sehen ein ungeheures Ringen, sehen, wie er an der Vernichtung seiner eigenen ersten Ästhetik arbeitet. Wir sehen sein abgebogenes Karma, und wie er zurückgeworfen wird in sein eigentliches Karma, das heißt, zusammengeführt wird mit jenen, deren Genosse er war in einem vorigen Erdenleben.

Und ganz erschütternd bedeutsam ist es wirklich, zu sehen, wie eigentlich Friedrich Theodor Vischer niemals fertig wird mit diesem zweiten Bau seiner Ästhetik, wie auch etwas Chaotisches in sein ganzes Geistesleben hineinzieht. Ich habe Ihnen das Philiströse, dieses eigentümliche philisterhafte Verhalten auch zum Goetheschen «Faust» erzählt. Das alles kommt hinein, weil er sich unsicher fühlt und doch wiederum zurück will zu seinen alten Genossen. Man muß nur in Betracht ziehen, wie stark das Unbewußte arbeitet im Karma, dieses Unbewußte, das natürlich für einen höheren Grad des Anschauens dann ein Bewußtes ist. Aber man muß sich nur klar sein darüber: Wie haben gewisse naturforscherische Philister den Goetheschen «Faust» gehaßt! Erinnern Sie sich des Ausspruchs, den ich ihnen gestern von Du Bois-Reymond vorgeführt habe: daß Goethe gescheiter getan hätte, den Faust etwas erfinden zu lassen, statt ihn Geister beschwören zu lassen, den Erdgeist beschwören zu lassen, dann mit dem Mephisto zusammenzuführen, Mädchen zu verführen und sie nicht zu heiraten. Ja, das alles sind eigentlich für Du Bois-Reymond Kinkerlitzchen, und es handelt sich ihm darum, daß Goethe hätte sollen einen Helden zeichnen, der die Elektrisiermaschine, die Luftpumpe erfindet! – Gewiß, es würde dann auch ein richtiger sozialer Rückhalt gewesen sein, der Betreffende hätte ja auch Bürgermeister von Magdeburg dabei werden können. Und es wäre vor allen Dingen notwendig gewesen, daß nicht die Gretchen-Tragödie, diese anrüchige, dastünde, sondern daß eine richtige bürgerliche Hochzeit etwa statt der Kerkerszene da wäre. Nun, gewiß, es hat ja schon von einem gewissen Gesichtspunkte aus seine Berechtigung, selbstverständlich; aber Goethe hat das ja ganz sicher nicht gemeint.

Nicht wahr, Friedrich Theodor Vischer ist eben nicht mehr in völliger Sicherheit gewesen, als er, wie ich sagte, diese Abbiegung des Karmas erfahren hatte. Aber es drängte ihn immer wieder und wiederum zurück, und es war für sein Unbewußtes, trotzdem er dabei ein freier Geist war, immer ein Entzücken, wenn er die Philister auf den Goetheschen «Faust» schimpfen hörte. Dabei wird er natürlich geistreich; es ist wie ein Schneeballwerfen hinüber und herüber. Und gerade wenn man einen Menschen an den Dingen betrachtet, wo man mehr mit der Anschauung herankann, dann bekommt man die Imaginationen, die einen führen müssen hinter die Kulissen des sinnlichen Daseins. Die bekommt man heraus.

Es gibt zum Beispiel ein feines Bild. Da sind auf der einen Seite die Philister erster Ordnung, wie also zum Beispiel Du Bois-Reymond: Goethe hätte sollen den Faust als Bürgermeister von Magdeburg darstellen, die Elektrisiermaschine und die Luftpumpe erfinden, Gretchen heiraten lassen – nicht wahr, das sind die Philister erster Ordnung! Nun, das ist im Unterbewußten, weil ein karmischer Zusammenhang da ist. Das waren alles auch maurische Leute, die im Arabismus mit Friedrich Theodor Vischer drinnenstehenden Leute. Nun, es war anziehend für ihn, er fühlte sich verwandt, aber so war er es wiederum nicht; er war in der Zwischenzeit berührt worden von anderen Strömungen, die eben sein Karma abgebogen haben. Und nun, wenn die Philister erster Ordnung hinüberwarfen mit ihren Schneebällen, dann warf er zurück und sagte: Es soll einer eine Dissertation machen zum Beispiel über den Zusammenhang der Frostbeulen der Frau Christiane von Goethe mit den symbolisch-allegorisch-mythologischen Figuren im zweiten Teil des «Faust». Nicht wahr, das ist genial-philiströs, Philistrosität zweiter Ordnung.

Diese Dinge in ihrer Wertigkeit nehmen, das ist dann dasjenige, was einen hinwegführt von dem bloß Intellektuellen und einen dann eher an die Anschauung herankommen läßt. Nun, ich wollte Ihnen zunächst einen Hinweis darauf geben – ich werde auf diese Dinge noch weiter zurückkommen –, wie man das eine Erdenleben begreifen kann an vorhergehenden Erdenleben.

Von einer ungeheuren, erschütternden Bedeutung ist tatsächlich für mich einfach die Figur gewesen, die in Stuttgart herumgegangen ist. Ich habe Sie Ihnen gestern beschrieben: die wunderbaren blauen Augen, den etwas rötlich-bräunlichen Vollbart, die Arme etwa so haltend, diese Gestalt habe ich Ihnen beschrieben. Sehen Sie, nun war diese Anschauung da, auf die ich Sie jetzt hingewiesen habe, aber die physische Statur des Schwaben-Vischers, wie er in Stuttgart herumgegangen ist, die stimmte damit nun nicht, denn er sah wirklich auch für einen okkulten Blick nicht wie ein wiederverkörperter Araber aus. Und ich habe es immer wieder und wiederum fallengelassen, weil man schon tatsächlich auch gegen seine Schauungen einfach, skeptisch kann ich nicht sagen, sie sind ja da, aber mißtrauisch wird. Man will sie in der entschiedensten Weise bekräftigt haben. Ich habe es immer wieder und wieder fallenlassen, bis das Rätsel sich in der folgenden Weise löste:

Dieser Mann – es handelte sich auch in der damaligen Inkarnation um einen Mann –, dieser Mann hat diejenigen Menschen, die ihm vom Norden entgegenkamen, namentlich von Sizilien entgegenkamen, als sein Ideal betrachtet. Nun war in der damaligen Zeit die Möglichkeit, sich gewissermaßen zu ver-sehen an einem Menschen, der einem besonders gefiel, diese Möglichkeit war besonders groß. Und so bekam er seine Figur in der nächsten Inkarnation von denen, die er bekriegte. Das ist dasjenige, was dann, wie gesagt, von seiten der Statur die Lösung des Rätsels herbeigeführt hat.

Wir haben gestern eine zweite Persönlichkeit vor unsere Seele gerückt, Franz Schubert, im Zusammenhang mit seinem Freunde und Gönner, dem Freiherrn von Spaun, und im Zusammenhange mit seinem elementarischen Wesen, das auf der einen Seite in solch seltenen Fällen, wie ich Ihnen einen vorgeführt habe, aufbrausen konnte, zum Raufbold werden konnte, und das auf der anderen Seite außerordentlich zart war, wie ein Nachtwandler morgens beim Aufstehen seine schönsten Melodien hinschrieb. Man kommt außerordentlich schwer zu einem Bilde von dieser Persönlichkeit. Aber gerade der Zusammenhang mit Spaun ergibt in diesem Falle ein Bild. Denn bei Franz Schubert hat man durchaus, wenn man – wenn ich mich des Ausdrucks bedienen darf – im okkulten Felde rückschauend ihn finden will, das Gefühl, wenn ich mich trivial ausdrücken darf: der Schubert, der entschlüpft einem immer, wenn man in seine vorige Inkarnation zurückgehen will. Man kommt nicht leicht zurück, er entschlüpft einem.

Es ist wirklich etwas vom Gegenteil zu dem Schicksal, ich möchte sagen, der Schubert-Werke nach dem Tode von Franz Schubert, etwas, was wie der Gegensatz davon auftritt. Bei den Werken von Schubert, bei den Kompositionen war es ja so, daß, als Schubert eben gestorben war, ganz wenig von ihm bekannt war, ganz wenig den Leuten geläufig war. Dann vergingen immer Jahre, er wurde immer mehr und mehr bekannt, und es war schon ganz spät, in den siebziger Jahren, achtziger Jahren des 19. Jahrhunderts, da brachte jedes Jahr immer wiederum neue Werke von Franz Schubert. Es war interessant, denn Schubert wurde plötzlich, nachdem er lange tot war, der fruchtbarste Komponist. Es erschienen immer neue Werke von ihm. Da kam man eben immer wiederum auf den Schubert zurück.

Wenn man aber von Schuberts Leben im 19. Jahrhundert geistig zurückschaut in sein früheres Erdenleben, dann verlieren sich die Spuren. Man findet ihn nicht leicht.

Dagegen ist es immerhin möglich, verhältnismäßig leicht die Spuren zu finden für den Freiherrn von Spaun. Und diese Linie, die führt zurück in die Zeit auch des 8., 9. Jahrhunderts, aber nach Spanien. Und zwar war der Freiherr von Spaun ein kastilischer Fürst, der als außerordentlich weise galt, sich mit Astrologie, Astronomie im Sinne der damaligen Zeit beschäftigt hat, sogar astronomische Tafeln reformiert und geformt hat, und der in einer bestimmten Zeit seines Lebens aus seiner Heimat fliehen mußte, und gerade bei den stärksten Feinden der kastilischen Bevölkerung der damaligen Zeit, bei den Mauren, seine Zuflucht gefunden hat.

Und da muß er sich einige Zeit aufhalten nach seiner Flucht, und da entwickelt sich ein außerordentlich zartes Verhältnis zu einer maurischen Persönlichkeit, in der die Individualität des späteren Franz Schubert steckt. Und ganz gewiß wäre jener kastilische Fürst zugrunde gegangen, wenn dazumal nicht diese feingeistige Persönlichkeit unter den Mauren sich seiner angenommen hätte und ihm entgegengekommen wäre, so daß er doch eben einige Zeit noch das Erdenleben fortsetzen konnte, zur tiefsten Befriedigung der beiden.

Das, was ich Ihnen erzähle, ist so weit wie möglich von aller intellektualistischen Grübelei entfernt. Ich habe Ihnen sogar angedeutet, wie der Umweg war. Aber auf diesem Umweg wird man tatsächlich geführt dazu, daß in Franz Schubert eine wiederinkarnierte maurische Persönlichkeit steckt, und eine solche maurische Persönlichkeit, eine Persönlichkeit aus dem Kreise der Mauren, die damals ja ziemlich weit davon entfernt war, Musikalisches in der Seele zu verarbeiten, dagegen mit innerstem Hang alles dasjenige gerade verarbeitete, was in arabischer Kultur an feinem Künstlerischem und feinem, ich will nicht sagen Denkerischem, aber feinem Grübelndem herübergebracht worden ist von Asien, durch Afrika gegangen ist und dann in Spanien endlich gelandet ist.

Da bildete sich bei jener Persönlichkeit in der damaligen Inkarnation vor allen Dingen jene anspruchslose und doch wieder energische Seelenweichheit aus, die das, man möchte sagen, künstlerisch Phantasievolle, Somnambule, in der nächsten Inkarnation, in der Inkarnation von Franz Schubert, hervorzauberte. Auf der anderen Seite mußte diese Persönlichkeit aber auch an den schweren Kämpfen teilnehmen, die nun wiederum zwischen den Mauren und der nichtmaurischen Bevölkerung, der kastilischen, aragonischen Bevölkerung und so weiter waren. Und da bildete sich jene zurückgehaltene emotionelle Ader aus, die dann, ich möchte sagen, wie verhalten nur bei besonderen Gelegenheiten im Schubert-Dasein herauskam.

Und mir scheint, daß ebenso, wie man das letzte Erdenleben von Friedrich Theodor Vischer erst begreift, wenn man es auf dem Hintergrunde seines Arabismus schauen kann, man auch das ganz Eigentümliche der Schubertschen Musik, namentlich des Untergrundes mancher seiner Liederkompositionen, nur begreifen wird, wenn man eben da schon die Anschauung hat – ich habe sie nicht konstruiert, sie ergibt sich aus den Tatsachen –, wenn man schon die Anschauung hat: da ist Geistiges, Spirituelles, Asiatisches eine Weile durch die Wüstensonne beschienen worden, dann abgeklärt worden in Europa, dann durch die geistige Welt durchgegangen zwischen dem Tode und einer neuen Geburt, und dann in reiner Menschlichkeit, abgesehen von allen künstlichen sozialen Zusammenhängen, in einem armen Schullehrer wiedergeboren worden.

Die dritte Persönlichkeit, von der ich gestern gesprochen habe – wie gesagt, ich will jetzt zunächst diese Dinge andeuten, wir können auf manches noch zurückkommen –, die dritte Persönlichkeit, von der ich gesprochen habe, Eugen Dühring, sie war mir wirklich interessant aus dem Grunde, weil ich mich als junger Mann außerordentlich viel mit Dühringschen Schriften befaßt habe. Ich war von Dührings physikalischen und mathematischen Schriften, insbesondere seinen Schriften: «Neue Grundmittel und Erfindungen zur Analysis, Algebra, Funktionsrechnung und zugehörigen Geometrie», von seiner Behandlung des Gesetzes von korrespondierenden Siedetemperaturen, ich war von diesen Dingen entzückt. Ich habe mich rasend geärgert bei solch einem Buch wie «Sache, Leben und Feinde», wo er eine Art Selbstbiographie schreibt. Das ist eigentlich etwas schrecklich Selbstgefälliges, aber wirklich Genial-Selbstgefälliges; gar nicht zu reden von etwas, was an die wüstesten Pamphlete erinnert, wie «Die Überschätzung Lessings und dessen Anwaltschaft für die Juden». Wiederum konnte ich die «Kritische Geschichte der allgemeinen Prinzipien der Mechanik» bewundern, solange noch nicht der Löwe drinnen war, sondern nur die Klauen des Löwen. Es wirkte doch etwas unangenehm, es ist zuviel in einer Mechanikgeschichte, nicht wahr, von all den Klatschereien, sagen wir, der Frau Helmholtz geredet, denn es kam bei dem Betreffenden weniger an auf den Hermann Helmholtz, den Dühring so viel beschimpft, sondern es kam eigentlich an auf das Schwätzen – ja, des Kreises der Frau Helmholtz. Aber gut; das sind solche Dinge. Schwätzen tun selbst die verschiedensten Kreise. Schwätzen tun ja selbst die verschiedensten Kreise der Anthroposophen. Trotzdem seit Weihnachten ein neuer Zug sein sollte, kann man verschiedenes, was da und dort geschwätzt wird in Anthroposophenkränzchen, was recht sehr überflüssig ist, und unter Umständen schon noch auch für die betreffenden Schwätzer und Schwätzerinnen unangenehm werden könnte, man kann es selbst da erfahren. Aber wie gesagt, ich habe alle Nuancen, einen Menschen zu verehren, zu schätzen, zu kritisieren, über ihn mich zu ärgern, durchlebt an den Schriften von Dühring. Daß man da sehen möchte auf den Hintergrund wenigstens des nächstvorigen Erdenlebens, wie sich so etwas entwickelt hat, das werden Sie begreiflich finden.

Aber auch hier war es wiederum nicht leicht, und es traten zunächst – ich möchte auch nicht damit zurückhalten, diese Dinge zu erwähnen –, es traten zunächst Blender auf. Man kriegt ja immer, wenn man gerade an solche Untersuchungen herangeht, allerlei Impressionen, manchmal auch furchtbare Impressionen. Ich saß selbst einmal an einem Kaffeehaustisch in Budapest, da waren versammelt der wiederverkörperte Joseph II., Friedrich der Große, die Marquise von Pompadour, Seneca, der Herzog von Reichstadt, Marie Antoinette, und dann kam noch Wenzel

Kaunitz während des Abend dazu. Die waren an diesem Kaffeehaustisch, das heißt, die Leute hielten sich dafür, waren der Meinung, daß sie das seien. Also ich meine, es kommt ja immer so irgendetwas heraus, wenn die Leute grübeln, oder anfangen, mit irgendeinem hellseherischen Unfug die Sache zu machen oder dergleichen. Wie gesagt, es kommen leicht Blender, weil es sich da manchmal wirklich darum handelt, von dem prägnantesten Punkt im Leben irgendeines Menschen, das heißt in einem bestimmten Erdenleben, auszugehen, um angemessen zurückgeführt zu werden. Und bei Dühring wollte mir das lange nicht gelingen, irgendeinen prägnanten Punkt zu finden.

Da habe ich denn folgendes gemacht. Ich vergegenwärtigte mir dasjenige, was mir zunächst das Allersympathischste an ihm war: das ist seine mechanistisch-materialistische, aber doch eigentlich wiederum in einem gewissen Sinne wenigstens intellektuell-geistige Weltauffassung. Ich überlegte mir, wie das alles mit einer endlichen Raumeswelt, mit einer endlichen Zeitwelt zu tun hat, konstruierte also die ganze Dühringsche Weltanschauung nach. Das kann man ja leicht tun. Wenn man damit nun geht und in der Rückwärtsbetrachtung nach früheren Inkarnationen sieht, da ergeben sich unzählige Inkarnationen und wiederum Blendung. Ja, man findet nichts; es ergeben sich unzählige Inkarnationen, die sind natürlich nicht und können nicht in solcher Anzahl da sein: es sind bloße Spiegelungen der gegenwärtigen Inkarnation. Denn geradeso wie wenn Sie in einem Saale hier einen Spiegel haben und dort einen, so sehen Sie da ins Endlose hinein gespiegelt. Da kam ich denn darauf, mir intensiv die Vorstellung zu bilden: Wie nimmt sich, ganz klar gedacht, diese Weltanschauung aus, die der Dühring hat? Ich lasse jetzt alles weg, was aus gehässiger Kritik, Schimpfiererei oder sonstigem Trivialismus besteht, ich lasse das alles weg, ich nehme das Großartige, das mir noch immer als Weltanschauung genügend antipathisch ist, das mir aber durch die Art und Weise, wie Dühring es vertrat, sympathisch war – ich stelle mir das lebhaft vor. Aber nun gehe ich daran, mir klar die Realität bei Dühring zu bilden. Er sieht das doch alles von einem bestimmten Jahre an als Blinder! Ein Blinder sieht die Welt eben gar nicht! Er stellt sie daher anders vor als ein Sehender. Und in der Tat, die gewöhnlichen, ich möchte sagen, Alltagsmaterialisten, Alltagsmechanisten, die unterscheiden sich von Dühring. Der Dühring ist ihnen gegenüber genial. Wirklich, alle diese Leute, die da Weltanschauungen aufgebaut haben, der dicke Vogt, Büchner, Moleschott, Spiller, Wießner, wie sie alle heißen – ja, nicht wahr, zwölf Dutzend geben eben zwölf Dutzend –, das alles ist doch noch etwas anderes als die Art und Weise, wie Dühring diese Weltanschauung aufbaut. Man sieht auch, daß er schon die Anlage, das Hinstoßen gehabt hat auf eine besondere Gestalt von dieser Weltanschauung, als er noch sehen konnte, und daß diese Weltanschauung eigentlich erst für ihn paßte, als er nicht mehr sehen konnte, als der Raum um ihn herum verfinstert war. Denn in den finsteren Raum paßt eigentlich alles das hinein, aus dem sich Dühring die Welt konstruiert hat. Man hat etwas Unrichtiges, wenn man sich vorstellt: Das hat einer gemacht, der gesehen hat.

Nun denken Sie sich, es ist jetzt bei Dühring eine ungeheure Wahrheit – wie gesagt, andere haben auch solche Weltanschauungen aufgebaut, hundertvierundvierzig gehen auf zwölf Dutzend von solchen Leuten, die solche Weltanschauungen bauen –, aber bei Dühring ist es doch anders, bei Dühring ist es eine Wahrheit: Die anderen sehen und machen Weltanschauungen wie die Blinden; Dühring ist blind und macht die Weltanschauung wie ein Blinder. Das ist nun etwas ungeheuer Frappierendes. Und kommt man einmal darauf, sieht man diesen Menschen an und weiß: Hier war einer innerlich aus seelischer Entwickelung wie ein Blinder, der nun mechanistisch wird deshalb, weil er blind ist. Dann findet man ihn wiederum zunächst – und zwar kommen hier zwei Inkarnationen in Betracht –, man findet ihn inmitten derjenigen Bewegung im christlichen Osten als einen, der, so um das 8.,

9. Jahrhundert herum, bald den Abbau alles Bildhaften protegiert, Bilderstürmer wird, bald wiederum die Bilder in ihre Rechte einsetzt. In Konstantinopel namentlich entwickelt sich dieses Kämpfen um eine Bilderreligion oder bilderfreie Religion. Da finden wir nun die spätere Dühring-Individualität als einen Menschen, der mit allem Enthusiasmus für ein bilderfreies Kulturleben stürmt, mit einer richtigen Landsknechtnatur. Und ich möchte sagen, rein im physischen Kampf sieht man nun alles das bei ihm, was später in Ausdrücken zutage tritt.

Mir war etwas ungeheuer interessant: Im zweiten Bändchen der Julius-Robert-Mayer-Schrift, da findet sich ein eigentümliches Wort. Man bekommt ja die Sache anschauungsgemäß! Dühring hatte als Bilderstürmer eine besondere Art, den Säbel zu bewegen, diesen eigentümlichen Krummsäbel, der ja auch dazumal sich schon nach und nach ausbildete. Ich fand einen Einklang – nicht wahr, es kommt da wirklich auf bildhafte Einzelheiten an – mit einem Wort in dem Julius-Robert-Mayer-Buch. Das ist ein Kapitel, das heißt: «Schlichologisches», Schlichologisches im deutschen Universitätsleben und so weiter! Da wo man Streiche macht, wo man von der Seite hineinkommt: Schlichologisches!

Geradeso, wie er den schönen Ausdruck «Intellektuaille» gebildet hat im Anklang an Kanaille, so bildet er «Schlichologisches». Er erfindet die mannigfaltigsten Worte. Man kann, wie gesagt, an solchen scheinbar untergeordneten Dingen viel sehen. Und so paradox es scheinen mag, man kommt eigentlich nicht auf den Zusammenhang der verschiedenen Erdenleben, wenn man nicht einen Sinn hat, in Symptomen etwas zu sehen. Wer nicht aus der Art und Weise, wie ein Mensch geht, oder wie ein Mensch auftritt mit den Sohlen, auf seinen Charakter schließen kann, der wird nicht leicht in solchen Dingen, wie ich sie jetzt vortrage, Fortschritte machen. Man muß schon die Art und Weise, wie da diese Individualität den Säbel dazumal bewegt hat, hineinspringen sehen in die Worte, die er dann bildete.

Und nun ist es gerade dieser Dühring, der eigentlich so viel schimpfte, namentlich auf die gelehrten «Verlehrten»! Er sagte, lieb wär es ihm schon, wenn er gar nicht mehr Namen haben müßte, die an die alte Wissenschaftlichkeit erinnern. Er will keine Logik haben, will eine Anti-Logik haben, keine Sophia, eine Anti-Sophia, er will keine Wissenschaft haben, will eine Anti-Wissenschaft haben. Das wäre ihm eigentlich am liebsten, alles «anti» zu machen; er spricht das ausdrücklich aus. Nun, dieser Mann, der also so furchtbar geschimpft hat auf alles Gelehrte, war gerade in der Inkarnation, die wiederum wie hinter dieser landsknechtmäßigen Bilderstürmer-Inkarnation dasteht, in der dahinterstehenden Inkarnation also, noch innerhalb der Schule der griechischen Stoiker, ein richtiger griechischer stoischer Philosoph. Gerade Dühring war im Altertum das, über was er am meisten schimpft: Er war in der dritten, zweitvorangehenden Inkarnation durchaus Philosoph, und zwar stoischer Philosoph, also einer derjenigen Philosophen, die sich zurückzogen vom Erdenleben.

Aber mir war das dazumal zunächst aufgegangen: Ungeheuer viele Gedankenformen, die bei Dühring sich finden, finden sich bei den Stoikern! Es ist nur nicht immer so einfach! Über die Form von Gedanken bei den Stoikern und bei Dühring könnte ein ganzes Seminar Dissertationen machen.

Man kommt also zunächst auf das Bilderstürmer-Zeitalter, im 9. Jahrhundert etwa, im europäischen Osten, wo Dühring eben ein Bilderstürmer war, und dann ins 3. vorchristliche Jahrhundert, in die alte stoische Zeit des Griechentums zurück.

Und nun ist es wirklich wiederum erschütternd: Der Stoiker, der anspruchslos wird im Leben, sich zurückzieht vor demjenigen, was nicht unmittelbar für das Leben notwendig ist, der resigniert, der resigniert im Laufe des zweitnächsten geistigen Lebens auf das Augenlicht im Erdenleben. Und darinnen wird er wahr. Und er ist es dann, der die Blindheit der modernen Weltanschauung in einer grandiosen Weise zur Darstellung bringt.

Wie man sich auch stellt zu der Dühringschen Weltanschauung, das ist das Tragisch-Erschütternde, daß Dühring in seiner Persönlichkeit die Wahrheit der Weltanschauung des 19. Jahrhunderts ist, und diese Wahrheit spricht Dühring durch seinen Menschen aus. Dieser Stoiker, der in die Welt nicht schauen wollte, wurde blind; dieser Bilderstürmer, der die Bilder vernichten wollte, kann nicht leiden irgendein Bild, macht die Literaturgeschichte, macht die Dichtung zu dem, was sie eben geworden ist in seinen zwei Büchern über Literaturgrößen, wo nicht nur Goethe und Schiller herausfallen, wo höchstens noch Bürger eine bestimmte Rolle spielt. Da wird wahr, was sonst verlogen ist. Denn sonst wird behauptet durch die Menschen: Der Mechanismus, der Materialismus der zweiten Hälfte des 19. Jahrhunderts, der sieht! Nein, das ist die Unwahrheit, er sieht nicht, er ist blind, und Dühring stellt ihn in seiner Wahrheit dar!

So stellt denn eine repräsentative Persönlichkeit, richtig betrachtet an ihrem Ort, zu gleicher Zeit das welthistorische Karma dar, das Karma, das die Zivilisation selber in ihrer Weltanschauung der zweiten Hälfte des 19. Jahrhunderts hatte.

Von diesen Dingen werden wir dann das nächste Mal weiterreden.

NEUNTER VORTRAG

DORNACH, 15. MÄRZ 1924

Wir stehen in der Besprechung des Karmas, der Wege des menschlichen Schicksals, und haben schicksalsmäßige Zusammenhänge im letzten Vortrage betrachtet, die doch wohl geeignet sein können, einiges Licht zu werfen auf die Art und Weise, wie das Schicksal durch die verschiedenen Erdenleben hindurch wirkt. Ich habe mich entschlossen, trotzdem damit natürlich ein bedenklicher Entschluß notwendig war, über solche Einzelheiten karmischer Zusammenhänge einmal zu sprechen, und möchte auch mit solchen Betrachtungen ein wenig fortfahren.

Sie werden gesehen haben, wie bei der Besprechung karmischer Zusammenhänge es notwendig geworden ist, manche Einzelheiten im Leben und Wesen des Menschen zu besprechen, an denen man sonst vielleicht unaufmerksamer vorübergeht. So habe ich Ihnen eine solche Einzelheit im Herübergehen von körperlichen Eigentümlichkeiten der einen Inkarnation in eine gewisse seelische Verfassung der nächsten Inkarnation bei Dühring gezeigt. Es ist eben durchaus so, daß wenn man für das Menschenwesen an die geistigen Welten herandringt, auf der einen Seite alles Geistige seine Abstraktheit verliert, es wird kraftvoll, es wird impulsiv wirksam eben. Dagegen das Körperliche, dasjenige, was im Menschen auch körperlich zum Ausdruck kommt, verliert seine, ja, man kann eigentlich sagen, Stofflichkeit, bekommt eine geistige Bedeutung, bekommt einen gewissen Platz im ganzen Zusammenhang des menschlichen Lebens.

Wie wirkt denn eigentlich das Schicksal? Das Schicksal wirkt ja so, daß es aus der ganzen Einheit des Menschen heraus wirkt. Was der Mensch sich aufsucht im Leben aus einem Karmadrang heraus, was sich dann schicksalsmäßig gestaltet, das liegt ja daran, daß die Kräfte des Schicksals, die von Leben zu Leben gehen, die Blutzusammensetzung in ihrer Feinheit bewirken und bedingen, daß sie die Nerventätigkeit innerlich regeln, daß sie aber auch die seelisch-instinktive Empfänglichkeit für dies oder jenes anregen. Und man dringt nicht leicht in das Innere von schicksalsmäßigen, karmischen Zusammenhängen ein, wenn man nicht – natürlich immer vom seelischen Auge ist dabei gesprochen – Interesse hat für die einzelnen Lebensäußerungen eines Menschen. Wirklich, für die karmische Betrachtung ist es geradeso wichtig, Interesse zu haben für eine Handbewegung wie für eine geniale geistige Begabung. Es ist ebenso von Wichtigkeit, beobachten zu können – natürlich auch von der geistigen Seite her, nach astralischem Leib und Ich –, wie ein Mensch sich niedersetzt, wie beobachten zu können, sagen wir, wie er seinen moralischen Verpflichtungen nachkommt. Es ist ebenso wichtig, ob ein Mensch gerne die Stirne runzelt oder leicht die Stirne runzelt, wie es wichtig ist, ob er fromm oder unfromm ist. Es ist eben vieles von dem, was einem im gewöhnlichen Leben unwesentlich erscheint, außerordentlich wichtig, wenn man das Schicksal zu betrachten beginnt, wie es sich von Erdenleben zu Erdenleben hinwebt, und manches von dem, was einem als ganz besonders wichtig erscheint bei diesem oder jenem Menschen, das wird von einer geringeren Bedeutung.

Nun ist es im allgemeinen Menschenleben nicht so leicht, sagen wir, zum Beispiel auf körperliche Eigentümlichkeiten zu achten. Sie sind da, und man muß sich darauf eingeschult haben, natürlich ohne verletzend zu werden für seine Mitmenschen, und verletzend ist es, wenn man seine Mitmenschen betrachtet von dem Gesichtspunkte aus, um sie eben zu betrachten. Das sollte eigentlich niemals der Fall sein, sondern es sollte sich alles das, was nach dieser Richtung getan wird, ganz von selbst ergeben. Aber wenn man die Aufmerksamkeit geschult hat, dann ergeben sich auch schon im allgemeinen Menschenleben für jeden Menschen besondere Eigentümlichkeiten, die zu den Kleinigkeiten gehören, und die für die karmische Betrachtung im eminentesten

Sinne von Bedeutung sind. Aber so recht eindringlich beobachten kann man die Menschen in bezug auf ihre karmischen Zusammenhänge doch nur, wenn man auf signifikante Eigentümlichkeiten hinweisen kann.

Für mich war vor Jahrzehnten eine außerordentlich interessante Persönlichkeit, sowohl mit Bezug auf das innere geistige Leben dieser Persönlichkeit wie auch in bezug auf das äußere Leben, der Philosoph Eduard von Hartmann. Tiefgehendes Interesse brachte ich gerade diesem Philosophen entgegen. Wenn ich nun aber sein Leben betrachte, so, daß diese Betrachtung hinlenkt zu einer karmischen Betrachtung, so muß ich mir das, was dabei wertvoll ist, etwa in der folgenden Weise vor die Seele stellen. Ich muß mir sagen, Eduard von Hartmann, der Philosoph des Unbewußten, hat eigentlich in einer zunächst explosiven Art in der Philosophie gewirkt. Es ist ja wirklich so: Solch ein explosives Wirken auf geistigem Gebiete ist von den Menschen des 19. Jahrhunderts – verzeihen Sie, wenn ich kritisiere, aber die Sache ist nicht so schlimm gemeint – mit einem großen Phlegma aufgenommen worden. Die Menschen des 19. Jahrhunderts, natürlich auch des angebrochenen 20. Jahrhunderts, sind ja nicht aus ihrem Phlegma herauszubringen in bezug auf das, was eigentlich innerlich die Welt bewegt. Enthusiasmus ist eigentlich wirklich kaum in tiefgehender Art in diesem unserem geistig so phlegmatischen Zeitalter zu finden.

Ich mußte zum Beispiel eine historische Tatsache in einer anderen Vortragsserie in diesen Zeiten einmal schildern: den Zusammenstoß der römischen Welt mit der nördlichen germanischen Welt zur Zeit der Völkerwanderung, zur Zeit, als das Christentum nach dem Norden sich ausgebreitet hat von den südlichen, griechisch-lateinischen Gegenden her. Man muß diese physischen Vorfahren der mitteleuropäischen Welt und der südeuropäischen Welt nur richtig vor sich haben, dann bekommt man schon einen Eindruck davon, wieviel menschliche Impulsivität einmal in der

Welt war. Da war es schon so, daß das Miterleben mit den geistigen Mächten der Natur ein ganz reges war unter den verschiedenen germanischen Stämmen, auf welche die Römer trafen in den ersten Jahrhunderten der christlichen Zeitrechnung. Diese Menschen haben ganz anders sich verhalten zum Geistigen. Sie waren zum großen Teile noch mit einer instinktiven Hinneigung zum Geistigen durchaus behaftet. Und während wir heute meistens mit einem Phlegmatismus reden, so daß einfach ein Wort auf das andere folgt, wie wenn das gar nichts wäre, wenn man redet, haben diese Leute dasjenige, was sie erlebt hatten, auch in die Sprache hineinergossen. Da war für diese Leute das Wehen des Windes ebenso die physische Geste einer geistigen, seelischen Äußerung, wie wenn der Mensch seinen Arm bewegt. Man nahm wahr dieses Wehen des Windes, das Flackern des Lichtes im wehenden Winde als den Ausdruck des Wodan. Und wenn man diese Tatsachen in die Sprache hineinnahm, wenn man diese Dinge in die Sprache hineinlegte, so legte man den Charakter dessen, was man erlebte, in die Sprache hinein. Wenn wir es in der modernen Spra- Tafel 14
che ausdrücken wollten: Wodan *weht* im Winde – ähnlich hat es ja auch in der alten Sprache geheißen, das Wehen, es ergießt sich auch durch die Sprache –, nehmen Sie dieses Miterleben, das bis in die Sprache hinein erzittert und hineinwallt! Wenn dann der Mensch hinaufschaut, den Donner gewahr wird, der aus den Wolken erdröhnt, und hinter dieser Gebärde, hinter dieser Naturgebärde des Donners die entsprechende geistige Wesenhaftigkeit schaut und das Ganze zum Ausdrucke bringt: Donner oder Donar *dröhnt* im Donner – da ist in die moderne Sprache hineinergossen, was in einer ähnlichen Weise in der alten Sprache erklungen hat. Und dann, ebenso wie gefühlt haben diese Menschen in den Naturwirkungen das Geistige und es ausgedrückt haben in ihrer Sprache, so drückten sie aus, wenn sie zum Kampfe gingen, die helfende Gottheit, die in ihren Gliedern lebte, die in ihrem ganzen Gebaren lebte. Und da hatten sie ihren Schild, ihren mächtigen

Schild, und da stürmten sie, könnte man sagen, die Worte hin, indem sie den Schild verhielten. Und die ganze Tatsache dessen, daß sie, sei es einen guten, sei es einen dämonischen Geist hineinstürmten in die Sprache, die wiederum in mächtigem Anprall sich verdumpfte und erhöhte und gewaltig wurde, die drückte auch aus dasjenige, was sie wollen, im Vorstürmen: Ziu zwingt Zwist! – Das hinter dem Schild gesprochen, mit all der Kampfeswut und Kampfeslust, das gab einen Sturm! Sie müssen sich das denken aus Tausenden von Kehlen auf einmal an die Schilde angesprochen. In den ersten Jahrhunderten, wo der Süden mit Mitteleuropa zusammenkam, da war nicht so sehr das, was äußerlich im Kampfe wirkte, das eigentlich Wirksame, sondern da war es dieses mächtige Gebrause, das sich entgegenstürzte den Römern. In den ersten Zeiten war es schon so, daß dann eine heillose Angst sich der von Süden herankommenden Völker bemächtigte. Die Knie zitterten vor dem «Ziu zwingt Zwist», das tausend Kehlen hinter den Schilden brüllten.

Und so muß man schon sagen: Gewiß, diese Menschen sind wieder da, aber sie sind phlegmatisch geworden! Gar mancher hat dazumal gebrüllt und ist heute phlegmatisch geworden, im höchsten Grade phlegmatisch geworden, hat die innere Seelenattitüde des 19. und 20. Jahrhunderts angenommen. Wenn aber die Kerle aufstehen würden, die dazumal gebrüllt haben in ihrer damaligen Seelenverfassung, so würden sie sogar ihrer heutigen Inkarnation die Zipfelmütze aufsetzen und würden sagen: Dasjenige, was da in den Menschen an Phlegmatismus ist, den man nicht aufrütteln kann, das gehört unter die Zipfelmütze, unter die Schlafmütze, das gehört eigentlich ins Bett, nicht auf den Schauplatz des menschlichen Handelns!

Ich sage das nur aus dem Grunde, weil ich damit andeuten will, wie wenig Geneigtheit vorhanden war, etwas so Explosives wie das, was Eduard von Hartmann in seiner «Philosophie des Unbewußten» gebracht hat, zum Gefühl zu bringen. Zunächst hat er natürlich davon gesprochen, daß alles, was bewußt im Menschen ist, das bewußte Denken, eine geringe Bedeutung hat gegenüber dem, was unbewußt im Menschen waltet und webt, und unbewußt in der Natur waltet und webt, was nicht durch das Bewußtsein gehoben werden kann, niemals in das Bewußtsein eindringt. Von einer hellsichtigen Imagination, Intuition, hat ja Eduard von Hartmann nichts gewußt, nicht gewußt, daß das Unbewußte eindringen kann in die menschliche Erkenntnis. So hat er eben darauf verwiesen, wie das eigentlich Wesentliche im Unbewußten bleibt. Aber gerade aus diesen Untergründen heraus war er der Anschauung, daß die Welt, auf der wir leben, die denkbar schlechteste ist. Und den Pessimismus hat er weitergetrieben als Schopenhauer, und er hat gefunden, daß eigentlich der Gipfel der Kulturentwickelung darin bestehen müßte, diese ganze Erdenevolution eines Tages zu vernichten, so schnell als möglich sie zu vernichten. Er sagte nur, er wolle nicht darauf bestehen, daß man es schon morgen tut, weil dann nicht Zeit genug ist, all das anzuwenden, was notwendig ist, um die Erde nun wirklich so weit zu vernichten, daß keine menschliche Zivilisation, die ja nichts wert ist auf der Erde, mehr da sei. Und er träumte davon – das steht in der «Philosophie des Unbewußten» –, wie die Menschen dazu kommen werden, eine große Maschine zu erfinden, die sie tief genug in die Erde hinein versetzen können, damit diese Maschine eine mächtige Explosion hervorruft und die ganze Erde hinausexplodiert, hinaussplittert in den Weltenraum.

Gewiß, es waren manche Menschen begeistert für diese «Philosophie des Unbewußten». Aber wenn sie von so etwas sprechen, dann sieht man nicht, daß sie in ihrem ganzen Menschen ergriffen sind davon. So etwas kann gesagt werden! Das ist doch etwas Mächtiges, wenn so etwas gesagt werden kann! Die Menschen sprechen das so aus, als wenn sie «ad notam» sagen würden, und das ist eben das Entsetzliche.

Aber das trat eben auf, solch einen Philosophen gab es. Und dann betrachtete dieser Philosoph die Dinge der menschlichen Sittlichkeit auf der Erde. Und dieses Werk über die «Phänomenologie des sittlichen Bewußtseins» war sogar das, was mich am tiefsten interessiert hat. Er hat dann auch ein Werk über das religiöse Bewußtsein geschrieben, hat eine Ästhetik geschrieben, hat vieles geschrieben. Und all das war zunächst gerade dann, wenn man nicht mitgehen konnte, etwas außerordentlich Interessantes.

Nun kann man natürlich schon Begierde darnach haben, zu wissen, wie steht es mit dem schicksalsmäßigen Zusammenhang bei einem solchen Menschen? Da wird man vielleicht zunächst versucht sein, so recht auf seine Philosophie einzugehen. Man wird versuchen, aus den philosophischen Gedanken heraus etwas zu erraten in bezug auf seine früheren Erdenleben. Da wird man aber nichts finden. Aber es war mir doch gerade solch eine Persönlichkeit interessant, im höchsten Grade interessant.

Und sehen Sie, dann, wenn man eben, ich möchte sagen, Okkultismus im Leibe hat, dann ergeben sich die Anregungen, in der richtigen Weise hinzuschauen. Und da liegt ja eine Tatsache vor: Eduard von Hartmann war zunächst Soldat, Offizier. Immer erschien im Adressenbuch Kürschner neben seinem Dr. phil. und so weiter als Angabe seiner Charakteristik auch Premierleutnant, bis zu seinem Tode. Eduard von Hartmann war preußischer Offizier zunächst, und er soll ein sehr guter Offizier gewesen sein.

Sehen Sie, das erschien mir von einem Tage an in bezug auf die menschlichen Schicksalszusammenhänge viel wesentlicher als die Einzelheiten seiner Philosophie. Die Einzelheiten seiner Philosophie, nun, da hat man, nicht wahr, die Tendenz, das oder jenes anzunehmen, das oder jenes zu widerlegen. Aber das ist ja nichts so Bedeutsames; das kann jeder, der ein bißchen Philosophie gelernt hat. Da kommt auch nicht so viel Besonderes dabei heraus. Aber sich nun zu fragen: Wie kommt es, daß da ein preußischer Offizier war, der ein guter Offizier war, der sich um Philosophie während seiner Offizierszeit wenig, recht wenig gekümmert hat, sondern mehr um die Übungen mit dem Säbel gekümmert hat, wie kommt es, daß der nun gerade ein repräsentativer Philosoph seines Zeitalters wird? Und wodurch ist er das geworden?

Ja, sehen Sie, meine lieben Freunde, er ist es dadurch geworden, daß er durch einen Krankheitsfall, durch einen Erkrankungsfall ein Knieleiden bekommen hat, pensioniert werden mußte und an diesem Knieleiden nun sein ganzes späteres Leben laborierte. Er war zu Zeiten ganz am Gehen verhindert, darauf angewiesen, die Beine ausgestreckt zu halten, wenig zu gehen, zu sitzen, auf einem Sofa zu sitzen. Und da schrieb er denn, nachdem er die zeitgenössische Bildung in sich aufgenommen hatte, ein philosophisches Werk nach dem anderen. Die Hartmannsche Philosophie ist ja eine ganze Bibliothek. Er schrieb also viel.

Mir wurde aber, indem ich die Persönlichkeit betrachtete, von einer ganz besonderen Wichtigkeit eines Tages das Knieleiden, der Eintritt des Knieleidens. Das interessierte mich viel mehr, daß der Mann in einem bestimmten Lebensalter zu einem Knieleiden gekommen ist, als mich sein transzendentaler Realismus interessierte, oder daß er sagte: Erst gab es die Religion des Vaters, dann die Religion des Sohnes, und in der Zukunft kommt die Religion des Geistes. – Das sind geistreiche Dinge, aber die sind ja mehr oder weniger im geistreichen 19. Jahrhundert auf der Straße zu finden gewesen. Aber daß einer Philosoph wird dadurch, daß er ein Knieleiden bekommt als Leutnant, das ist eine ganz bedeutende Tatsache. Und ehe man nicht auf solche Dinge zurückgehen kann, solange man sich blenden läßt durch das, was scheinbar das Hervorstechendste ist, so lange kommt man nicht auf die karmischen Zusammenhänge.

Und als ich in der richtigen Weise mit der ganzen Persönlichkeit das Kniegebrechen zusammenbringen konnte, da eröffnete sich mir der Blick auf das, was an dieser Persönlichkeit eigentlich als Schicksalsgemäßes aufgetreten ist. Da konnte ich zurückgehen.

Nicht vom Kopfe Eduard von Hartmanns, sondern von seinem Knie aus fand ich den Weg zu seinen früheren Inkarnationen. Bei anderen Menschen geht es von der Nase aus und so weiter. Es ist in der Regel nicht dasjenige, was man für das Erdenleben zwischen Geburt und Tod als das Wichtigste nimmt.

Nun, wie ist dieser Zusammenhang? Sehen Sie, der Mensch, wie er sich im Erdenleben darstellt, ist ja eigentlich auch schon als physisches Wesen, ich habe wiederholt darauf aufmerksam gemacht, eine dreigliedrige Wesenheit. Er hat seine Nerven-Sinnesorganisation, die hauptsächlich im Kopfe, im Haupte konzentriert ist, die sich aber über den ganzen Menschen erstreckt. Er hat seine rhythmische Organisation, die insbesondere deutlich als Rhythmus der Atmung, als Blutzirkulation herauskommt, die aber sich wiederum über den ganzen Menschen erstreckt und in allem sich ausdrückt, und er hat seine motorische, mit dem Stoffwechsel zusammenhängende Gliedmaßenorganisation, die mit dem Verbrauch des Stoffwechsels, mit dem Ersatz der Stoffe und so weiter zusammenhängt. Der Mensch ist ein dreigliedriges Wesen.

Und dann wird man mit Bezug auf den ganzen Lebenszusammenhang gewahr: im Durchgehen durch Geburten und Tode ist dasjenige, was man jeweilig im Erdenleben als das Wichtigste hält, der Kopf, von einer verhältnismäßig geringen Bedeutung bald nach dem Tode. Der Kopf, der im Physischen das Menschlichste am Menschen ist, erschöpft ja auch im Physischen seine Wesenheit ganz stark; während für die übrige Organisation des Menschen, die im Physischen minderwertig ist, gerade im Geistigen das Höhere da ist. Im Kopf ist der Mensch am meisten physischer Mensch und am wenigsten geistiger Mensch. Dagegen ist er in den anderen Gliedern seiner Organisation, in der rhythmischen und in der Gliedmaßenorganisation, geistiger. Am geistigsten ist der Mensch in dem Motorischen, in der Tätigkeit seiner Glieder.

Und nun ist es so, daß dasjenige, was im Menschen Kopfbegabung ist, verhältnismäßig bald nach dem Tode sich verliert. Dagegen das, was im Unbewußten an Geistig-Seelischem den unteren Organisationen angehört, das wird besonders wichtig zwischen dem Tode und einer neuen Geburt. Aber während es im allgemeinen so ist, daß von einem Erdenleben ins nächste Erdenleben hinein die außer dem Kopf befindliche Organisation ihrer Gestalt nach, ihrem geistigen Inhalt nach gerade zum Kopfe der nächsten Inkarnation wird, wirkt allerdings das, was im Kopfe des Menschen willenhaft ist, in der nächsten Inkarnation besonders in die Gliedmaßen hinein. Wer in einer Inkarnation träge in seinem Denken ist, der wird ganz gewiß in der nächsten Inkarnation kein Schnelläufer, sondern das Träge des Denkens geht in die Langsamkeit der Gliedmaßen hinein, wie umgekehrt die Langsamkeit der Gliedmaßen der gegenwärtigen Inkarnation sich in dem trägen, langsamen Denken der nächsten Inkarnation zum Ausdruck bringt.

So besteht eine Metamorphose, eine Wechselwirkung der drei verschiedenen Gliederungen der menschlichen Wesenheit von einem Erdenleben in das andere hinüber, von einer Inkarnation in die andere hinüber.

Das, was ich Ihnen da sage, das sage ich Ihnen nicht als eine Theorie, sondern ich sage es aus den Tatsachen des Lebens heraus. Sehen Sie, als einmal, ich möchte sagen, diese Intention da war, bei Eduard von Hartmann besonders auf das Knieleiden zu sehen, da wurde ich auf seine frühere Inkarnation hingelenkt, in der er in einem bestimmten Lebensaugenblicke eine Art Sonnenstich erhalten hatte. Dieser Sonnenstich, der war zunächst die schicksalsmäßige Veranlassung in dem nächsten Erdenleben, metamorphosisch sich in der Gebrechlichkeit des Knies zum Ausdrucke zu bringen, war also ein Kopfgebrechen. Er konnte eines Tages nicht mehr denken; er hatte eine Art Lähmung des Gehirnes. Das kam in der nächsten Inkarnation in einer Lähmung eines der Gliedmaßen zum Vorschein. Und dieses Schicksalsmäßige, zu einer Gehirnlähmung zu kommen, das ergab sich durch das Folgende: Diese Individualität war ja eine derjenigen, die mitzogen während der Kreuzzüge nach dem Orient und in Asien drüben gegen die Türken und gegen die Asiaten kämpften, die Asiaten aber zugleich ungeheuer bewundern lernten. Nachdem diese Individualität alles in Bewunderung aufgenommen hatte, was da den Kreuzfahrern entgegentrat an großartiger Geistigkeit im Orient, nachdem diese Individualität das alles aufgenommen hatte, wurde sie eines Menschen gewahr, von dem sie instinktiv fühlte, sie habe mit ihm in einem wieder früheren Leben etwas zu tun gehabt. Und was jetzt zwischen dieser und der früheren Inkarnation abzumachen war, das war das Moralische. Das Hinüberwirken des Sonnenstiches in das Knieleiden zwischen den zwei Inkarnationen scheint ja zunächst etwas bloß Physisches zu sein; es führt aber immer, wenn es sich um Schicksalsmäßiges handelt, die Sache auf etwas Moralisches zurück, hier auf die Tatsache, daß aus einer noch früheren Inkarnation diese Individualität den Impuls eines starken, wütenden Kampfes gegen einen Menschen in sich trug, dem sie da entgegentrat. Und in glühender Sonnenhitze wurde die Verfolgung dieses Gegners aufgenommen. Sie war ungerecht. Sie fiel auf die Individualität, die verfolgte, selbst zurück, indem durch das glühende Sonnenlicht das Gehirn gelähmt wurde. Und dasjenige, was da geschehen sollte in diesem Kampfe, das war davon hergekommen, meine lieben Freunde, daß in einer früheren Inkarnation diese Individualität besonders klug war, im höchsten Grade klug war. Jetzt hatte man einen Einblick in eine noch frühere Inkarnation, wo eine besondere Klugheit vorlag. Und der Gegner, dem diese Individualität während der Kreuzzüge entgegengetreten war, dieser Gegner war in einer früheren Inkarnation von dieser klugen Individualität in die Enge getrieben worden, zum Nachteile gekommen. Dadurch war der moralische Zusammenhang gegeben, dadurch war der Impuls zum Kampf gegeben und so weiter. Da ging es dann auf das Moralische zurück, indem die Kräfte, die sich da ausbildeten, eben auf die frühere Inkarnation zurückgingen.

So daß man drei aufeinanderfolgende Inkarnationen einer Individualität findet: Eine außerordentlich gescheite, kluge Persönlichkeit in sehr alten Zeiten – die eine Inkarnation. Darauf folgend ein Kreuzfahrer, der in einem bestimmten Zeitpunkte, bewirkt durch das, was gerade seine Klugheit verbrochen hatte, eine Gehirnlähmung bekommt, die Klugheit ausgelöscht wird, nachdem aber vorher diese Klugheit eine ungeheure Bewunderung orientalischer Zivilisation aufgenommen hatte. Dritte Inkarnation: ein preußischer Offizier, der durch ein Knieleiden den Abschied nehmen muß, jetzt nicht weiß, was er tun soll, sich auf die Philosophie schlägt und die eindrucksvollste, ganz aus der Zivilisation der zweiten Hälfte des 19. Jahrhunderts herausgewachsene «Philosophie des Unbewußten» schreibt.

Nun, hat man einen solchen Zusammenhang, dann werden plötzlich Dinge licht, die vorher ganz dunkel waren. Denn sehen Sie, ich hatte immer, als ich Hartmann las, ohne daß ich diese Zusammenhänge als junger Mann wußte, das Gefühl: Ja, da ist was Gescheites drinnen. – Aber wenn ich eine Seite las: Ja, da ist was furchtbar Gescheites, aber das Gescheite ist nicht auf dieser Seite. Ich wollte immer umblättern und auf der Rückseite schauen, ob da das Gescheite ist. Es war das Gescheite nicht von heute, es war das Gescheite von gestern oder vorgestern.

Darüber breitete sich mir erst Licht, als ich sah: diese Gescheitheit, die besondere Klugheit, die liegt ja schon zwei Inkarnationen zurück und wirkt nach. Da fällt erst ein ungeheures Licht auf diese ganze Literatur, auf diese Hartmann-Literatur, die eine Bibliothek anfüllt, wenn man weiß: da wirkt aus einer viel früheren Inkarnation die Klugheit nach.

Und wenn man Hartmann persönlich kennenlernte, mit ihm sprach, so hatte man wirklich auch das Gefühl: dahinter ist erst einer, der redet noch immer nicht; aber dann ist ein Dritter dahinter, der liefert eigentlich die Inspirationen. Denn es war beim Hören manchmal zum Verzweifeln: da redete ein Offizier Philosophie, ohne Begeisterung, gleichgültig, mit einem gewissen Rauhton, über die höchsten Wahrheiten. Dann erst konnte man merken, wie sich die Dinge eigentlich verhalten, wenn man wußte: da steht die Klugheit von zwei Inkarnationen vorher dahinter.

Gewiß, es sieht sogar pietätlos aus, wenn man solche Dinge so erzählt, aber sie sind nicht pietätlos gemeint, sondern ich bin der Überzeugung, daß es für jeden Menschen selbst ganz wertvoll sein kann, solche Zusammenhänge für sein eigenes Leben zu haben, selbst für den Fall, daß sich irgendeiner sagen muß: In meiner drittletzten Inkarnation war ich eigentlich ein ganz gewaltig schlechter Kerl! – Es kann das ungeheuer förderlich sein für das Leben, wenn sich einer sagen kann: Ich war ein gewaltig schlechter Kerl. – Einmal in irgendeiner Inkarnation, ja, nicht einmal in irgendeiner Inkarnation, war man nämlich wirklich unter allen Umständen ein gewaltig schlechter Kerl! Bei diesen Dingen, sehen Sie, sind ja immer, wie auch sonst in der Gesellschaft die Anwesenden ausgenommen sind, die gegenwärtigen Inkarnationen ausgenommen.

Nun, ganz intensiv interessierte mich auch, weil ich wirklich durch mein Leben an diese Persönlichkeit herangeführt worden bin, der schicksalsmäßige Zusammenhang bei Friedrich Nietzsche. Das Problem Nietzsche, ich habe es von allen Seiten betrachtet; ich habe ja manches geschrieben und gesprochen über Nietzsche und von allen Seiten diesen Friedrich Nietzsche betrachtet.

Es war ja ein merkwürdiges Schicksal. Im Leben habe ich ihn nur ein einziges Mal gesehen, in den neunziger Jahren in Naumburg, als er schon schwer geisteskrank war. Nachmittags, etwa halb drei Uhr, führte mich die Schwester in sein Zimmer. Er lag auf dem Ruhebette, mit einem Auge, das nicht gewahr werden konnte, daß man vor ihm stand, teilnahmslos; mit jener merkwürdigen, künstlerisch so schön geformten Stirn, die einem ganz besonders auffiel. Trotzdem das Auge teilnahmslos war, hatte man dennoch das Gefühl, nicht einen Wahnsinnigen vor sich zu haben, sondern einen Menschen, der den ganzen Vormittag intensiv in seiner Seele geistig gearbeitet hat, Mittag gegessen hat und sich nun ausruhend hingelegt hat, um zu sinnen, halb träumend zu sinnen über das, was am Vormittag in der Seele erarbeitet worden ist. Geistig gesehen, war da eigentlich ein physischer und ein Ätherleib, namentlich in bezug auf die oberen Partien des Menschen, denn das Seelisch-Geistige war eigentlich schon heraußen, es hing nur noch wie an einem dicken Faden an dem Körper. Es war im Grunde genommen schon eine Art Tod vorangegangen, aber ein Tod, der nicht völlig eintreten konnte, weil die physische Organisation eine so gesunde war, daß der entfliehen wollende Astralleib und das entfliehen wollende Ich eben immer noch gehalten wurden von der ungeheuer gesunden Stoffwechsel- und rhythmischen Organisation bei einem völlig zerstörten Nerven-Sinnessystem, das gar nicht mehr halten konnte den astralischen Leib und das Ich. So daß man den wunderbaren Eindruck hatte: da schwebt eigentlich der wirkliche Nietzsche über seinem Haupte. Da war er. Und da unten war schon etwas, das von der Seele aus Leichnam hätte sein können und nur nicht Leichnam war, weil es noch mit aller Gewalt festhielt an der Seele, aber nur für die unteren Partien des Menschen durch die außerordentlich gesunde Stoffwechsel- und rhythmische Organisation.

Es kann schon für die schicksalsmäßigen Zusammenhänge im tiefsten Sinne die Aufmerksamkeit erregen, wenn man so etwas sieht. Da allerdings wurde in die schicksalsmäßigen Zusammenhänge, ich möchte sagen, mit einem anderen Lichte hineingeleuchtet. Da konnte man nicht ausgehen von irgendeinem einzelnen leidenden Gliede oder dergleichen, sondern man wurde jetzt wiederum zurückgeführt auf die ganze geistige Individualität Friedrich Nietzsches.

In diesem Nietzsche-Leben sind ja drei streng voneinander zu scheidende Perioden vorhanden. Die erste Periode beginnt, als er als ganz junger Mensch seine «Geburt der Tragödie aus dem Geiste der Musik» schrieb, begeistert über den Aufgang der Musik aus dem griechischen Mysterienwesen, die Tragödie dann wiederum aus dem Musikalischen herausleitend. Dann aus derselben Stimmung heraus die vier folgenden Schriften: «David Friedrich Strauß der Bekenner und der Schriftsteller», «Schopenhauer als Erzieher», «Vom Nutzen und Nachteil der Historie für das Leben», «Richard Wagner in Bayreuth». Das ist im Jahr 1876 – 1871 ist die Schrift «Die Geburt der Tragödie aus dem Geiste der Musik» geschrieben –: «Richard Wagner in Bayreuth», ein begeisterter Hymnus auf Richard Wagner, tatsächlich vielleicht die beste Schrift, die von einem Anhänger Richard Wagners geschrieben worden ist.

Eine zweite Epoche bei Nietzsche beginnt. Er schreibt seine Bücher «Menschliches, Allzumenschliches» in zwei Bänden, die Schrift «Morgenröte» und die Schrift «Die fröhliche Wissenschaft».

Nietzsche, der in den ersten Schriften bis zum Jahre 1876 im höchsten Sinne Idealist war, alles zum Ideal hinaufheben wollte, er sagt allem Idealismus adieu in dieser zweiten Epoche seines Lebens. Er macht sich lustig über die Ideale. Er macht sich klar: Wenn die Menschen sich Ideale vorsetzen, so ist es, weil sie im Leben schwach sind. Wenn einer im Leben nichts kann, sagt er, das Leben ist nichts wert, man muß einem Ideal nachjagen. Und so nimmt Nietzsche die einzelnen Ideale aufs Korn, legt sie, wie er sagt, aufs Eis, indem er dasjenige, was das Göttliche in der Natur darstellt, als ein Allzumenschliches, gerade Kleinliches auffaßt. Da ist Nietzsche Voltairianer, er widmete auch eine Schrift Voltaire. Da ist Nietzsche ganz Rationalist, Intellektualist. Und das dauert etwa bis zum Jahre 1882/1883. Dann beginnt die letzte Epoche seines Lebens, wo er Ideen ausbildet wie die von der Wiederkunft des Gleichen, wo er den Zarathustra wie ein Ideal des Menschen ausbildet. Da schreibt er dann sein «Also sprach Zarathustra» im hymnischen Stil.

Da nimmt er seine Aufzeichnungen über Wagner wieder hervor. Es ist ja etwas höchst Merkwürdiges! Hat man so die Arbeitsweise Nietzsches kennengelernt, dann stellt sich diese in merkwürdiger Art dar. Lesen Sie heute die Schrift «Richard Wagner in Bayreuth»: es ist ein begeisterter Hymnus, großartig, genial begeisternd für Richard Wagner. In der letzten Epoche erscheint das Buch «Der Fall Wagner»: alles, was nur gegen Wagner gesagt werden kann, steht in dieser Schrift.

Man sagt, wenn man trivial sein will: Nietzsche hat eben umgesattelt, hat seine Ansicht geändert. Wer den Bestand der Nietzscheschen Manuskripte kennengelernt hat, der sagt nicht so. Denn wenn Nietzsche ein paar Seiten in seinem Buch «Richard Wagner in Bayreuth» als begeisterten Hymnus über Wagner hingeschrieben hat, so hat er all das, was er dagegen gehabt hat – gegen das, was er selber gesagt hat –, so hat er das auch gleich hingeschrieben. Dann hat er wiederum einen begeisterten Hymnus geschrieben, und wiederum, was er dagegen gehabt hat, geschrieben. Es war der ganze «Fall Wagner» eigentlich schon 1876 geschrieben. Er hat ihn nur noch zurückgelegt, hat ihn ausgeschaltet und hat nur dasjenige gedruckt, was sein begeisterter Hymnus war. Er hat sozusagen nur seine alten Aufzeichnungen vorgenommen und sie mit einigen scharfen Sätzen durchsetzt.

Aber er hatte doch eben die Tendenz, in diesem letzten Abschnitt seines Lebens gegen dasjenige anzustürmen, wogegen er in der ersten Epoche seines Lebens das Anstürmen sozusagen zurückgelegt hat. Wahrscheinlich, wenn die Manuskripte, die er zurückgelegt hat, als nicht recht hinzustimmend zur Schrift «Richard Wagner in Bayreuth», durch eine Feuersbrunst zugrunde gegangen wären, so hätte man keinen «Fall Wagner».

Sehen Sie, wenn man diese drei Epochen verfolgt, so sind sie alle wiederum durchzogen von einem einheitlichen Charakter.

Und selbst die letzte Schrift, also wenigstens die gedruckte letzte Schrift, «Götzen-Dämmerung, oder: Wie man mit dem Hammer philosophiert», wo alles, ich möchte sagen, von seiner anderen Seite gezeigt wird, selbst diese letzte Schrift trägt etwas von dem Grundcharakter der ganzen Nietzscheschen Geistigkeit. Nur wird Nietzsche da, wo er wirklich das auch schreibt, im Alter – imaginativ, anschaulich. Zum Beispiel, er will Michelet, den französischen Schriftsteller Michelet charakterisieren. Es ist eine treffende Charakteristik, die er gibt: die Begeisterung, die sich den Rock auszieht, während sie begeistert ist. Es ist ganz ausgezeichnet von einer gewissen Seite Michelet erfaßt. Ähnliche solche Dinge sind da in dieser «Götzen-Dämmerung» – anschaulich.

Nun, hat man einmal dieses furchtbar erschütternde Bild des Schwebens der Nietzsche-Individualität über der Körperlichkeit, so wird man dazu gedrängt, jetzt sich den Schriften gegenüber zu sagen: Ja, eigentlich machen sie den Eindruck, wie wenn Nietzsche nie ganz mit seiner menschlichen Körperlichkeit dabeigewesen wäre, als er seine Sätze hingeschrieben hat, wie wenn er immer – er hat ja nicht im Sitzen, er hat im Gehen, namentlich im Fußwandern geschrieben – etwas aus seinem Leibe heraus gewesen wäre. Am stärksten werden Sie diesen Eindruck haben bei gewissen Partien des vierten Teiles von «Also sprach Zarathustra», wo Sie direkt das Gefühl haben werden: das schreibt man nicht, wenn der Körper reguliert, das schreibt man nur, wenn der Körper nicht mehr reguliert, sondern wenn man mit dem Seelischen außerhalb des Körpers ist.

Man hat das Gefühl, daß im geistigen Produzieren Nietzsche seinen Leib immer zurückläßt. Und das lag schließlich auch in seinen Lebensgewohnheiten. Er nahm insbesondere gern Chloral, um in eine bestimmte Stimmung zu kommen, eine Stimmung, die unabhängig vom Körperlichen ist. Gewiß, es wurde ja auch diese Sehnsucht, in der Seelenstimmung unabhängig vom Körperlichen zu werden, dadurch veranlaßt, daß das Körperliche vielfach krank war, daß zum Beispiel ein immer sehr langdauernder Kopfschmerz vorhanden war und dergleichen.

Aber all das gibt ein einheitliches Bild Nietzsches in der Nietzsche-Inkarnation am Ende des 19. Jahrhunderts, die dann zum Wahnsinn führte, so daß er überhaupt nicht mehr wußte zuletzt, wer er war. Denn es gibt Briefe an Georg Brandes, wo sich Nietzsche unterschreibt entweder: «Der Gekreuzigte» – das heißt, er sieht sich für den Gekreuzigten an –, oder er schaut auf sich selber hin wie auf einen objektiv außer ihm befindlichen Menschen, findet sich einen Gott, der am Po spazierengeht, und unterschreibt sich «Dionysos». Dieses Getrenntsein vom Körper, wenn geistig produziert wird, das ergibt sich dann als etwas, was für diese Persönlichkeit, für diese Inkarnation dieser Individualität ganz besonders charakteristisch ist.

Und durchdringt man sich nun mit diesem imaginativ-innerlich, dann wird man zurückgeführt in eine gar nicht sehr weit zurückliegende Inkarnation. Es ist ja das Eigentümliche bei vielen solchen Persönlichkeiten, die gerade repräsentativ auftreten, daß ihre Inkarnationen in der Regel nicht weit zurückliegen, sondern verhältnismäßig wenig weit gerade in der neueren Zeit zurückliegen. Und siehe da, man kommt in ein Dasein Nietzsches, wo diese Individualität Franziskaner war, ein asketischer Franziskaner, der ganz intensiv Selbstpeinigung des Körpers trieb. Jetzt hat man das Rätsel. Da fällt der Blick auf einen Menschen im charakteristischen Franziskanergewande, der stundenlang vor dem Altar liegt, sich die Knie wundbetet durch das Rutschen auf den Knien, um Gnade flehend, der sich furchtbar kasteit. Durch den Schmerz, namentlich den selbst verursachten Schmerz, kommt man ja ganz stark mit seinem physischen Leib zusammen. Man wird den physischen Leib ganz besonders gewahr, wenn man Schmerz leidet, weil der astralische Leib nach dem schmerzenden Körper besonders stark sich sehnt, ihn durchdringen will. Dieses so viel Geben auf die Zubereitung des Körpers zum Heil in der einen Inkarnation, das wirkte so, daß die Seele nun gar nicht mehr sein wollte im Körper in der nächsten Inkarnation.

Sehen Sie, so sind in charakteristischen Fällen schicksalsmäßige Zusammenhänge. Man darf auch da sagen: sie ergeben sich schon eigentlich anders, als man gewöhnlich wähnt. Es läßt sich über die aufeinanderfolgenden Erdenleben nichts erspekulieren. Da findet man in der Regel das Falsche. Wenn man aber auf das Richtige kommt, dann ist es im eminentesten Sinne Licht verbreitend über das Leben.

Und gerade weil eine sachgemäße Betrachtung in dieser Beziehung anregen kann dazu, Karma im rechten Lichte zu sehen, habe ich, trotzdem das seine bedenkliche Seite hat, mich nicht gescheut, vor Ihnen einzelne konkrete karmische Zusammenhänge zu entwickeln, von denen ich glaube, daß sie schon ein starkes Licht eben auf die Wesenheit des menschlichen Karmas, des menschlichen Schicksals werfen können. Nun, dann morgen weiter.

ZEHNTER VORTRAG

DORNACH, 16. MÄRZ 1924

In der Betrachtung karmischer Zusammenhänge habe ich bisher in der letzten Zeit die Regel verfolgt, von bestimmten Persönlichkeiten auszugehen, die Ihnen in der neueren Zeit entgegentreten können, um dann zu versuchen, zurückzukommen zu vorangehenden Erdenleben. Ich möchte nun heute, um die konkreten Beispiele für die karmischen Zusammenhänge zu ergänzen, ich möchte nun heute ausgehen umgekehrt von gewissen historischen Persönlichkeiten der Vergangenheit, und dann den Weg machen von diesen historischen Persönlichkeiten der Vergangenheit hinauf in die spätere Zeit, entweder in die spätere Zeit der Geschichte oder in das Leben bis herauf in die Gegenwart. Ich möchte also gewissermaßen eine von karmischen Betrachtungen durchsetzte geschichtliche Darstellung bestimmter Zusammenhänge geben.

Wenn man die Entwickelung des Christentums verfolgt von seiner Begründung auf der Erde weiterhin nach Europa hinüber, wenn man die verschiedenen Wege, welche die christlichen Impulse erfahren haben, verfolgt, dann stößt man ja auf eine andere religiöse Geistesströmung, die, wenn sie heute auch weniger bemerkt wird, einen außerordentlich tiefgehenden Einfluß, ich möchte sagen, gerade unter der Oberfläche der äußeren historischen Ereignisse auf die europäische Zivilisation ausgeübt hat. Es ist dasjenige, was bekannt ist unter dem Namen des Mohammedanismus, die etwas mehr als ein halbes Jahrtausend nach der Begründung des Christentums entstandene mohammedanische Religion, mit allem dem aber, was zusammenhängt mit dem Leben, das sich an die Entstehung dieser mohammedanischen Religion angeknüpft hat.

Wir sehen zunächst, wie von Mohammed eine Art von Monotheismus, eine Art von Religion begründet wird, welche aufschaut, so wie das Judentum, in strenger Weise zu einer einheitlichen, die Welt umspannenden Gottheit. Da ist ein einheitlicher Gott, den auch Mohammed verkündigen will. Das ist etwas, was wie ein mächtiger Impuls von Arabien ausgeht und weite, eindringliche Verbreitung drüben in Asien, durch Afrika herüber bis nach Europa herein über Spanien findet.

Wer heute die Zivilisation der Gegenwart betrachtet, der wird sogar heute noch vieles in dieser Zivilisation falsch beurteilen, wenn er nicht ins Auge faßt, wie – gerade auf dem Umwege durch die Araberzüge – alles das, was schließlich seine Stoßkraft durch die Tat Mohammeds gefunden hat, mit hineingewirkt hat in die europäische Zivilisation, ohne daß die Form des religiösen Fühlens, mit dem die Sache verbunden war, eben auch einen Einzug in Europa gehalten hat.

Wenn man auf die religiöse Form hinschaut, in der der Mohammedanismus aufgetreten ist in seiner arabischen Art, dann hat man zunächst den starren Monotheismus, die allmächtige Einheitsgottheit, die für das religiöse Leben etwas von fatalistischem Element in sich schließt. Das Schicksal der Menschen ist von vornherein bestimmt. Der Mensch hat sich diesem Schicksal zu unterwerfen, oder wenigstens sich unterworfen zu wissen. Das ist die religiöse Form. Allein dieser Arabismus – so wollen wir das nennen – hat doch noch etwas ganz anderes gezeitigt. Es ist das Merkwürdige, daß auf der einen Seite dieser Arabismus sich ausbreitet auf ganz kriegerische Weise, daß die Völker beunruhigt werden durch dasjenige, was kriegerisch vom Arabismus ausgeht. Es ist aber auf der anderen Seite im höchsten Grade auch merkwürdig, inwiefern fast das ganze erste Jahrtausend von der Begründung des Mohammedanismus an der Arabismus Zivilisationsträger gewesen ist. Sehen wir zum Beispiel auf die Zeit hin, in welcher innerhalb Europas Karl der Große, sagen wir, seinen größten Einfluß gehabt hat, so finden wir drüben in Asien in der Residenz in Bagdad eine wunderbare Zivilisation, eigentlich ein großartiges Geistesleben. Man möchte sagen, während Karl der Große aus primitiven Untergründen heraus – er lernt ja sogar erst das Schreiben, notdürftig sogar –, während er aus primitiven Untergründen heraus eine gewisse sehr anfängliche Bildung zu verbreiten versucht, sehen wir eine hohe Geisteskultur drüben in Asien, in Bagdad.

Wir sehen sogar, wie ein ungeheurer Respekt vor dieser Geisteskultur bis hinein in die Umgebung Karls des Großen besteht. Wir sehen in jener Zeit – es ist ja die Zeit, in der Karl der Große, wie man sagt, regierte, 768 bis 814 wird ja die Regierungszeit Karls des Großen gerechnet –, wir sehen in der Zeit von 786 bis 809 in Bagdad drüben an der Spitze einer großartigen Zivilisation Harun al Raschid. Wir sehen Harun al Raschid, den intensiv von Dichtern gepriesenen Mann, der der Mittelpunkt eines weiten Kreises in Wissenschaften und Künsten war, der selber ein feingebildeter Mensch war, der in seinem Gefolge nicht etwa bloß so primitive Menschen wie den Einhard hatte, der um Karl den Großen war, sondern der tatsächlich glänzende Größen in Wissenschaften und Künsten um sich versammelte. Wir sehen Harun al Raschid drüben in Asien eben eine große Zivilisation, sagen wir jetzt nicht beherrschen, sondern impulsieren.

Und wir sehen, wie in diese Geisteskultur, deren Seele Harun al Raschid ist, dasjenige aufgeht, was in einem kontinuierlichen Strom seit dem Aristotelismus in Asien drüben sich verbreitet hat. Aristotelische Philosophie, aristotelische Naturwissenschaft, sie hat auch nach Asien hinüber ihre Verbreitung gefunden. Sie wurde durchgearbeitet mit orientalischer Einsicht, mit orientalischer Imagination, orientalischer Anschauung. Wir finden sie in ganz Vorderasien bis fast über die indische Grenze hinaus wirksam, und wir finden sie so verarbeitet, daß zum Beispiel ein weit ausgedehntes, weit ausgebreitetes medizinisches System gepflegt wurde an diesem Hofe Harun al Raschids.

Wir sehen in einer tief philosophischen Weise dasjenige, was mit einer Art religiösen Furors von Mohammed begründet worden war, sehen es in einer großartig intensiv eindringlichen Weise zur Geltung kommen unter den Gelehrten, Dichtern, Naturforschern, Medizinern, die am Hofe des Harun al Raschid lebten.

Mathematik wurde dort gepflegt, Geographie wurde gepflegt. Es wird leider viel zu wenig innerhalb der europäischen Geschichte dies betont, und man vergißt gewöhnlich über den Primitivitäten, sagen wir des Frankenhofes Karls des Großen, was da drüben in Asien war.

Und wir haben, wenn wir das in Betracht ziehen, was sich da doch in gerader Richtung aus dem Mohammedanismus herausentwickelt hatte, wir haben ein merkwürdiges Bild vor uns. Der Mohammedanismus wird in Mekka begründet, in Medina fortgesetzt. Er verbreitet sich herauf in die Gegenden von Damaskus, Bagdad und so weiter nach ganz Vorderasien. Wir sehen ihn herrschen in einer solchen Weise, wie ich es eben jetzt beschrieben habe. Wir haben damit sozusagen die eine Linie, in der sich der Mohammedanismus ausbreitet, von Arabien nach Norden, herüber über Kleinasien. Die Araber belagern fortwährend Konstantinopel. Sie pochen an die Tore Europas. Sie wollen sozusagen das, was sie an Stoßkraft haben, über den europäischen Osten vorschieben nach der europäischen Mitte.

Und wir haben auf der anderen Seite den Arabismus, sich ausbreitend durch Nordafrika bis nach Spanien. Er erfaßt da gewissermaßen über Spanien herüber Europa von der anderen Seite. Wir haben tatsächlich das Merkwürdige vorliegend, daß, wie in einer
Tafel 15 Kulturgabelung, Europa umspannt werden soll vom Arabismus.

Wir haben auf der einen Seite sich ausbreitend von Rom herauf, von dem Süden, das Christentum in der römischen Form, von Griechenland ausgehend dasjenige, was dann, sagen wir, in die Erscheinung tritt in Wulfilas Bibelübersetzung und so weiter; wir haben das in der Mitte drinnen. Und wir haben wie in einer Gabelung diese europäisch-christliche Zivilisation umfassend den Mohammedanismus. Und alles dasjenige, was in der Geschichte

Europas von den Taten Karls des Großen zur Förderung des Christentums erzählt wird, das darf ja nur so betrachtet werden, daß, während Karl der Große viel tut, um das Christentum in Europas Mitte zu verbreiten, zu fördern, gleichzeitig mit ihm in Asien drüben jenes gewaltige Kulturzentrum ist, von dem ich gesprochen habe: das Kulturzentrum Harun al Raschids.

Wenn man rein äußerlich-geschichtlich diese Sache ins Auge faßt, was tritt einem denn da entgegen? Da tritt einem entgegen, daß Kriege geführt werden längs der Linie, die über Nordafrika nach der iberischen Halbinsel sich zieht, daß über Spanien herüber die Bekenner des Arabismus kommen, daß sie zurückgeschlagen werden von den Vertretern des europäischen Christentums, von Karl Martell, von Karl dem Großen selber. Man erfährt dann später, daß sich gewissermaßen auslöschend über die Größe des Mohammedanismus ergießt das Türkentum, das die religiöse Form aufnimmt, aber eben auslöscht alles das, was an solcher Hochkultur vorhanden ist wie diejenige, die Harun al Raschid impulsiert hat.

So daß man eigentlich sieht, daß durch das Entgegenstemmen der europäisch-christlichen kriegerischen Bevölkerung nach und nach jene Strömungen ersterben, von denen wir eben gesprochen haben. Und wenn man so gegen das Ende des ersten Jahrtausends kommt, da bleiben allerdings noch die Türkengefahren in Europa übrig, aber die haben eigentlich mit dem, was hier gemeint ist, nicht mehr viel zu tun; denn von da an redet man nicht mehr von der Ausbreitung des Arabismus.

Man könnte, wenn man die rein äußerliche Geschichte betrachtet, zu dem Schlusse kommen: Nun, die Europäer haben eben den Arabismus zurückgeschlagen. Es haben solche Schlachten stattgefunden wie die Schlacht von Tours und Poitiers und so weiter, die Araber sind abgeschlagen worden auf der anderen Seite, auf der Konstantinopeler Seite, und man könnte glauben, damit sei der Arabismus eigentlich aus der Weltgeschichte verschwunden.

Aber auf der anderen Seite, wenn man sich vertieft in das, was namentlich in der europäischen wissenschaftlichen, in vieler Beziehung auch in der künstlerischen Kultur waltet, dann trifft man eben den Arabismus dennoch, aber wie zugeschüttet, wie im Geheimen ins Christentum hinein ergossen.

Woher kommt das? Ja, sehen Sie, meine lieben Freunde, die Dinge gehen innerhalb des geistigen Lebens doch anders vor sich, als sie sich äußerlich in den gewöhnlichen weltgeschichtlichen Ereignissen offenbaren. Unter der Oberfläche des gewöhnlichen geschichtlichen Lebens gehen die eigentlichen großen Strömungen, in denen die Individualitäten der Menschen, die in einer Epoche da waren, gewirkt haben, und die dann wieder und wieder erscheinen, indem sie in eine ganz andere Sprachgemeinschaft hineingeboren werden, in ganz andere Gedankenrichtungen hineingeboren werden, aber mit denselben Grundtypen ihres Wirkens. Was sie in einer Epoche vorher in großartiger Weise entfaltet haben, weil die Möglichkeit der Bewegung vorhanden war, das müssen sie in späteren Epochen unter großen Hemmungen und Hindernissen in die Welt setzen. Sie müssen sich mit manchem begnügen, was sich klein ausnimmt gegenüber dem, was sie in ihren früheren Epochen groß bewirkt haben, aber es ist dasselbe der Grundseelenverfassung, der Grundseelenstimmung nach, was die menschlichen Individualitäten aus einer Epoche in die andere hinübertragen. Nur erkennt man nicht immer, was da herübergetragen wird, weil man sich zu leicht vorstellt, ein folgendes Erdenleben müsse einem früheren Erdenleben sehr ähnlich schauen. Es gibt sogar Leute, die glauben, ein Musiker muß wieder als Musiker, ein Philosoph wieder als Philosoph, ein Gärtner wiederum als Gärtner und so weiter kommen. Das ist eben nicht so. Die Kräfte, die von einem Erdenleben in das andere herübergetragen werden, die ruhen in tieferen Schichten des menschlichen Seelenlebens.

Und wenn man dies anschaut, dann kommt man darauf: der Arabismus ist dennoch nicht ausgestorben. Ich konnte Ihnen ja vor einiger Zeit hier an dem Beispiel von Friedrich Theodor Vischer und von Schubert vorführen, wie durch das Herüberkommen der Individualitäten in der Tat in ganz anderer Form dasjenige sich fortsetzt in einer späteren Zeit, was in einer früheren Epoche gearbeitet, geleistet worden ist.

Nun, der Arabismus ist eben durchaus nicht in Wirklichkeit ausgestorben, sondern viel mehr Individualitäten, die im Arabismus festgewurzelt waren, leben innerhalb der europäischen Zivilisation, weil sie einfach geboren wurden unter Europäern, lebten sogar als tonangebende Persönlichkeiten, wie es in Europa dann in späterer Zeit möglich war.

Es ist leichter, von einer historischen Persönlichkeit weiterzugehen, um sie wieder aufzufinden, als der umgekehrte Weg, den ich in den letzten Vorträgen charakterisiert habe, wo von späteren Inkarnationen auf frühere zurückgegangen wird. Wenn man nun die Individualität des Harun al Raschid ins Auge faßt, wenn man sie innerlich kennenlernt, kennenlernt, wie man sagt, im astralischen Lichte, kennenlernt, wie sie als geistige Individualität in ihrer Zeit vorhanden war im 9. Jahrhundert, wenn man ins Auge faßt, was sie hinter den Kulissen der Weltgeschichte noch war, was sich nur eben mit jenem Glanz, den ich geschildert habe, an der Oberfläche der Geschichte entwickelt hat, dann verfolgt man die Zeiten, den Zeitenlauf – und findet solch eine Individualität, wie sie in Harun al Raschid war, durch den Tod gegangen, mitmachend, gewissermaßen von der geistigen Welt herunterschauend auf dasjenige, was auf der Erde geschieht: die äußerliche Ausrottung des Arabismus, schicksalsgemäß von der anderen Seite her mitmachend diese Ausrottung. Man findet, wie solch eine Individualität durchgeht durch die geistige Welt und wieder erscheint, vielleicht nicht in solchem Glanze, aber mit einer Seelenverfassung, die schon eine typische Ähnlichkeit hat mit derjenigen, die vorher da war.

Und so sehen wir Harun al Raschid tatsächlich in der Geschichte des europäischen Geisteslebens wieder auferstehen. Und er tritt auf als eine Persönlichkeit, die auch wieder weithin bekannt ist, er tritt auf als Lord Bacon von Verulam. Ich habe in den verschiedensten Zusammenhängen diesen Lord Bacon behandelt. Alles das, was in einer gewissen Weise in Harun al Raschid praktische Impulsivität war, die er auf Personen in seiner Umgebung übertragen hat, das überträgt in der mehr abstrakten Form, weil es im abstrakten Zeitalter ist, Lord Bacon auf die einzelnen Wissenschaften. Wie Harun al Raschid ein universeller Geist dadurch ist, daß er eben die einzelnen speziellen Geister um sich vereinigt hat, so ist Lord Bacon – mit seinem Inspirator hinter ihm natürlich, aber er ist eben geeignet, so inspiriert zu werden – eine Persönlichkeit, die universalistisch wirken kann.

Und wenn man mit diesem Wissen eines historischen karmischen Zusammenhanges nun wiederum auf Lord Bacon und seine Schriften hinschaut, dann findet man den Grund, warum diese eigentlich so wenig christlich und so stark arabisch klingen. Ja, man findet erst die richtige arabische Nuance heraus in diesen Schriften des Lord Bacon. Und auch mancherlei mit Bezug auf den Charakter Lord Bacons, der ja so viele Anfechtungen erfahren hat, wird man erklärlich finden, wenn man eben in Lord Bacon den wiedergeborenen Harun al Raschid sieht. Es ist aus einer Lebenspraxis, aus einer Kulturlebenspraxis, die am Hofe des Harun al Raschid in Bagdad geherrscht hat, vor der sich selbst Karl der Große mit Recht gebeugt hat, dasjenige geworden, was dann allerdings ein abstrakter Wissenschafter war in Lord Bacon. Aber wiederum hat man sich gebeugt vor Lord Bacon. Und man möchte sagen, wer die Geste studiert, wie sich die europäische Zivilisation gegenüber Harun al Raschid im 8., 9. Jahrhundert verhalten hat, und wer dann die Geste studiert, wie sich die europäische Wissenschaftlichkeit zu Lord Bacon verhält, der hat den Eindruck: die Menschen haben sich einfach umgedreht. Während Harun al Raschids Zeit schauten sie nach dem Osten, dann drehten sie sich um in Mitteleuropa und schauten nach dem Westen zu Lord Bacon hin.

Und so wird eben von Zeitalter zu Zeitalter durch die menschliche Individualität selber getragen, was vielleicht äußerlich im historischen Leben so hingeschwunden ist wie der Arabismus. Aber er lebt, in seiner Grundstimmung lebt er dann weiter. Und so verschieden ein folgendes Menschenleben seinen äußerlichen Seiten nach ist von dem vorangehenden Leben, so verschieden ist dann auch das, was geschichtlich auftritt durch eine solche Persönlichkeit.

Schlagen Sie die Geschichtsbücher auf, so werden Sie finden, 711 ist ein besonders wichtiges Ereignis in der Auseinandersetzung zwischen Europa und dem über Spanien heranstürmenden Arabismus. Tarik, Feldherr der Araber, setzt von Afrika herüber. Er kommt an derjenigen Stelle an, die selbst von ihm den Namen erhalten hat: Gebel al Tarik, Gibraltar später genannt. Es findet die Schlacht von Jerez de la Frontera statt 711; ein wichtiger Vorstoß des Arabismus im Beginne des 8. Jahrhunderts gegen Spanien herüber. Da finden wirklich Kämpfe statt, in denen das Kriegsglück hin und her schwankt zwischen den Völkerschaften, die da herübergekommen waren über Spanien zu den alten Einwohnern, die von früher da waren, und den nun heranstürmenden Arabern. Und es lebte schon damals in Spanien etwas von einer außerordentlich starken Achtung vor der Gebildetheit, würden wir heute sagen, der heranstürmenden Araber. Man wollte sich natürlich in Europa ihnen nicht unterwerfen; aber das, was sie an Kultur mitbrachten, war schon in einer gewissen Weise ein Abglanz dessen, was dann in einem so hohen Musterglanze unter Harun al Raschid später lebte. Wir haben durchaus bei einem Menschen wie Tarik noch die Seelenverfassung, die im Kriegssturm zum Ausleben bringen will, was im Arabismus veranlagt ist. Äußerlich sieht man den Kriegssturm. Allein auf diesem Kriegswege gehen hohe Kulturrichtungen, geht ein hoher Kulturinhalt. Es ist ja auch äußerlich künstlerisch-wissenschaftlich in Spanien ungeheuer viel durch diese Araber begründet worden. Viele Reste dieses Arabismus lebten im europäischen Geistesleben weiter; die spanische Geschichte hört bald auf, ihre Rolle im Westen von Europa zu spielen.

Wir sehen allerdings im Westen von Europa, zunächst in Spanien selber, wie da hin und her das Kriegsglück geht, wie da von Spanien wieder weiter gekämpft wird, sehen noch bei Leuten wie Spinoza, wie tief der Einfluß ist der arabischen Kultur. Man kann Spinoza nicht verstehen, wenn man nicht seinen Ursprung eben im Arabismus sieht. Man sieht, wie das nach England herübergreift. Aber da versiegt es, da hört es wieder auf. Wir blättern in den Schilderungen, die uns von den kriegerischen Auseinandersetzungen zwischen Europa und den Arabern gegeben werden, weiter in der Geschichte und finden, daß es versiegt. Aber unter der Oberfläche der Geschichte versiegt es nicht, sondern breitet sich aus im geistigen Leben. Und wiederum dieser Tarik, er trägt im Unterton des geschichtlichen Werdens dasjenige, was er, man möchte sagen, auf den Sturmflügeln des Krieges ursprünglich nach Spanien hereingetragen hat. Die Araber wollten ja ganz gewiß nicht bloß Leute totschlagen auf ihren kriegerischen Wegen, sondern sie wollten eben den Arabismus ausbreiten. Sie hatten Kulturaufgaben. Dasjenige nun, was solch ein Tarik im Beginne des 8. Jahrhunderts nach Spanien hereingetragen hat, das trägt er nun mit, als er durch die Pforte des Todes gegangen ist, erlebt wiederum das äußerliche geschichtliche Versiegen in den westlichen europäischen Gegenden, und taucht im 19. Jahrhundert wieder auf, den Arabismus in moderner Form ausprägend, als Charles Darwin.

Man wird ganz plötzlich ein Licht verbreitet finden über das, was sonst, ich möchte sagen, historisch wie aus der Pistole herausgeschossen ist, wenn man in dieser Weise das Herübertragen dessen, was in einer ganz anderen Form vorhandene Geschichte ist, aus einer früheren Zeit in einer spätere Zeit verfolgt.

Es mag einem zunächst paradox erscheinen, aber die Paradoxie wird um so mehr schwinden, je mehr Sie auf die konkreten

Tatsachen eingehen. Versuchen Sie nur einmal, mit dem durch diese Erwägungen geschärften Blicke in Darwin nachzulesen, da wird Ihnen eben doch auffallen: Donnerwetter, der Darwin schreibt ja geradezu Dinge, die der Tarik auf seinem Wege nach Europa gesehen haben könnte. – Gerade in diesen Kleinigkeiten werden Sie verspüren, wie das eine Leben in das andere herüberreicht.

Und sehen Sie, dasjenige, was überhaupt in Vorderasien seit Urzeiten außerordentlich stark gepflegt worden ist, das ist das Astronomische in der Form von Astrologischem; aber man darf das Astrologische von damals nicht identifizieren mit dem dilettantenhaften Zeug, das später als Astrologie gepflegt worden ist, das heute als Astrologie gepflegt wird, sondern man muß einen Begriff sich bilden können von den tiefen Einsichten, die in das geistige Gefüge des Weltenalls in diesen Zeiten vorhanden waren, und die in einer ganz besonderen Weise ausgeprägt wurden gerade unter den Arabern, als sie eben Mohammedaner waren, als sie die Dynastie, die Mohammed begründet hat, in der verschiedensten Weise fortsetzten. Gerade Astronomie, Astrologie in der alten Form wurden da gepflegt.

Und so sehen wir, als die Residenz von Damaskus nach Bagdad verlegt wird, Mamun herrschen im 9. Jahrhundert. Wir sehen Tafel 15
während der Regierung des Mamun – all das waren ja Nachfolger des Propheten –, wir sehen da besonders Astrologie in der Weise gepflegt, in der sie dann dilettantisch in allerlei Traktate übergegangen ist in Europa. Die Dinge wurden später gefunden. Durch die Kreuzzüge kamen sie herüber, wurden aber furchtbar verballhornt. Aber es war das eigentlich eine großartige Sache. Und wenn wir unter denjenigen Persönlichkeiten nachforschen, die in der Geschichte nicht mit Namen genannt werden, die aber in der Umgebung des Mamun, 813 bis 833, gelebt haben in Bagdad, gerade dort Astrologisches-Astronomisches pflegend, so finden wir eine glänzende Persönlichkeit, die tief vertraut war mit

Mamun – der Name wird historisch nicht genannt, ist auch gleichgültig –, eine Persönlichkeit, die in höchster Schätzung stand, die gefragt wurde immer, wenn es sich darum handelte, irgend etwas aus den Sternen heraus zu lesen. Und viele Maßnahmen wurden da drüben getroffen im äußeren sozialen Leben nach dem, was solche Zelebritäten, wie dieser Gelehrte am Hofe Mamuns, aus den Sternen heraus zu sagen wußten.

Und wiederum, verfolgt man die Linie, in der sich die Seele dieses Gelehrten vom Hofe des Mamun in Bagdad weiterentwickelt, verfolgt man diesen Weg, man wird heraufgetrieben bis zu dem modernen Astronomen Laplace. Und da erscheint also wiederum eine der Persönlichkeiten in Laplace, die am Hofe des Kalifen Mamun lebten.

Man möchte sagen, was an großen Impulsen, und auch an kleinen Impulsen – die kleinen brauche ich ja nicht alle aufzuzählen –, was an großen und an kleinen Impulsen hereingeflossen ist aus dieser Gabelung nach Europa, nachdem das äußere geschichtliche Werden schon versiegt war, das zeigt uns, wie auf geistige Art der Arabismus weiterlebt, wie diese Gabelung hier fortdauert.

Sie wissen, meine lieben Freunde, Mohammed selber hat noch den Hauptsitz des Mohammedanismus, Medina, begründet, dort, wo dann die Residenz seiner Nachfolger war. Später wurde diese Residenz nach Damaskus, wie ich schon erwähnt habe, verlegt. Und wir sehen dann, wie diese Residenz von Medina herauf nach Damaskus verlegt wird, wir sehen, wie von Damaskus aus durch Kleinasien bis an die Pforte von Europa, bis an Konstantinopel heran, die Feldherren der Nachfolger des Mohammed vorstürmen und eben wiederum auf den Sturmflügeln des Krieges dasjenige tragen, was sie an bedeutsamer Kultur von dem religiösen Leben des Mohammed zwar befruchten lassen, was aber durchsetzt ist eben mit dem, was auf dem Wege des Alexander, was an Aristotelismus herübergekommen ist von Griechenland, von Mazedonien aus, von allen möglichen Kulturzentren aus nach Asien.

Und hier geschieht ja auch etwas Merkwürdiges. Hier wird durch die türkische Überflutung dasjenige ganz ausgelöscht, was herangestürmt ist vom Arabismus. Nur Rudimente, nur Reste finden dann die Kreuzfahrer, aber nicht herrschende Kulturströmungen; die Türken löschen das aus. Was sich durch Afrika, Spanien, nach dem Westen herein fortpflanzt, das pflanzt sich gewissermaßen in Kultur-, in Zivilisationsruhe fort; da findet man immer wieder Anknüpfungspunkte. Der Gelehrte Mamuns, Harun al Raschid selber, Tarik, sie fanden als Seelen die Möglichkeit, das, was sie in der Seele trugen, anzuknüpfen an das, was da war, indem ja in der Seele, wenn sie durch die Pforte des Todes gegangen ist, immer eine gewisse Aneignungskraft bleibt für die Gebiete, auf denen man gewirkt hat. Wenn das auch durch andere Schicksalsimpulse verändert werden kann, es wirkt dennoch nach. Wird es verändert, so wirkt es als Sehnsüchte nach und dergleichen. Aber gerade weil an einen strengen Determinismus durch das Arabertum geglaubt worden ist, stellte sich, als die Möglichkeit geboten wurde, auf geistige Art fortzusetzen, was zunächst auf kriegerische Art impulsiert werden sollte, eben auch die Möglichkeit ein, diese geistigen Strömungen insbesondere nach Frankreich, nach England herauf zu tragen. Laplace, Darwin, Bacon, viele ähnliche Geister könnten in dieser Richtung vorgeführt werden.

Aber hier [im Osten] wurde alles abgestumpft, möchte ich sagen; im Osten konnte der Arabismus nur in sehr spärlicher Weise an die Pforte von Europa klopfen, konnte da nicht weiterkommen. Da erlebten dann diejenigen Persönlichkeiten, welche durch die Pforte des Todes gegangen waren, nachdem sie auf diesem Gebiete hier gewirkt hatten, etwas wie ein Zurückgestoßenwerden, wie ein Nicht-Weiterkönnen. Das irdische Werk wurde ihnen zerschlagen. Das bewirkte sogar eine gewisse Paralysierung des Seelenlebens zwischen dem Tode und einer neuen Geburt. Und da ist nun etwas ganz besonders Interessantes vorliegend.

Wir sehen, wie bald nach dem Propheten die Residenz von Medina nach Damaskus verlegt wird, wie die Feldherren der Nachfolger des Propheten da heraufziehen, wie sie aber immer wieder zurückgeschlagen werden, wie hier nicht in derselben Weise etwas gelingt wie drüben nach dem Westen hin. Und so sehen wir denn sehr bald, wie einer der Nachfolger des Propheten,
Tafel 15 661, Muavija ist. Muavija, einer der Nachfolger des Propheten, herrscht in Damaskus und steht ganz drinnen in jener Seelenverfassung, welche auf der einen Seite aus dem Monotheismus des Arabismus herauswächst, aber auch aus dem Determinismus, der dann immer mehr und mehr zum Fatalismus geworden ist. Aber schon damals herrschte, wenn auch, ich möchte sagen, auf eine mehr mystische Art, auf eine mehr innerliche Art, das nach Asien herübergekommene Griechentum, der Aristotelismus. Und Muavija, der auf der einen Seite seine Feldherrn bis nach Konstantinopel herüberschickte, auf der anderen Seite allerdings auch nach Afrika hin einiges versuchte – aber da gelang ihm nichts Besonderes –, Muavija war zu gleicher Zeit ein sinniger Mann, aber ein Mann, dem eigentlich äußerlich nicht viel gelang, auch nicht auf den geistigen Gebieten.

Sie sehen, er herrscht nicht lange nach Mohammed. Er steht also noch ganz im Mohammedanismus als in dem eigentlich religiösen Element des Arabismus drinnen. Er ist einer der Repräsentanten des Mohammedanismus von dazumal, aber einer, der gerade herauswächst aus der starren religiösen Form des Mohammedanismus und hereinwächst in jene Denkungsweise, die ja dann, abstreifend die religiöse Form, in dem Wissenschaftlichen, in dem Schön-Wissenschaftlichen des Westens hervorgetreten ist.

Er ist schon ein repräsentativer Geist, dieser Muavija im ersten Jahrhundert nach Mohammed, ein Geist, der nicht mehr denkt wie Mohammed, der nur noch die Anregung von Mohammed hat, der noch nicht den eigentlichen religiösen Kern des Mohammedanismus abgestreift hat, aber ihn doch schon in die Denkform, in die logische Form hinübergeleitet hat. Und er gehört ja vor allen Dingen zu denen, die nun mit allem Eifer hinüber wollten nach Europa, mit allem Eifer nach dem Westen vordringen wollten. Wer die Kriegszüge, die aufgewendeten Kräfte verfolgt, die gerade unter Muavija tätig waren, der wird sehen: es war dieses Vorrükken-Wollen gegen den Westen dazumal verbunden mit einer ungeheuer starken Stoßkraft, die eben nur abgestumpft worden ist.

Wenn dann ein solcher Geist durch die Pforte des Todes geht, weiterlebt, so lebt natürlich eine solche Stoßkraft weiter, und man hat dann, wenn man den Weg weiter verfolgt, vor allen Dingen den Eindruck: Das geht durch das Leben zwischen dem Tod und einer neuen Geburt durch, indem vieles von dem, was Sehnsucht geblieben ist, ausgebildet wird als weltumspannende Pläne für ein späteres Leben; aber weltumspannende Pläne, die keine sehr konkrete Form annehmen. Weil ja alles eben abgestumpft worden ist, nehmen sie keine konkrete Form an.

Nun, ich gestehe, ich muß mir immer jetzt die Frage stellen: Soll ich, oder soll ich nicht? Aber ich meine, es hilft ja nichts, wenn man von diesen Dingen nur in Abstraktionen redet. Und so müssen schon alle Rücksichten beiseitegesetzt werden, um in konkreten Fällen von den Dingen zu reden, die da sind. Möge die Welt die Sache nehmen, wie sie sie eben nehmen kann. Für die Verbreitung von Anthroposophie bestehen innerliche geistige Notwendigkeiten. Man fügt sich dem, was sozusagen in einem angeregt wird aus den geistigen Notwendigkeiten heraus und treibt keine nach außen gehende «Opportunität»: Opportunität hat ja der Anthroposophischen Gesellschaft genugsam geschadet; sie soll in Zukunft nicht weiter getrieben werden. Und selbst wenn die Dinge recht paradox wirken sollten, so sollen sie doch in der Zukunft einfach gerade gesagt werden.

Verfolgt man diesen Muavija, der also einer der nächsten Nachfolger des Propheten war, weiter im Laufe der Geschichte, wie er in der Unterströmung weitergeht und wieder auftaucht, so findet man Woodrow Wilson.

Und in einer erschütternden Weise schließt sich einem zusammen die Gegenwart mit der Vergangenheit. Plötzlich steht eine Verbindung da zwischen der Gegenwart und der Vergangenheit. Und man kann dann sehen, wenn man schaut, wie gewissermaßen, ich möchte sagen, auf dem Meere des Geschehens, des geschichtlichen Geschehens da auftaucht die Woge Muavija, da auftaucht die Woge Woodrow Wilson, man sieht, wie die Unterströmung durch das Meer weitergeht, und wie da dieselbe Strömung vorliegend ist.

Und so erst wird die Geschichte, denke ich, begreiflich, wenn man sieht, wie aus der einen Epoche in die andere dasjenige herübergetragen wird, was eigentlich wirklich geschieht. Suchen Sie die ganze, ich möchte sagen, schon abstrakt-stierhafte Art der Vierzehn Punkte – es ist natürlich nicht die Betrachtung von den Vierzehn Punkten ausgegangen –, aber suchen Sie jetzt, nachdem die Sache da liegt, diese stierhafte Art, sich diesen abstrakten Vierzehn Punkten hinzugeben, suchen Sie diese in der Seelenkonfiguration auf, und fragen Sie sich dann, ob solche Seelenkonfiguration in solcher Stärke woanders veranlagt sein konnte als in einem Nachfolger Mohammeds! Und nehmen Sie den schon bei Muavija ausgebildeten Fatalismus, und übertragen Sie ihn in die Zeit der modernen Abstraktheit und fühlen Sie die Ähnlichkeit mit dem Mohammedanischen: Allah hat es geoffenbart; Allah wird es bewirken, das einzige Heil! – und versuchen Sie, manches Wort, das ausgegangen ist von dem Träger der Vierzehn Punkte, richtig zu verstehen: Sie werden cum grano salis eine fast wörtliche Übereinstimmung finden.

So können wir schon, wenn wir uns die Menschen anschauen, auch von einer Wiederverkörperung der Ideen sprechen. Dann wird das Werden der Geschichte eigentlich erst eingesehen.

ELFTER VORTRAG

DORNACH, 22. MÄRZ 1924

Die Karmabetrachtungen, die wir hier angestellt haben, und die uns ja in der letzten Zeit zu sehr bestimmten einzelnen Fällen von karmischen Zusammenhängen geführt haben, sie sollen Stoff zusammentragen für eine Beurteilung nicht nur einzelmenschlicher Zusammenhänge, sondern auch geschichtlicher Zusammenhänge. Und deshalb möchte ich zu den Beispielen, die ich behandelt habe, heute und morgen noch einzelnes hinzufügen, heute einiges Vorbereitende und morgen dann die karmischen Betrachtungen dazufügen.

Sie werden ja gesehen haben, daß die Betrachtung des Zusammenhangs zwischen dem einen und dem anderen Erdenleben eigentlich immer auf ganz bestimmten Symptomen ruhen muß, bestimmten einzelnen Tatsachen, von denen man ausgehen muß, und die einen dann dazu führen, die konkreten Zusammenhänge zu sehen. Und ich habe Ihnen für die gewagten Fälle, die ich angeführt habe, ja auch gezeigt, worinnen diese einzelnen Anhaltspunkte im besonderen zu suchen sind.

Nun möchte ich heute, wie gesagt, vorbereitend den morgigen Vortrag, Ihnen gewisse Fälle vorlegen, die dann aber erst morgen zur Lösung kommen werden.

Da möchte ich zunächst auf das besondere Interesse hinweisen, das die eine oder die andere Persönlichkeit erregen kann. Ich werde geschichtliche Persönlichkeiten und Persönlichkeiten aus dem gewöhnlichen Leben anführen. Das besondere Interesse, das solche Persönlichkeiten in uns erregen können, kann uns schon darauf führen, gewissermaßen einen Antrieb zu bekommen, die Lebenszusammenhänge zu suchen. Und wer sie richtig suchen kann, der kann sie dann eigentlich auch finden. Denn Sie werden bemerkt haben, gerade aus der Art und Weise, wie ich dargestellt habe, daß es auf das richtige Suchen wesentlich ankommt.

Nun ist – wir wollen in dem, was gewagt ist, durchaus fortfahren, uns nicht abhalten lassen, diese gewagten Betrachtungen anzustellen – doch zweifellos, wie man sich sonst auch zu dieser Persönlichkeit stellen kann, eine interessante europäische Persönlichkeit des 19. Jahrhunderts Garibaldi, der natürlich in einer ganz merkwürdigen Art sich in den geschichtlichen Zusammenhang des 19. Jahrhunderts hereinstellte. Wollen wir ihn heute einmal, wie gesagt, vorbereitend betrachten, und ich will Ihnen insbesondere die Dinge vorlegen, die den geisteswissenschaftlichen Betrachter dann zu den Zusammenhängen führen können, die wir morgen ins Auge fassen wollen.

Garibaldi ist ja eine Persönlichkeit, die sozusagen das ganze 19. Jahrhundert in einer ganz außerordentlich bedeutsamen Weise miterlebt hat, die 1807 geboren ist und bis in die zweite Hälfte des 19. Jahrhunderts an hervorragendem Platze gewirkt hat. Das bedeutet schon einen charakteristischen Menschenausdruck, insbesondere für diese Zeit des 19. Jahrhunderts.

Wenn wir nun die geistig wesentlichen Züge dieses Lebens betrachten, so finden wir: er ist der Sohn eines armen Mannes in Nizza, eines armen Mannes, der Schiffahrtsdienste zu leisten hat, ein Kind, das wenig Neigung hat, teilzunehmen an dem, was so die landläufige Erziehung dem Menschen bietet, ein Kind, das eigentlich kein guter Schüler ist, aber ein reges Interesse hat für die mannigfaltigsten Menschheitsangelegenheiten. Was ihm in der Schule geboten wurde, hat ihn ja in ziemlich weitgehendem Umfange dazu veranlaßt, möglichst viel nicht gerade die Aufmerksamkeit in den Klassen zu entfalten, sondern mehr das Schwänzen außerhalb der Schule. Aber wenn er irgendein Buch bekommen konnte, das ihm Interesse einflößte, so konnte er – trotzdem er sonst viel lieber herumtollte, am Ufer oder in Wäldern herumtollte, wenn der Lehrer auf seine Art die Welt den Kindern beibringen wollte – auf der anderen Seite auch wiederum gar nicht weggebracht werden von solch einem Buche, das gerade sein besonderes Interesse erregt hatte. Da konnte er mit dem Rükken auf der Erde, mit dem Bauche der Sonne zugewendet, lange Zeit liegen, auch das Essen wiederum schwänzen, und sich ganz vertiefen in ein solches Buch.

Aber am meisten interessierte ihn doch die Welt. Er machte sich früh daran, hineinzuwachsen in den Beruf seines Vaters, und er hat teilgenommen, zuerst in unselbständiger, dann in selbständiger Stellung, am Herumfahren auf dem Meere mit den Schiffen, hat das Adriatische Meer viel befahren und all das mitgemacht, was dazumal in der ersten Hälfte des 19. Jahrhunderts noch möglich war. Es war ja die Zeit, wo noch nicht der Liberalismus, die Demokratie alles in Polizeimaßregeln auch auf dem Meere einschematisiert hatte, sondern wo es noch etwas freiere Regsamkeit im Menschenleben gab. Da hat er denn, wie es eben ist, wenn man – nun ja, mehr oder weniger – tun kann, was man will, allerdings auch das mitgemacht, daß, ich glaube, drei- oder viermal ist ihm das passiert, das Schiff gekapert worden ist von Seeräubern und er in die Gefangenschaft von Seeräubern gekommen ist. Aber er war ja auch neben dem, daß er genial war, schlau und ist immer wieder entkommen, und zwar sehr bald entkommen.

So wuchs er denn heran, eigentlich immer in der großen Welt lebend – wie gesagt, ich will nicht eine Biographie geben, sondern nur einzelne charakteristische Züge anführen, die dann morgen auf eine wesentliche Betrachtung führen können –, und er bekam einen besonders lebendigen Eindruck von dem, was sich ihm als inneres Verhältnis zur Welt aus seiner Wesenheit heraus ergeben konnte, als er einmal, schon ziemlich herangereift, von seinem Vater an Land geführt worden ist, und zwar gerade in Rom, wo er dann von Rom aus Italien betrachtet hat. Es muß da etwas Besonderes gerade bei dieser Betrachtung Italiens von Rom aus durch seine Seele gezogen sein. Er hat ja, wenn er so mit seinen Schiffern durch das Meer gefahren ist, von den Leuten, die zumeist sehr regsam waren, aber gerade ein bestimmtes Interesse nicht hatten, die nämlich schlafend waren für die Zeitverhältnisse, manchmal wohl einen Eindruck empfangen, der ihn zur Verzweiflung bringen konnte, weil die Leute keinen Enthusiasmus hatten für echtes Menschentum, das insbesondere in ihm in einer gemütvoll genialen Weise eigentlich frühzeitig zur Geltung gekommen ist.

Und so muß etwas – man möchte fast sagen wie eine Vision – dazumal bei diesem An-Land-Gehen in Rom durch seine Seele gezogen sein, was ihm seine spätere Rolle bei der Befreiung Italiens vorgezeichnet hat. Und aus seinen übrigen Lebensverhältnissen heraus ist er ja in der ersten Hälfte des 19. Jahrhunderts dasjenige geworden, was dazumal leichter den Menschen geworden ist: Er ist eigentlich fanatisch antikatholisch, antiklerikal und fanatischer Republikaner geworden, ein Mensch, der sich deutlich vorsetzte, alles zu tun, was er nur tun könne, um das Glück der Menschheit in der ihm möglichen Weise herbeizuführen, der das auch wirklich sich vornahm zu tun.

Als er dann teilgenommen hat an allerlei Bewegungen, die ja in Italien auch in der ersten Hälfte des 19. Jahrhunderts immer da waren, Bewegungen innerhalb engerer Kreise, da ist es ihm passiert, daß er zum erstenmal – ich glaube, er war schon dreißig Jahre alt oder so etwas um dreißig herum – seinen Namen in der Zeitung gelesen hat. Das bedeutete ja dazumal noch viel mehr als heute, seinen Namen einmal in der Zeitung zu lesen. Aber er hat eben gerade ein besonderes Schicksal gehabt in bezug auf dieses Lesen seines Namens in der Zeitung, denn er hat ihn bei der Gelegenheit gelesen, als sein Todesurteil verkündet wurde durch die Zeitung. Also er hat sich selber zuerst gelesen, als er sein Todesurteil durch die Zeitung gegeben sah. Es ist immerhin ein charakteristischer Zug, denn nicht jeder Mensch erlebt so etwas, nicht wahr?

Nun, es war ihm aber nicht gegönnt – und das ist sehr charakteristisch, weil schon damals durchaus sein Enthusiasmus vorhanden war –, es war ihm nicht gegönnt, da schon etwa in die

Verhältnisse Italiens oder Europas einzugreifen, sondern es war ihm vom Schicksal auferlegt, zunächst nach Amerika zu gehen und in Amerika an allerlei Freiheitsbewegungen teilzunehmen, bis gegen das Jahr 1848 hin. Aber er blieb immer ein ganz merkwürdiger, mit ganz besonderen individuellen Eigenschaften ausgestatteter Mensch. Ist schon das, was ich eben erwähnt habe, ein doch recht singulärer Zug in seinem Leben, daß er seinen Namen zuerst in der Zeitung findet bei Bekanntmachung seines eigenen Todesurteils, so hat er noch eine, man kann schon sagen individuelle biographische Tatsache erlebt, etwas, was auch den wenigsten Menschen passiert. Er hat nämlich die weibliche Persönlichkeit, mit der er dann das Glück seines Lebens durch viele Jahre hindurch begründet hat, auf einem ganz eigentümlichen Wege kennengelernt, nämlich von weit draußen auf dem Meere, wo er auf dem Schiffe war, durch ein Fernglas ans Land hin. Das ist auch eine nicht gerade bei den meisten Menschen vorkommende Art, sich zu verlieben: durch ein Fernglas.

Dann aber wiederum hat es ihm das Schicksal besonders leicht gemacht, diese von ihm als die Seinige auf den ersten Blick – aber wie gesagt, auf den ersten Blick durch das Fernglas –, als die Seinige bezeichnete, bald auch kennenzulernen. Denn natürlich, er steuerte sofort auf das Land zu, in der Linie, die er gesehen hatte durch das Fernglas, und da wurde er eingeladen von einem Manne zum Mittagessen. Und siehe da, es stellte sich gleich nachher heraus – er hatte die Einladung angenommen –, daß das der Vater der Persönlichkeit war, die er durch das Fernglas gesehen hatte. Nun konnte sie nur Portugiesisch, er nur Italienisch; aber es wird versichert von dem Biographen, und es scheint auch richtig zu sein, daß die junge Dame, trotzdem sie nur Portugiesisch konnte, seine ganz kurz bemessene Liebeserklärung, die er nun auch mündlich ablegte, die ja nur in den Worten bestanden zu haben scheint: Wir müssen uns vereinen für das Leben – italienisch gesagt –, daß sie sofort diese Liebeserklärung verstanden hat. Und tatsächlich wurde daraus eine Lebensgemeinschaft für lange, lange Zeit.

Diese Persönlichkeit nahm teil an all den furchtbar abenteuerlichen Reisen, die er in Südamerika absolviert hat, und es gibt Züge, die einen erschütternden Eindruck machen. So zum Beispiel ist einer der Züge der, daß sich das Gerücht verbreitete, Garibaldi wäre getötet worden im Kampf. Nun stürmte die Frau aufs Schlachtfeld und hob jeden Kopf auf, um nachzusehen, ob das Garibaldi sei. Dann fand sie nach langer Zeit, nachdem sie viel abenteuerlich zu suchen hatte, ihn eben doch als Lebendigen wieder.

Aber schon wirklich erschütternd ist es, daß sie bei dieser abenteuerlichen Reise auf der Suche nach Garibaldi, die lange Zeit dauerte, ohne jede Hilfe ihr Kind geboren hat, daß sie, um es warm zu halten, es an einem Band um den Hals gebunden und an ihrer eigenen Brust warm gehalten hat durch lange Zeiten. Es sind in dieser amerikanischen Tätigkeit Garibaldis schon wirklich die tief erschütterndsten Züge vorgekommen.

Als dann in Europa die Zeit kam um die Mitte des 19. Jahrhunderts, wo die verschiedenen Freiheitsimpulse durch die Völker gingen, da hielt es Garibaldi nicht mehr in Amerika, da kam er zurück in sein Vaterland. Und das ist ja ziemlich allgemein bekannt geworden, wie er nun in intensivster und regster Weise durch das Werben von Freischaren unter den schwierigsten Verhältnissen beigetragen hat zu dem, was dann Italien geworden ist und nicht nur beigetragen hat, sondern der eigentliche Schöpfer dessen war, was geschehen ist.

Und da tritt ein Zug in seinem Leben, in seinem Charakter ganz besonders stark hervor. Er war ja ein in jeder Beziehung unabhängiger Mann, ja, ein Mann, der eigentlich, ich möchte sagen, auf naive Weise immer in allen Lebensverhältnissen groß dachte und sich nur um das bekümmerte, was aus seinen innersten Impulsen hervorquellen wollte. Und so ist es schon wirklich sehr merkwürdig, wie er alles getan hat, um die Dynastie des Viktor Emanuel dazu zu bringen, eben dem Königreich Italien vorstehen zu können, während eigentlich die ganze Einigung Italiens, die Befreiung Italiens von ihm ausgegangen ist. Diese Dinge, wie er Neapel, Sizilien erobert hat mit verhältnismäßig ganz geringer, undisziplinierter, aber begeisterter Truppenmacht, wie dann der spätere König von Italien nur einzuziehen brauchte in die von Garibaldi für das Königtum eroberten Gebiete, wie aber doch im Grunde genommen nichts von seiten der königlichen Familie und ihrer Umgebung geschehen ist, um in der richtigen Weise zu würdigen, was Garibaldi getan hatte, das ist doch schon etwas, was einen tiefen Eindruck machen kann. Denn im Grunde genommen, wenn man es trivial ausdrücken wollte, müßte man sagen: die Savoyische Dynastie verdankte Garibaldi alles, und sie war im höchsten Grade undankbar gegen Garibaldi, hat eigentlich nur diejenigen Höflichkeiten gebraucht gegen Garibaldi, denen man sich eben nicht entziehen konnte, die notwendig waren.

So zum Beispiel gerade beim Einzug in Neapel. Garibaldi hatte doch Neapel für die Dynastie erobert und wurde von den Neapolitanern als der eigentliche Befreier angesehen, bei dessen Erscheinen überall ein Sturm von Jubel losging. Es wäre undenkbar gewesen, daß etwa der spätere König von Italien in Neapel ohne Garibaldi eingezogen wäre. Ganz undenkbar wäre es gewesen. Aber die Ratgeber, die waren entschieden dagegen. Gewiß, es ist ja bei manchen ähnlichen Ratgebern viel Kurzsichtigkeit; aber wenn nicht doch Viktor Emanuel einen gewissen Instinkt gehabt hätte und Garibaldi in seiner roten Bluse nicht neben sich hätte sitzen lassen beim Einzug in Neapel, so würde er ganz gewiß statt mit Jubel, mit dem eigentlich Garibaldi, nicht der König von Italien, empfangen worden ist, er würde ganz gewiß ausgepfiffen worden sein. Das ist etwas, was man mit absoluter, exakter Sicherheit behaupten kann, wenn er in Neapel ohne Garibaldi eingezogen wäre.

So war es eigentlich im Grunde genommen auf Schritt und Tritt. Bei einem der Züge, mehr in Mittelitalien, hat eigentlich Garibaldi alles geleistet. Die königlichen Feldherrn mit dem König sind – ich weiß nicht, man sagt in solchen Fällen, um es glimpflich auszudrücken – zu spät gekommen: es war schon durch Garibaldi alles fertiggemacht. Aber als das Heer mit den viele Orden tragenden Feldherrn erschien und begegnete dem Garibaldi-Heer, das keine Orden trug, das auch ziemlich anspruchslos sonst in der Kleidung war, da erklärten die Feldherrn: Ja, man kann doch nicht mit denen zusammen etwa reiten, das läßt sich doch nicht machen, das kann nicht sein. Aber Viktor Emanuel hatte, wie gesagt, einen gewissen Instinkt. Er rief Garibaldi an seine Seite, und die Feldherren, die lange Nasen machten, mußten sich nun zunächst mischen unter diejenigen, die als Garibaldi-Heer sich anreihten. Diesen Feldherrn scheint entsetzlich schlecht geworden zu sein, sie scheinen Magenkrämpfe gekriegt zu haben. Und dann ging es schon nicht anders: Als dann der Einzug in eine Stadt geschehen sollte, mußte Garibaldi, der eigentlich alles gemacht hatte, als Nachhut ganz hinten sich anschließen. Sie mußten die anderen voranmarschieren lassen. Es ist ein Fall, wo die Leute tatsächlich gar nichts getan hatten, aber sie zogen zuerst ein, und dann Garibaldi mit seinen Garibaldianern.

Das Wesentliche sind diese merkwürdigen Schicksalsverkettungen. Gerade an diesen Schicksalsverkettungen müssen Sie das sehen, was auf die karmischen Zusammenhänge führt. Denn, nicht wahr, es hat ja nicht eigentlich etwas direkt mit menschlicher Freiheit oder Unfreiheit zu tun, daß man zuerst seinen Namen bei seinem Todesurteil gedruckt findet, oder daß man seine Frau durch ein Fernglas findet. Das sind schon Schicksalszusammenhänge, die neben dem, was trotzdem immer als Freiheit im Menschen ist, einherlaufen. Aber diese Dinge, von denen man sicher sein kann, daß sie Schicksalsverkettungen sind, die sind zu gleicher Zeit die großen Anreger, um eben das Wesen des Karmas praktisch zu studieren.

Nun, es sind bei solchen Persönlichkeiten auch, ich möchte sagen, die Nebensächlichkeiten des Lebens charakteristisch. Bei solchen Persönlichkeiten sind sie wirkliche, starke Nebensächlichkeiten. Sehen Sie, Garibaldi war, was man einen schönen Mann nennt. Er hatte sehr schönes dunkelblondes Haar, war überhaupt sehr schön. Das Haar war lockig, dunkelblond, und wurde von den Frauen sehr geliebt. Nun, man kann ja, wie gesagt, schon aus den wenigen Zügen, die ich Ihnen von der durch das Fernrohr Erkorenen angeführt habe, von ihr nur das Allerbeste, Interessanteste, Hingebungsvollste sagen; aber eifersüchtig scheint sie doch gewesen zu sein! Das scheint doch nun nicht ganz von ihr weggeblieben zu sein.

Was tat Garibaldi, als die Eifersucht, wie es scheint, eines Tages doch starke Dimensionen angenommen hatte? Er ließ sich sein schönes blondes Haar bis auf die Wurzeln wegschneiden, er ließ sich zum Kahlkopf machen. Es war noch in Amerika. Das alles sind Züge, die wirklich zeigen, wie sich die Schicksalsnotwendigkeiten in das Leben eben hineinstellen.

Garibaldi wurde dann eine europäische Größe nach dem, was er in Italien getan hatte, und wer heute durch Italien reist, weiß ja, daß man eigentlich, wie man von Stadt zu Stadt reist, so auch von Garibaldi-Denkmal zu Garibaldi-Denkmal reist. Aber es gab Zeiten in Europa, wo auch überall außerhalb Italiens der Name Garibaldi mit riesigem Interesse und großer Hingebung genannt worden ist, wo auch, sagen wir, sogar die Damen in Köln oder in Mainz oder irgendwo rote Blusen trugen zu Ehren Garibaldis, weil die rote Bluse eben die Tracht der Garibaldianer war – von London ganz abgesehen: da war die rote Bluse ganz Mode geworden.

Aber dieser Zug ist interessant: Als dann der Deutsch-Französische Krieg 1870 war, stellte sich der nunmehr alt gewordene Garibaldi den Franzosen zur Verfügung. Und interessant ist es, daß er eigentlich der einzige war, der bei einer gewissen Gelegenheit, trotzdem er ja doch nur geübt war in den freien Kriegen, die er in Italien und in Amerika geführt hatte, doch in einem verhältnismäßig regulären Kriege eine deutsche Fahne so erbeutet hat, daß sie hervorgezogen werden mußte aus einem Menschenhaufen, der sie ganz bedeckt hatte, sie schützen wollte mit den eigenen Leibern. Garibaldi hat die Fahne erbeutet. Aber weil er wiederum einen ungeheuren Respekt davor hatte, daß die Menschen sich mit ihren eigenen Leibern auf die Fahne geworfen hatten, hat er sie, nachdem er sie erbeutet hatte, den Besitzern wiederum zurückgeschickt. Allerdings ist er dann, als er in einer Versammlung erschienen ist, ausgepfiffen worden ob dieser Tat.

Nicht wahr, nicht nur ein interessantes Leben, sondern tatsächlich ein Mensch, der sich schon in einer ungeheuer charakteristischen Weise abhebt von allem dem, was sonst im 19. Jahrhundert an Größen heraufgekommen ist! So ursprünglich, so elementar und so aus primitiven und doch wiederum genialen Impulsen heraus wirkend waren die anderen auf diesem Gebiete ganz gewiß nicht. Sie waren vielleicht imstande, größere Heeresmassen zu führen, regelrechter tätig zu sein, aber eine so echte, ursprüngliche Begeisterung für das, was auf diesem Wege angestrebt wurde, war wohl bei niemandem vorhanden in diesem Zeitalter, das schon so tief im Materialismus drinnengesteckt hat.

Nun, das ist eine der Persönlichkeiten, die ich Ihnen vorführen möchte. Wie gesagt, ich werde heute die Vorbereitungen geben, morgen die Lösungen versuchen.

Eine andere Persönlichkeit ist Ihnen ja dem Namen nach sehr gut bekannt; aber gerade diese Persönlichkeit ist in bezug auf die Untersuchung des Karmas von einem außerordentlich großen Interesse: das ist Lessing.

Ich möchte sagen, gerade Lessings Lebenszusammenhänge haben mich immer außerordentlich interessiert. Lessing ist ja eigentlich, möchte man sagen, der Begründer des besseren Journalismus, jenes Journalismus, der Substanz hat, jenes Journalismus, der auch noch etwas will.

Dabei ist Lessing bestrebt, gegenüber jenem überbürgerlichen Elemente, das eigentlich vor ihm innerhalb seines Zivilisationskreises den alleinigen Gegenstand für den Dichter, für den Dramatiker bildete, das bürgerliche Leben in das Drama einzuführen, dasjenige Leben überhaupt, welches zusammenhängt mit den Schicksalen der Menschen als Menschen, nicht mit den Schicksalen der Menschen, insofern diese eine soziale Stellung und dergleichen haben. Die rein menschlichen Konflikte wollte Lessing auf die Bühne bringen.

Dabei hat er sich an manches große Problem herangemacht, wie an das, daß er versuchte, die Grenzen der Malerei und Poesie festzustellen in seinem «Laokoon». Aber das Interessanteste ist, in welcher, ich möchte sagen, stoßkräftigen Art Lessing die Toleranzidee verfochten hat. Sie brauchen ja nur seinen «Nathan der Weise» einmal ins Auge zu fassen, dann werden Sie sehen, wie in diesem Lessing die Toleranzidee in ganz eminentester Weise lebt, wie er im Hineinflechten der Fabel von den drei Ringen in seinem «Nathan» zeigen wollte, wie die verschiedenen Religionen abgeirrt sind, wie die drei Hauptreligionen abgeirrt sind von ihrer ursprünglichen Gestalt, wie sie eigentlich alle drei nicht echt sind, und man die echte, die verloren ist, suchen müsse. So daß also hier die Toleranz mit einer außerordentlich tiefsinnigen Idee verbunden ist.

Dann aber ist bei Lessing interessant dieses Freimaurergespräch «Ernst und Falk» und anderes, was herausstammt aus der Freimaurerei. Was Lessing als geschichtlicher Erforscher des religiösen Lebens, als Kritiker des religiösen Lebens geleistet hat, das ist ja etwas, was für den, der zu beurteilen vermag, was so etwas bedeutet innerhalb des 18. Jahrhunderts, eben erschütternd ist. Man muß nur diesen ganzen Lessing in seiner Persönlichkeit sich vor die Seele stellen können.

Das kann man allerdings nicht, wenn man auf der einen Seite, sagen wir, etwa lesen wollte das zweibändige, als abschließend geltende Werk über Lessing von Erich Schmidt, denn da ist nicht Lessing geschildert, da ist ein Hampelmann geschildert, der zusammengesetzt ist aus verschiedenen menschlichen Gliedern, und von dem behauptet wird, daß er den «Nathan» geschrieben habe und den «Laokoon» geschrieben habe. Aber das sind bloße Behauptungen, daß der, der hier biographisch behandelt wird, das geschrieben habe. Und in ähnlicher Weise sind die anderen Lessing-Biographien verfaßt.

Man bekommt ungefähr einen Eindruck von Lessing, wenn man die Wurfkraft ins Auge faßt, mit der er seine Sätze hinschleudert, um den Gegner zu treffen. Eine vornehme, aber zu gleicher Zeit überall treffende Polemik entwickelt er eigentlich zunächst an mitteleuropäischer Zivilisation. Dabei muß man eine eigentümliche Nuancierung in seinem Charakter gerade dann ins Auge fassen, wenn man auf seine Lebenszusammenhänge eingehen will. Auf der einen Seite wird derjenige, der einen Sinn hat für die Schärfe, für die oft kaustische Schärfe, die in solchen Schriften wie in der «Hamburgischen Dramaturgie» zum Beispiel zutage tritt, nicht leicht den Weg hinüberfinden – aber man muß ihn finden, um Lessing zu verstehen – zu dem, wie Lessing in einem Briefe schreibt, als ihm sein Sohn geboren wurde, der gleich nach der Geburt starb. So ungefähr: Ja, er hat sich gleich wiederum aus dieser Welt des Jammers empfohlen. Er hat damit das Beste getan, was ein Mensch tun kann. – So ungefähr heißt es, ich kann es nicht wörtlich zitieren. Es heißt dieses, den Schmerz ausdrücken in einer ungeheuer kühnen Weise, die aber doch deshalb den Schmerz nicht weniger tief fühlt als derjenige, der ihn nur zu beweinen vermag. Daß er so den Schmerz ausdrückt, dieses Sich-auf-sich-zurückziehen-Können im Schmerz, das war zu gleicher Zeit dem eigen, der in der intensivsten Weise vorwärtszustoßen verstand, wenn er seine Polemik entwickeln wollte. Daher ist es auch so herzzerreißend, wenn man gerade jenen Brief liest, den Lessing geschrieben hat, als ihm das Kind gleich nach der Geburt gestorben ist und die Mutter schwer krank darniederlag.

Dieser Lessing hat nun dieses merkwürdige Schicksal gehabt – und das ist bloß charakteristisch, wenn man eben den karmischen Zusammenhang bei ihm suchen will –, in Berlin befreundet zu werden mit einem Manne, der ja eigentlich, man möchte sagen, in jedem Zug des Lebens der Gegensatz von Lessing war: Nicolai.

Sehen Sie, Lessing, von dem – wenn es auch nicht ganz wahr ist, charakteristisch ist es doch für ihn – gesagt werden kann, daß er nie geträumt hat, weil sein Verstand so scharf war, er ist deshalb, wie wir morgen sehen werden, doch gerade für den Geistesforscher durch seine geistigen Zusammenhänge eine außerordentlich bedeutsame Persönlichkeit. Aber es war etwas bei Lessing, was einen jeden Satz eigentlich entzückend macht in der Konturierung der Sätze, in dem Treffsicheren, mit dem der Gegner in den Sand gelegt wird. Das war das Gegenteil bei Nicolai. Nicolai ist der Typus eines Philisters, ein richtiger Philister. Er war eben doch mit Lessing befreundet, aber er war ein eigentümlicher Philister, ein Philister, der Visionen hatte, die merkwürdigsten Visionen hatte.

Lessing, der Geniale, hatte gar keine Visionen, nicht einmal Träume. Aber der Philister Nicolai litt eben an Visionen. Sie kamen, und sie gingen nur fort, wenn ihm Blutegel angesetzt wurden. Wenn es gar nicht mehr ging, so wurden ihm eben Blutegel gesetzt, dem Philister Nicolai, damit er nur ja nicht immer fort und fort aus der geistigen Welt heraus bestürmt würde.

Fichte hat eine ganz interessante Schrift gegen Nicolai geschrieben. Er hat eigentlich das deutsche Philistertum in der Persönlichkeit des Nicolai symptomatisch schildern wollen. Aber jener Nicolai war eben doch der Freund Lessings.

Nun, ein anderer Zug noch bei Lessing ist sehr merkwürdig. Lessing hat sich in bezug auf seine Weltanschauung viel mit zwei

Philosophen beschäftigt, mit Spinoza und Leibniz. Nun muß ich sagen, ich hatte ja solche Nebenbeschäftigungen manchmal gewählt, die Schriften zu lesen, in denen bewiesen wird von der einen Seite, daß Lessing Leibnizianer gewesen ist, und die anderen, die immer wieder beweisen mit noch gediegeneren Gründen, daß er Spinozist gewesen ist. Die stehen sich in der Welt gegenüber. Und man kann schon sagen, eigentlich kann man nicht recht unterscheiden, ob Lessing, der scharfsinnige Mann, Leibnizianer oder Spinozist gewesen ist – was das Gegenteil voneinander ist. Spinoza: pantheistisch, monistisch; Leibniz: monadistisch, also lauter Einzelwesen, ganz individualistisch. Aber man kann das nicht unterscheiden, ob Lessing Leibnizianer oder Spinozist gewesen ist. So daß man, wenn man nach dieser Richtung hin Lessing prüft, eigentlich zu keinem abschließenden Urteil kommt. Man kann nicht zu einem abschließenden Urteil kommen.

Dieser Lessing hat am Abschluß seines Lebens die merkwürdige Schrift «Die Erziehung des Menschengeschlechts» geschrieben, wo am Ende, man möchte sagen, wie ganz vereinsamt die Idee der wiederholten Erdenleben auftritt. Die Schrift handelt so über die Erziehung des Menschengeschlechts, daß nacheinander die Menschheit Epochen der Entwickelung, der Zivilisationsentwickelung durchmacht: Wie die Götter dem Menschen das erste Elementarbuch, das Alte Testament, in die Hand geben, wie dann das zweite Elementarbuch, das Neue Testament, kommt, wie in der Zukunft ein drittes Buch kommen wird zur Erziehung des Menschengeschlechtes.

Dann aber klingt die Schrift aus in eine kurze Darstellung, daß der Mensch in wiederholten Erdenleben lebt. Und dann wiederum, in einer Weise, die ganz aus dem Charakter Lessings herauskommt, sagt er: Sollte diese Idee der wiederholten Erdenleben – er gebraucht diesen Ausdruck nicht, aber es ist das ja da – deshalb so absurd sein, weil sie in der ersten Zeit, als die Menschen noch nicht durch die Schulweisheit verdorben waren, bei den

Menschen auftrat? – Es klingt dann die Schrift in einen wahren Panegyrikus auf die wiederholten Erdenleben aus und hat zuletzt die schönen Worte, hinweisend, wie der Mensch von Erdenleben zu Erdenleben geht, die dann ausklingen in: «Ist nicht die ganze Ewigkeit mein?»

Man traf, vielleicht trifft man es auch heute noch, wenn man mit den Leuten zusammenlebt, immer wieder die Menschen, die eigentlich Lessing sehr schätzten, aber abrückten von der Schrift: «Die Erziehung des Menschengeschlechts». Man kann eigentlich nicht verstehen, was solche Menschen für eine Seelenbeschaffenheit haben. Sie schätzen solch einen genialen Menschen aufs höchste, lehnen aber dasjenige ab, was er gerade in seinem reifsten Alter der Menschheit gibt. Er ist halt alt geworden, senil – so sagen sie –, da kann man nicht mehr mitgehen – so sagen sie. Ja, nicht wahr, auf diese Art läßt sich alles wegschaffen!

Aber es hat eigentlich niemand ein Recht, Lessing anzuerkennen, der nicht diese Schrift, die von ihm als reifster Geist verfaßt worden ist, mit anerkennt. Und bei Lessing gibt es keine rechte Möglichkeit, wenn ein solch Lapidares hingestellt wird wie diese Idee der wiederholten Erdenleben, das nicht anzuerkennen.

Sie werden begreiflich finden, meine lieben Freunde, daß gerade diese Persönlichkeit mit Bezug auf Karma, mit Bezug auf ihren eigenen Durchgang durch die verschiedenen Erdenleben im höchsten Grade interessant ist. Denn etwa eine allgemein geltende Idee war in der zweiten Hälfte des 18. Jahrhunderts die Idee der wiederholten Erdenleben nicht. Sie ist schon bei Lessing fast wie aus der Pistole herausgeschossen, wie eine aufblitzende, geniale Idee. Und man kann nicht sagen, daß es irgendwie gelingen könnte, sie durch Erziehung oder durch irgend etwas zu erklären, was Einfluß haben könnte auf dieses besondere Lessing-Leben und wiederum auf dieses Lessing-Leben im hohen Alter. Das legt einem schon die Aufgabe nahe, zu fragen: Wie mag es mit dem vorangegangenen Erdenleben bei einem Menschen sein, bei dem in einem bestimmten Alter die Idee der wiederholten Erdenleben, die sonst seiner ihn umgebenden Zivilisation fremd ist, plötzlich auftaucht, und zwar auftaucht so, daß der Mensch selber hinweist darauf, wie sie einmal in der Urzeit vorhanden war; also eigentlich innere Gefühlsgründe anführt, die mit dem Hinweis auf die eigenen Erdenleben bis weit zurück zusammenhängen, trotzdem Lessing in seinem gewöhnlichen Oberbewußtsein gewiß von solchen Zusammenhängen keine Ahnung hatte? Aber die Dinge, die man nicht weiß, sind ja deshalb doch da. Wenn nur diejenigen Dinge da wären, die manche Menschen wissen, dann wäre die Welt sehr arm an Ereignissen und an Wesenheiten. Das ist die zweite Frage, die uns beschäftigen soll in karmischer Beziehung.

Eine dritte Frage möchte ich aufwerfen, weil sie vielleicht durch die Schilderung der konkreten Verhältnisse dann im karmischen Zusammenhange besonders lehrreich sein kann. Ich habe ja unter den Persönlichkeiten, die mir als Lehrer nahestanden in meiner Jugend, eine geschildert, die ich da nur so dargestellt habe, wie sie eben in diesem Zusammenhange dargestellt werden muß, die ich Ihnen aber heute mit einigen Zügen schildern möchte, die dann symptomatisch, bedeutend sein können für das Karmastudium.

Ich bin in der folgenden Weise auf das Karmastudium gerade dieser Persönlichkeit geführt worden. Es ist wiederum gewagt, wenn ich dieses erzähle, aber ich glaube nicht, daß in dem Zusammenhange, in dem heute das Geistesleben, das von Anthroposophie ausgehen soll, drinnensteht, diese gewagten Dinge vermieden werden können.

Sehen Sie, das, was ich Ihnen erzähle, hat sich mir eigentlich erst ergeben, nachdem ich einige Jahre den Betreffenden, der mir ein sehr lieber Lehrer war, bis zu meinem achtzehnten Lebensjahre, nicht mehr gesehen hatte. Ich hatte aber immer sein Leben weiter verfolgt, war ihm eigentlich immer nahe geblieben. Nun hatte ich in einem bestimmten Momente meines eigenen Lebens

Veranlassung, dieses Leben aus einem ganz bestimmten Grunde zu verfolgen.

In einem bestimmten Moment fing mich nämlich an, durch einen anderen Lebenszusammenhang, das Leben Lord Byrons außerordentlich zu interessieren. Und ich lernte dazumal auch Menschen kennen, die außerordentliche Byron-Enthusiasten waren. Zu diesen gehörte zum Beispiel die Dichterin, von der ich noch in meiner Lebensbeschreibung viel werde zu sagen haben, Marie Eugenie delle Grazie. Sie war eine Byron-Enthusiastin in einem bestimmten Alter ihres Lebens.

Dann war ein Byron-Enthusiast eine merkwürdige Persönlichkeit, eine sonderbare Mischung von allen möglichen Eigenschaften: Eugen Heinrich Schmitt. Manchen, die sich auch mit der Geschichte der Anthroposophie befaßt haben, wird ja der Name Eugen Heinrich Schmitt wohl aufgetaucht sein.

Nun, zunächst wurde Eugen Heinrich Schmitt in den achtziger Jahren in Wien bekannt, damals auch gleich mir bekannt, als er seine preisgekrönte Schrift über Hegels Dialektik, die von der Berliner Hegel-Gesellschaft ausgeschrieben war, geschrieben hatte. Da kam nun dieser lange Eugen Heinrich Schmitt – er war schmächtig und lang – nach Wien, ein Mann, der wirklich, wenn auch äußerlich in einer etwas sehr stark zur Schau getragenen Weise, von einem starken Enthusiasmus durchsetzt war, einem Enthusiasmus, der zuweilen, wie gesagt, auch äußerlich sehr starke Formen annahm, aber er war eben Enthusiast. Das ist etwas, was mir vielleicht nur einen Ruck gegeben hat. Ich dachte, ich wollte Eugen Heinrich Schmitt eine Freude machen, und da er gerade damals seinen begeisterten Artikel geschrieben hatte über Lord Byron, so führte ich ihn zu der anderen Byron-Enthusiastin, zu Marie Eugenie delle Grazie. Nun ging da eine furchtbar enthusiastische Byron-Diskussion los. Sie waren eigentlich einig, aber sie diskutierten lebhaft. Alle anderen, die da saßen, schwiegen. Es war dort eine ganze Anzahl von Theologen der Wiener katholischen Fakultät versammelt, die da jede Woche hinkamen, die man auch sehr genau kennenlernte und mit denen ich sehr befreundet geworden bin. Wir anderen schwiegen alle. Aber die beiden

Tafel 12 Leute unterhielten sich nun über Byron so: Da war der Tisch, etwas länglich, da saß delle Grazie, und hier saß Eugen Heinrich Schmitt, heftig gestikulierend. Plötzlich geht der Stuhl unter ihm weg, er fällt unter den Tisch, seine Füße bis zu delle Grazie hin. Ich darf wohl sagen, es war ein Schock, den man bekam. Aber dieser Schock löste bei mir eine ganz besondere Sache aus – ich möchte das wirklich ganz objektiv historisch erzählen –, er löste bei mir eine ganz besondere Sache aus: Alles, was da über Byron gesprochen worden war, das wirkte so, daß ich das lebhafteste Bedürfnis empfand, zu wissen, wie die karmischen Zusammenhänge bei Byron sein können! Das war natürlich nicht so leicht. Aber es ist wirklich so, wie wenn das Bild dieses Gespräches dagestanden hätte mit dem Eugen Heinrich Schmitt, der mit dem Fuß anstößig wurde, und wie wenn dieses Bild mich auf den Fuß von Byron gebracht hätte, der ein Klumpfuß war, wie Sie wissen: er schleppte den Fuß, weil er kürzer war. Und von da aus sagte ich mir: Solch einen Fuß hat ja auch dieser mein geliebter Lehrer gehabt, und –man muß einmal die karmischen Zusammenhänge untersuchen. – Ich habe Ihnen schon bei einem Beispiele, bei einer Beinverletzung Eduard von Hartmanns gezeigt, wie man durch solche Eigenschaften zurückgeführt wird. Ich konnte mir nun das Schicksal dieses mir nahestehenden Menschen, der auch gerade einen solchen Fuß hatte, leichter vor Augen stellen, und da war natürlich vor allen Dingen das sehr bemerkenswert, daß diese eine Eigenschaft, einen Klumpfuß zu haben, bei Byron und bei dem anderen vorlag. Aber sonst waren sie ganz verschieden: Byron, der geniale Poet, der abenteuerlicher Natur war trotz der Genialität, oder vielleicht wegen der Genialität, und der andere, der ein ausgezeichneter Geometer war, wie sie selten in solchen Lehrstellen vorkommen, den man nun wirklich bewundern konnte mit Bezug auf seine geometrische Phantasie und auf seine Handhabung der darstellenden Geometrie.

Kurz, ich konnte mir bei zwei seelisch ganz und gar verschiedenen Menschen das karmische Problem an dieser scheinbaren physischen Nebensache vorlegen; aber sie führte dazu, nun tatsächlich die beiden Probleme, den einen und den anderen Menschen, Byron und meinen Geometrielehrer, im Zusammenhang zu behandeln und das Problem dabei zu lösen.

Diese Fälle wollte ich Ihnen heute als charakteristische vorlegen, und wir wollen dann morgen an die karmische Betrachtung dieser Fälle gehen.

ZWÖLFTER VORTRAG

DORNACH, 23. MÄRZ 1924

Nun, meine lieben Freunde, ich habe Ihnen gestern eine Anzahl von Persönlichkeiten geschildert, und man muß ja bei einer solchen Schilderung, damit die Dinge wenigstens ihren Äußerlichkeiten nach überprüft werden können, bekanntere Persönlichkeiten nehmen. Ich habe deshalb eine Anzahl bekannterer Persönlichkeiten geschildert, gerade nach denjenigen Charaktereigenschaften hin, die dem geisteswissenschaftlichen Untersucher die Möglichkeit bieten, Anhaltspunkte zu geben, um die karmischen Zusammenhänge zu verfolgen. Und ich habe diesmal – wir werden ja über diese Dinge ausführlich in den verschiedensten Varianten immer wieder sprechen – solche Persönlichkeiten gewählt, an denen ich ein ganz bestimmtes Problem erörtern kann, ein Problem, das mir innerhalb der Gesellschaft entgegengetreten ist. Ich möchte dieses Problem, das, wie gesagt, andere gestellt haben, aus dem Schoße der Gesellschaft heraus, ganz trocken formulieren.

Es ist dies, daß ja bei jeder Gelegenheit hingewiesen wird darauf – mit Recht selbstverständlich –, daß es in der Vorzeit eingeweihte Persönlichkeiten gegeben hat, eingeweihte Persönlichkeiten mit einer hohen Weisheit, auf einer hohen Entwickelungsstufe und so weiter, und daß dann doch die Frage entsteht: Ja, wenn das Leben der Menschen immer wiederkehrt, wo sind denn jetzt in der Gegenwart diese einmal initiierten Persönlichkeiten? Sind die nicht aufzufinden im Umkreise der Menschen der Gegenwart unter denen, die es sozusagen gerade trifft, ihre Wiederverkörperung in dieser Zeit erleben zu sollen?

Deshalb habe ich solche Beispiele gewählt, an denen ich zugleich diese Frage erörtern kann. Sehen Sie, ich habe Ihnen das Bild, soweit wir es zunächst brauchen, des italienischen Freiheitshelden Garibaldi vorgeführt, und ich glaube, daß Sie, wenn Sie das nehmen, was ich gestern besprochen habe, und alles das hinzufügen, was Ihnen ja in reichlichem Ausmaße über diese Persönlichkeit bekannt sein wird, Sie schon gerade an dieser Persönlichkeit außerordentlich viel Rätselhaftes finden werden, vieles, das große, bedeutungsvolle Fragen aufwirft.

Nehmen wir nur einmal die paar Züge, über die Sie gestern sich zuweilen sogar ergötzt haben, die ich angeführt habe, das Bekanntschaftmachen durch das Fernglas mit einer Lebensgefährtin für viele Jahre, das Bekanntwerden mit dem Todesurteil durch den zum ersten Mal gedruckten Namen. Auch etwas anderes Frappierendes ist bei Garibaldi noch da: Die Lebensgefährtin, die er auf die geschilderte Weise gefunden hat, und die in einer so heldenhaften Weise, wie ich es gestern geschildert habe, an seiner Seite gestanden hat, sie war eben seine Lebensgefährtin viele Jahre hindurch. Also durch das Fernglas konnte er etwas sehr Gutes sehen. Später starb sie ihm weg, und er hat sich ja ein zweites Mal verheiratet, diesmal nicht durch ein Fernglas, denn solch eine Sache macht man ja, selbst wenn man Garibaldi ist, wohl nur einmal im Leben, aber diesmal auf eine ganz gewöhnlich bürgerliche Art, so wie es eben, nicht wahr, unter guten Bürgern zugeht. Aber da dauerte die Ehe nur einen Tag für Garibaldi! Also Sie sehen, es gibt auch noch dieses zweite Frappierende an dem Verhältnis Garibaldis zu den gewöhnlichen bürgerlichen Verhältnissen in dieser Welt.

Dann gibt es aber etwas anderes. Diese Dinge, die ich Ihnen da schildere, die sind schon so, daß sie durchaus den, der an dergleichen okkulte Untersuchungen gewöhnt ist, ich möchte sagen, dazu stoßen, daß er sie gebrauchen kann, um so starke Anhaltspunkte zu haben, daß er dann mit dem Schauen wirklich in ein früheres Leben oder in eine Anzahl früherer Leben zurückdringt. Aber es gibt noch etwas anderes, was vor allen Dingen als ein starkes Problem auftritt.

Sehen Sie, Garibaldi war eigentlich seiner Gesinnung nach – ich habe es gestern schon durchleuchten lassen – Republikaner, durch und durch Republikaner. Aber er hat sich für die Befreiung

Italiens so eingesetzt, daß er sich eigentlich gar nicht darauf eingelassen hat, Italien zu einer Republik zu machen, sondern Italien zu einem Königreich unter Viktor Emanuel zu machen. Das hat etwas außerordentlich Frappierendes. Wenn man den ganzen Garibaldi anschaut und dies nimmt, so hat es etwas außerordentlich Frappierendes.

Da war auf der einen Seite Viktor Emanuel, der als König natürlich nur an der Spitze des italienischen, befreiten Staates stehen konnte. Da war auf der anderen Seite Mazzini, der auch durchaus mit Garibaldi verbunden war, befreundet war, der eine Zeitlang ganz an der Spitze einer italienischen Republik gestanden hat, die da hätte eingerichtet werden sollen; der von sich aus nur dafür eintreten wollte, eine italienische Republik zu begründen.

Und die karmischen Verhältnisse bei Garibaldi lösen sich einem gar nicht, wenn man nicht auf einen gewissen Zusammenhang zunächst kommt. Und dieser Zusammenhang besteht in folgendem. Im Laufe von wenigen Jahren – Garibaldi, wissen Sie, ist 1807 in Nizza geboren – werden eigentlich im Umkreise von ein paar Quadratmeilen, könnte man sagen, vier Männer geboren, die dann einen deutlichen Lebenszusammenhang im weiteren Verlaufe der europäischen Verhältnisse hatten. In Nizza wird im Beginne des 19. Jahrhunderts also Garibaldi geboren. In Genua, also nicht weit davon entfernt, Mazzini. Wiederum in Turin, nicht weit davon entfernt, Cavour, und aus dem Savoyischen Hause, also wiederum nicht weit davon entfernt, Viktor Emanuel. Sie sind an Jahren und an der Lokalität der Geburtsorte durchaus einander nahegerückt. Und sie sind es alle viere, die zusammen, wenn auch nicht mit zusammenstimmender Gesinnung, ja, auch nicht mit zusammenstimmender gegenseitiger Behandlung, die aber zusammen dasjenige begründen, was dann das moderne Italien geworden ist.

Da weist einen schon gewissermaßen der äußere Verlauf der Geschichte einfach darauf hin, sich zu sagen: Diese vier Persönlichkeiten, die werden zusammengetragen, in deutlicher Weise zusammengetragen, um nicht nur für sich, sondern für die Welt ein gemeinsames Schicksal darzustellen.

Der Bedeutendste unter ihnen ist ohne Zweifel eben Garibaldi selber. Wenn man alle menschlichen Verhältnisse nimmt, ist der Bedeutendste von ihnen Garibaldi. Aber Garibaldis Geistigkeit tritt in einer elementarischen Art zutage. Mazzinis Geistigkeit ist eine philosophisch-erstudierte, Cavours Geistigkeit ist eine juristisch-erstudierte, und Viktor Emanuels Geistigkeit – nun ja ... Also der Bedeutendste unter ihnen ist eben Garibaldi, alle menschlichen Verhältnisse genommen, und bei ihm ist etwas vorhanden, das mit elementarer Gewalt auftritt, so daß man nicht leicht gegenüber einer solchen Geistigkeit Psychologe sein kann. Man kann es nicht sein, wenn man eigentlich nicht weiß: Woher kommen die Dinge, wenn man sie so vom Standpunkte der persönlichen Psychologie eines Erdenlebens nimmt?

Nun komme ich auf die Frage zurück: Wo sind die früheren Eingeweihten? Denn man wird ja sagen, die seien nicht da. Ja, meine lieben Freunde, wenn in ausgiebigerem Maße heute die Möglichkeit gegeben wäre, daß die Menschen – ich muß in dieser Beziehung schon etwas paradox sprechen – entweder gleich mit siebzehn, achtzehn Jahren geboren würden, so daß sie also schon gleich siebzehn, achtzehn Jahre alt wären, aus der geistigen Welt herunterstiegen und siebzehn-, achtzehnjährige Körper vorfinden würden auf irgendeine Weise – ich sage natürlich etwas Paradoxes –, oder wenn wenigstens den Menschen erspart würde, die in heutiger Art konstituierte Schule durchzumachen, dann würden Sie finden, daß in heutigen Menschen die ehemaligen Eingeweihten auftreten könnten. Aber geradesowenig wie es den Eingeweihten möglich ist, unter den gewöhnlichen Erdenverhältnissen, wenn sie Brot brauchen, sich mit einem Stück Eis zu nähren, ebensowenig ist es möglich, die Weisheitsverhältnisse der alten Zeit unmittelbar in der Form, wie man es erwartet, in einem Körper zu manifestieren, der in dem Sinne, wie es die heutige Zivilisation mit sich bringt, bis zum siebzehnten, achtzehnten Lebensjahre erzogen wird. Das ist auf der ganzen Welt nicht möglich; wenigstens da, wo eben Zivilisation herrscht, ist es nicht möglich. Da kommen ja Dinge in Betracht, die überhaupt durchaus außer dem Gesichtskreise des heutigen Gebildeten liegen.

Wenn man, wie es heute üblich ist, unsere gegenwärtigen Lese- und Schreibkenntnisse vom sechsten, siebenten Lebensjahre an sich aneignen muß, so ist das eine solche Tortur für die Seele, die sich ihrer besonderen Eigenart nach entwickeln will, daß – ja, ich kann nur sagen, was ich schon in meiner Lebensbeschreibung gesagt habe: Ich verdanke das Hinwegräumen manches Hindernisses dem Umstande, daß ich mit zwölf Jahren nicht orthographisch schreiben konnte, überhaupt noch nicht ordentlich schreiben konnte. Ich habe es erwähnt in meiner Lebensbeschreibung, denn das so Schreibenkönnen, wie man es heute verlangt, ertötet gewisse Eigentümlichkeiten des Menschen.

Man muß schon so paradox sprechen. Es ist einmal eine Wahrheit. Es ist nichts zu machen dagegen, es ist eine Wahrheit. Und so kommt es eben, daß gerade hoch entwickelte Individualitäten der Vergangenheit eigentlich in ihrer Wiedergeburt nur zu erkennen sind von dem, der da auf diejenigen Manifestationen der Menschennatur schaut, die sich durch die heutige Zivilisationsbildung mehr *hinter* dem Menschen als *in* dem Menschen offenbaren.

Und in dieser Beziehung ist gerade Garibaldi ein außerordentlich schlagendes Beispiel. Die zivilisierten Menschen, einschließlich Cavours oder wenigstens der Anhänger von Cavour, für was haben sie denn Garibaldi gehalten? Für einen verdrehten Zwickel, für einen verdrehten Kerl, mit dem vernünftigerweise gar nicht zu diskutieren ist. Das ist es ja, was man auch berücksichtigen muß, denn es war eben vieles in seinen Schlußfolgerungen in der Art und Weise, wie er vor Leuten sprach, die auf die heutige Zivilisation versessen sind, sagen wir, zum mindesten unlogisch. Es war eigentlich an dieser Persönlichkeit schon im Exterieur vieles unlogisch. Es paßten viele Dinge nicht zusammen.

Und nur derjenige, der gewissermaßen *hinter* eine Persönlichkeit sieht, der auf das sieht, was in früheren Erdenleben in den Körper hinein konnte und was in diesem Erdenleben, weil die gegenwärtige Zivilisation die Körper ungeeignet macht, nicht in den Körper hinein konnte, wer auf das sehen kann, der kann sich eine Vorstellung machen, was eine solche Persönlichkeit eigentlich ist. Ein anderer kommt gar nicht darauf, denn das Allerwichtigste bei einer solchen Persönlichkeit liegt eigentlich hinter den Äußerungen, die auf äußerliche Art eben gemacht werden können. Ein wackerer – die Anwesenden sind ja immer ausgenommen –, ein wackerer Philister, sagen wir, der einfach sich so ausdrückt, wie er es gelernt hat, bei dem man also einen Abglanz seines schulmäßigen und sonstigen Lernens und Erziehens sieht, den kann man eben seiner moralisch-geistigen Art nach photographieren. Er ist da. Aber einen Menschen, der mit einer umfänglichen Weisheitsseele aus alten Zeiten herüberkommt, so daß diese Seele in dem Körper sich nicht ausdrücken kann, den kann man nicht darnach beurteilen, was von ihm mit den Mitteln der heutigen Zivilisation aus dem Körper herauskommt. Das kann man vor allen Dingen bei Garibaldi nicht. Da muß man gewissermaßen – ich meine das nur als Bild – die Sache so aufnehmen, wie gewisse Spiritistenbilder sind, hinter denen ein Phantom sichtbar wird; so erscheint einem solch eine Persönlichkeit: Erstens ihrem bürgerlichen Wert nach, und dahinter dann – wie etwas Spirituelles, wie eine Geistaufnahme – dasjenige, was nun nicht herein kann in den Körper.

Wenn man das alles berücksichtigt, namentlich wenn man sich tragen läßt im Schauen von den Dingen, die ich Ihnen besonders angeführt habe, dann fällt tatsächlich der Blick zu Garibaldi hin auf das Leben eines wirklich Eingeweihten zurück, der nur in einer ganz anderen Weise sich äußerlich auslebt, weil er eben in den Körper nicht ganz hinein kann. Und schließlich werden Ihnen doch die Dinge nicht ganz so erstaunlich erscheinen, wenn eben diese Eigenschaften, die ich hervorgehoben habe, berücksichtigt werden. Man muß schon etwas fremd sein dem, was einem heute anerzogen ist, man muß schon etwas «erdenentrückt» sein, wenn man durch ein Fernrohr sich in die bürgerlichen Verhältnisse hineinstellt, was ja sonst nicht üblich ist, und ähnliche Dinge. Es ist etwas, was in diesen Eigenschaften herausweist aus dem gewöhnlichen Drinnenstehen in diesen bürgerlichen Verhältnissen.

So werden wir denn bei Garibaldi zurückgeführt in ein Eingeweihtenleben, und gerade in ein Eingeweihtenleben, meine lieben Freunde, in einem solchen Mysterium, wie ich es hier vor einigen Monaten geschildert habe als ausgehend von Irland. Ich habe Ihnen die irischen Mysterien geschildert, ausgehend von Irland, aber zu suchen ist er in einer Zweigniederlassung nicht einmal gar sehr weit von hier, nämlich im Elsaß, im heutigen Elsaß; da finden wir in einem gewissen Grade eingeweiht gerade Garibaldi. Und zwar ist es ziemlich sicher, daß zwischen dieser Inkarnation, die wir etwa im 9. nachchristlichen Jahrhundert zu suchen haben, und der letzten im 19. Jahrhundert keine weitere dazwischen liegt, daß da ein langer Aufenthalt in der geistigen Welt dazwischen ist. Das ist dasjenige, was sich einem als das Geheimnis dieser Persönlichkeit gibt.

Aufgenommen hat diese Persönlichkeit das, was ich Ihnen als die Weisheitsgüter Hybernias geschildert habe, und zwar in einem sehr hohen Grade. Er war noch innerhalb der irischen Insel, der dortigen Mysterienstätte, und hat selbst die Kolonie geleitet, die dann später nach Europa hereingekommen ist.

Natürlich, geradeso wie, sagen wir, durch irgendein Spiegelglas der Spiegelform gemäß dasjenige anders wird, was sich abspiegelt, so kam das, was dazumal auf einem Gebiete vorhanden war, das die physische Welt und die darüberstehende geistige Welt umfaßte und worinnen ein solcher Eingeweihter tätig war in der Art, wie ich es damals vor Monaten geschildert habe, so kam das auf die Weise zum Ausdrucke, wie es sich im 19. Jahrhundert eben auf einem gewissen Standpunkte der Zivilisation entwikkeln konnte. Und man muß sich schon daran gewöhnen, in einem Philosophen, in einem Dichter oder Künstler, den man in einem verflossenen Zeitalter findet, nicht etwa wiederum einen Philosophen oder Dichter oder Künstler im gegenwärtigen Zeitalter zu suchen. Die Verhältnisse ändern zwar nicht die Individualität des Menschen. Diese Individualität geht von Erdenleben zu Erdenleben. Aber die Art, wie sich diese Individualitäten ausleben können, die hängt ab von dem, was eben in einem Zeitalter möglich ist. Lassen Sie mich ein Beispiel einflechten, das Ihnen dies veranschaulichen könnte.

Auch eine weithin bekannte Persönlichkeit ist ja Ernst Haekkel. Ernst Haeckel ist bekannt als ein enthusiastischer Vertreter eines gewissen materialistischen Monismus, enthusiastisch, man könnte schon sagen bis zum Fanatismus. Ich brauche auch für ihn nicht, denn er ist ja hinlänglich bekannt, irgendwelche Charakteristiken hier vorzuführen. Wird man aber von dieser Persönlichkeit zurückgetrieben in die vorige Inkarnation, dann findet man jenen Papst, der aus dem Mönch Hildebrand geworden ist als Gregor VII.

Das Beispiel führe ich Ihnen aus dem Grunde vor, damit Sie sehen, wie verschieden nach den Kulturverhältnissen eines bestimmten Zeitalters ein und dieselbe Individualität nach außen sich äußern kann. Man würde nicht leicht darauf kommen, in dem Vertreter des materialistischen Monismus im 19. Jahrhundert den wiederverkörperten Papst Gregor VII. zu suchen. Aber auf diese Dinge, wie man mit den äußeren Zivilisationsmitteln des physischen Planes sich darlebt, kommt es ja der geistigen Welt in viel geringerem Grade an, als man denkt. Hinter der Persönlichkeit Haeckels und hinter der Persönlichkeit des Mönches Hildebrand liegt etwas, was viel gleicher, viel ähnlicher ist als das, worinnen sie verschieden sind, wenn der eine den Katholizismus in extremster Art zur Macht bringen will, der andere den Katholizismus in extremster Art bekämpft. Das ist für die geistige Welt keine so große Verschiedenheit. Bei der geistigen Welt kommt es auf ganz andere menschliche Hintergründe an als auf diese Dinge, die im Grunde genommen doch nur eine Bedeutung in der physischen Welt haben. Also Sie brauchen nicht deshalb sich zu verwundern, meine lieben Freunde, wenn in Garibaldi ein wirklicher Eingeweihter aus einem früheren Zeitalter, wie gesagt, aus dem 9. Jahrhundert zu sehen ist, und wenn das im 19. Jahrhundert in einer Weise zum Ausdrucke kam, wie es eben im 19. Jahrhundert nur zum Ausdruck kommen konnte. Denn wichtig für die Art und Weise, wie ein Mensch sich in die Welt hineinstellt, ist es, welches Temperament er hat, wie er mit seinen Charaktereigenschaften auftritt.

Ja, würde dasjenige, was Inhalt der Seele Garibaldis war in einer früheren Inkarnation, im 19. Jahrhundert mit dem Temperament Garibaldis aufgetreten sein, dann wäre er halt ein Irrsinniger gewesen für die Menschen des 19. Jahrhunderts. Er wäre als ein Irrsinniger betrachtet worden, als wahnsinnig. Das, als was er hat auftreten können, das ist er eben geworden im äußeren Leben.

Nun aber, sofort treten einem lichtvolle Erklärungen für andere karmische Zusammenhänge auf, wenn man die Direktion nach einer gewissen Richtung hin hat. Die anderen drei, von denen ich Ihnen gesprochen habe, die ungefähr in demselben Jahrzehnt mit ihm wieder zusammengetragen werden auf einen Erdenfleck, diese anderen drei waren seine Schüler dazumal, notabene seine Schüler, aus allen Windrichtungen zusammengeholt, der eine weit aus dem Norden, der andere weit aus dem Osten, der dritte weit aus dem Westen; aus allen Erdwinkeln zusammengeholt, waren sie seine Schüler.

Nun bestand gerade in den irischen Mysterien eine ganz bestimmte Verpflichtung für einen gewissen Einweihungsgrad. Diese Verpflichtung besagte, daß der Eingeweihte in allen ferneren

Erdenleben seine Schüler weiter fördern muß, sie nicht verlassen darf. Wenn sie also durch ihre besonderen karmischen Verhältnisse mit ihm wiederum gleichzeitig im Erdenleben auftreten, so bedeutet das, daß er mit ihnen zusammen das Schicksal erleben muß, daß ihre Art des Karmas mit dem seinigen in Rechnung gesetzt werden muß. Wäre nicht mit der Individualität, die in Viktor Emanuel war, Garibaldi verbunden gewesen als der Lehrer Viktor Emanuels, dieses einstmaligen Schülers, dann wäre Garibaldi eben Republikaner geworden, der auch die italienische Republik begründet hätte. Aber da liegt hinter diesen rein abstrakten, prinzipiellen Dingen das lebendige Menschenleben, das von Erdendasein zu Erdendasein geht. Dahinter liegt diese Verpflichtung des alten Eingeweihten gegenüber seinen Schülern. Und deshalb dieser Widerspruch. Nach den Begriffen, nach den Ideen, die Garibaldi im 19. Jahrhundert fand, wurde er natürlich Republikaner. Was hätte er anders werden sollen? Ich habe ja so viele Republikaner gekannt, die treue Diener irgendeines Fürsten waren. Sie waren in ihrem Inneren Republikaner, weil einfach in einer gewissen Zeit des 19. Jahrhunderts – jetzt ist sie lange versunken, aber in der Zeit, in der ich ein Knabe war – eigentlich alle Leute, die sich für vernünftig hielten, Republikaner waren. Sie sagten, wir sind selbstverständlich Republikaner, man kann es nur nicht in der Außenwelt zeigen. Aber innerlich waren sie alle Republikaner. Nur war Garibaldi selbstverständlich ein solcher, der das auch in der Außenwelt zeigte, aber er hielt es nicht durch. Und alle diejenigen, die von ihm sogar begeistert waren, konnten es nicht begreifen, daß er es nicht durchhielt. Warum nicht? Weil er den Viktor Emanuel, der mit ihm karmisch verbunden war, in der Weise, wie ich es gekennzeichnet habe, nicht von sich lassen konnte. Er mußte ihn eben fördern. Und das war die einzige Art, wie er ihn fördern konnte.

Und ebenso waren die beiden anderen, Cavour und Mazzini, mit ihm karmisch verbunden, und er konnte nur eben das tun, was sie zu vollbringen imstande waren. Was also aus allen vieren hervorgehen konnte, das nur konnte er vollbringen. Er konnte nicht einseitig seiner Richtung folgen.

Und gerade aus solch einer tief bedeutsamen Tatsache, meine lieben Freunde, können Sie ersehen, wie manches, was einem im Leben entgegentritt, eigentlich erst aus den okkulten Hintergründen heraus erklärlich wird.

Haben Sie nicht auch schon manchen Menschen kennengelernt, der in irgendeinem Zeitpunkt seines Lebens irgendetwas tut, das Ihnen eigentlich unerklärlich ist? Sie hätten das nicht von ihm erwartet. Sie können es sich gar nicht aus seinem Charakter erklären. Es ist auch nicht aus seinem Charakter zu erklären. Würde er seinem persönlichen Charakter folgen, so würde er eben etwas anderes tun. Darinnen können Sie ganz recht haben. Aber ein anderer Mensch lebt noch neben ihm da, mit dem er in einer solchen Art, wie ich es für Garibaldi geschildert habe, karmisch verbunden ist. Weshalb tut er das, was er tut? Das Leben wird nur aus diesen seinen okkulten Untergründen heraus in Wirklichkeit erklärlich. So daß wir also gerade an dieser Persönlichkeit zurückgeführt werden, man kann schon sagen, in die hybernischen Mysterien. Das erscheint paradox, aber es ist eben so, daß wenn man auf das Geistige schaut, dasjenige, was im äußeren Erdenleben einem entgegentritt, vielfach eine Maja ist.

Und mancher Mensch, den man so im gewöhnlichen Leben öfter sieht, mit dem man so im gewöhnlichen Leben öfter zusammen ist: Wenn man ihm sagen könnte, was man alles an ihm lernen kann, wenn man durch ihn hindurch auf seine Individualität schaut, dann würde er äußerst verwundert sein; er würde wirklich äußerst verwundert sein. Denn dasjenige, was ein Mensch äußert, ist ja, besonders im gegenwärtigen Zeitalter, aus den Gründen, die ich angegeben habe, nur das Allerwenigste von dem, was ein Mensch eigentlich nach seinem vorigen Erdenleben ist. Da stekken viele Geheimnisse in den Dingen drinnen, von denen ich jetzt spreche.

Und nehmen Sie die zweite Persönlichkeit, von der ich gestern eine kurze Charakteristik gegeben habe: Lessing, der am Ende seines Lebens mit der Verkündigung der wiederholten Erdenleben selber auftritt. Bei ihm ist es so, daß man weit, weit zurückgeführt wird, und zwar bis in jenes griechische Altertum, in dem noch die alten griechischen Mysterien in voller Blüte waren. Da war Lessing ein Eingeweihter. Wiederum war es so, daß er im 18. Jahrhundert nicht völlig in den Körper untertauchen konnte. Dann war er, in Wiederholung dieses früheren Erdenlebens in der alten Griechenzeit, im 13. Jahrhundert ein Mitglied des Ordens der Dominikaner, ein ausgezeichneter Scholastiker, der Begriffsschärfe in sich aufgenommen hatte; und dann wurde er im 18. Jahrhundert eigentlich der erste Journalist Mitteleuropas.

Aber wirklich, sowohl das Toleranzdrama «Nathan der Weise», wie namentlich so etwas wie die «Hamburgische Dramaturgie» – lesen Sie nur gewisse Kapitel – und dann die «Erziehung des Menschengeschlechts», sie sind ja nur verständlich, wenn man die Voraussetzung macht, daß alle drei Inkarnationen dieser Persönlichkeit daran gearbeitet haben: Der alte griechische Eingeweihte – bitte lesen Sie die schöne Lessingsche Abhandlung «Wie die Alten den Tod gebildet» –, dann der in einem mittelalterlichen Aristotelismus erzogene Scholastiker, und derjenige, der eigentlich, indem das alles auf seiner Seele lag, nun hineingewachsen ist in die Zivilisation des 18. Jahrhunderts. Und sogar eine gewisse Tatsache, die außerordentlich auffällig ist, tritt einem klar entgegen, wenn man das, was ich gesagt habe, ins Auge faßt.

Es ist doch merkwürdig, daß das ganze Lessingsche Leben einem so erscheint, als ob es ein Suchen wäre. Er hat ja selbst diesen Charakter seines Wesens, seines geistigen Wesens dadurch zum Ausdrucke gebracht, daß er den berühmten Ausspruch getan hat, der immer wieder und wieder zitiert wird – allerdings in einer philiströsen Auffassung, denn alle Philister, die nicht gern etwas Bestimmtes erstreben möchten, sagen es ihm nach –: Und wenn

Gott in seiner Rechten die ganze volle Wahrheit hielte, und in seiner Linken das ewige Streben nach Wahrheit, ich fiele vor ihm nieder und sagte: Vater, gib mir, was du in deiner Linken hast. – Das konnte ein Lessing sagen; wenn es ihm aber ein Philister nachsagt, so ist es natürlich etwas Entsetzliches. Aber dieses ist wichtig, daß sein ganzes Leben eben ein Suchen war, ein intensives Suchen, was man, wenn man ehrlich ist, dadurch zum Ausdrucke bringen muß, daß man sagt: Man stolpert eigentlich über viele Lessingsche Sätze, gerade über die genialsten stolpert man, die Leute getrauen. sich nur nicht zu stolpern, weil eben Lessing in den Geschichts- und Literaturbüchern als eine Größe dasteht. In Wahrheit stolpert man schon, oder vielmehr man spießt sich auf. Das gestehen sich eben die Leute nicht. Natürlich muß man dann Lessing selber kennenlernen. Denn wenn man etwa das zweibändige Lessing-Buch von Erich Schmidt in die Hand nimmt, dann wird man von den Sätzen, auch wenn Erich Schmidt sie wörtlich zitiert, nicht aufgespießt. Sie sind noch immer dem Wortlaute nach die Lessingschen Sätze, aber was davor oder danach steht, das nimmt ihnen die Spitze weg.

Und dieser Sucher kommt eigentlich erst am Ende seines Erdenlebens dazu, die «Erziehung des Menschengeschlechts» mit dem Ausklingen in die Idee von den wiederholten Erdenleben zu schreiben. Warum dieses?

Ja, sehen Sie, so etwas müssen Sie sich verständlich machen durch eine andere Tatsache, die ich auch einmal behandelt habe. Ich habe ja in der ehemaligen, von unserem Freunde Bernus herausgegebenen Zeitschrift «Das Reich» die «Chymische Hochzeit des Christian Rosenkreutz» behandelt, habe darauf aufmerksam gemacht, daß ein siebzehn-, achtzehnjähriger Knabe diese «Chymische Hochzeit des Christian Rosenkreutz» niedergeschrieben hat. Verstanden hat der Knabe nichts, aber auch gar nichts davon. Dafür gibt es einen äußerlichen Beweis. Er hat diese Chymische Hochzeit niedergeschrieben bis auf die letzte Seite, die ja überhaupt nicht dasteht. Sie steht auch heute nicht da, aber er hat die Chymische Hochzeit niedergeschrieben – und hat nichts davon verstanden. Wenn er etwas davon verstanden hätte, so hätte er doch das Verständnis noch in späteren Jahren haben müssen. Aber aus dem Knaben ist ein wackerer württembergischer Schwabenpfarrer geworden, der, man kann sogar sagen, *unter* dem Durchschnitt Erbauungs- und theologische Schriften geschrieben hat, Schriften, die weit davon entfernt sind, irgend etwas zu haben von dem Inhalte der «Chymischen Hochzeit des Christian Rosenkreutz». Daß da also nicht der spätere Schwabenpfarrer mit seiner Seele diese Chymische Hochzeit aufgeschrieben hat, dafür liefert ja das Leben den Beweis. Denn das ist eine durch und durch inspirierte Schrift.

Also man hat es nicht immer mit der Persönlichkeit eines Menschen zu tun, wenn sich ein Geist durch einen Menschen äußert. Nur ist ein gewisser Unterschied zwischen dem wackeren Schwabenpfarrer Valentin Andreae, der die philiströsen theologischen Schriften geschrieben hat, und Lessing. Wäre Lessing, nur ins 18. Jahrhundert versetzt, Valentin Andreae gewesen, so hätte er vielleicht auch in seiner Jugend einen schönen Traktat geschrieben über die Erziehung des Menschengeschlechtes mit der Idee der wiederholten Erdenleben. Aber er war eben nicht Valentin Andreae, er war Lessing, jener Lessing, der keine Visionen, sogar, wie man sagt, keine Träume gehabt hat. Er hat den Inspirator fortgeschickt, natürlich im Unbewußten. Wenn der hätte in seiner Jugend über ihn kommen wollen, so hätte er gesagt: Geh weg, ich habe mit dir nichts zu tun. – Er nahm seinen gewöhnlichen menschlichen Erziehungsweg im 18. Jahrhundert. Und dadurch wurde er erst im höchsten Alter reif, dasjenige zu verstehen, was immer in ihm war während seines Lessing-Lebens. Es war bei ihm so, wie wenn Valentin Andreae auch weggeschickt hätte den Inspirator und keine trivialen theologischen Erbauungsschriften geschrieben hätte, sondern bis ins Greisenalter gewartet und dann bewußt die «Chymische Hochzeit des Christian Rosenkreutz» geschrieben hätte.

So verkettet sind die einzelnen Erdenleben. Und es muß einmal dahin kommen, daß man sich voll bewußt wird: es ist wirklich so. Wenn man ein einzelnes Menschenleben – sei es das Goethesche, Lessingsche, Spencersche, Shakespearesche, Darwinsche Leben – nimmt und das ins Auge faßt, was aus diesem Menschenleben hervorgetreten ist, so ist es, wie wenn man eine Blume abreißt vom Blumenstock und glaubt, die kann für sich bestehen. So ein einzelnes Erdenleben ist nicht für sich erklärlich, man muß die Erklärung eben auf dem Grunde der wiederholten Erdenleben finden.

Interessant ist das Leben bei den zwei Persönlichkeiten, von denen ich dann gestern zuletzt gesprochen habe, Lord Byron auf der einen Seite und – verzeihen Sie, daß ich da persönlich werde – mein Geometrielehrer auf der anderen Seite. Sie hatten eben nur die Fußkonstruktion gemeinschaftlich, aber diese Fußkonstruktion ist doch außerordentlich beachtenswert. Wenn man diese Fußkonstruktion in okkulter Art verfolgt, führt sie einen darauf, daß sie in ähnlicher Weise, wie ich das für Eduard von Hartmann auseinandergesetzt habe, auf die besondere Beschaffenheit des Kopfes in einem früheren Erdenleben führt. Und gewiß, man kann solche Dinge nicht anders als eben erzählen, wie sie sich einem für das Schauen ergeben, ich habe das schon bei anderer Gelegenheit gesagt. Es kann ja nicht im gewöhnlichen Sinne äußere logische Beweise für diese Dinge geben. Wenn man nun das Leben dieser beiden Menschen verfolgt, so erscheint einem in der Tat wie verschoben das Erdenleben, das die beiden im 19. Jahrhundert gehabt haben. Denn da ist zunächst ein Widerspruch gegen etwas, was ich vor einigen Wochen hier angeführt habe: daß sich in gewissen Zyklen diejenigen, die einmal Zeitgenossen waren, wiederum als Zeitgenossen verkörpern. Es erleidet natürlich alles Ausnahmen. Daß man die Dinge nach dem

«Schema F» behandeln kann, das geht schon auf dem physischen Plane nicht, wenn man nicht selber eben zum F im Schema werden will. Aber der geistigen Welt gegenüber, meine lieben Freunde, geht es schon gar nicht. Da gibt es zwar Regeln, aber nicht starre Schemen. Da ist alles individuell.

Und so wird man gerade bei diesen beiden Persönlichkeiten auf ein gemeinsames Erdenleben, das sie miteinander geführt haben, zurückversetzt. Byron hätte ich gar nicht in diesem früheren Erdenleben gefunden, wenn ich nicht diesen meinen Geometrielehrer an seiner Seite gefunden hätte. Byron war genial; dieser Geometrielehrer war nicht einmal in seiner Art genial. Er war gar nicht genial, aber er war ein ausgezeichneter Geometer, der beste, den ich in meinem Leben überhaupt kennengelernt habe, weil er ein echter Geometer war.

Wirklich – nicht wahr, bei einem Maler weiß man: da ist etwas Einseitiges; bei einem Musiker weiß man: er ist einseitig. Denn die Leute sind eigentlich nur bedeutend, wenn sie einseitig sind; aber ein Geometer in unserer Zeit ist in der Regel ja nicht einseitig. Ein Geometer kennt die ganze Mathematik und weiß, wenn er irgend etwas Geometrisches konstruiert, immer, wie man auch die Gleichungen aufstellt von diesen Dingen. Er weiß das Mathematische davon, das Rechnerische.

Dieser Geometrielehrer, von dem ich Ihnen jetzt erzähle, der war ein ausgezeichneter Geometer, aber gar kein Mathematiker. Er verstand gar nichts von analytischer Geometrie zum Beispiel. Von analytischer Geometrie, von der rechnerischen Geometrie, die mit Gleichungen zu tun hat, wußte er gar nichts; da hat er die kindlichsten Sachen gemacht.

Es war sogar einmal sehr spaßig. Der Mann war so sehr nur Konstrukteur, daß er durch konstruktive Methode darauf gekommen ist, daß der Kreis der geometrische Ort der konstanten Quotienten ist. Das hat er auf konstruktive Weise gefunden, und weil es auf konstruktive Weise niemand vor ihm gefunden hatte, hielt

er sich für den Entdecker der Sache. Und wir Buben, die natürlich, insofern sie nicht gerade Philister waren, schon auch ein gut Stück Ausgelassenheit hatten, wir Buben wußten: in unserem analytischen Buch stand ja das drinnen, daß man eine solche Gleichung aufstellt und der Kreis kommt. Und wir haben da natürlich den Anlaß genommen, den Kreis nicht mehr Kreis zu nennen, sondern auf den Namen unseres Geometrielehrers zu benennen: die N.-N.-Linie haben wir gesagt – ich will den Namen nicht nennen. Wirklich, er hatte die geniale Einseitigkeit des konstruktiven Geometers. Das war auch das so Bedeutsame, so Prägnante an ihm. Die Menschen des gegenwärtigen Zeitalters sind ja nicht zu fassen; sie sind nicht so prägnant, es sind so viele Aale darunter. Aber das war kein Aal, das war ein Mensch mit Ecken, sogar in der äuße-
Tafel 17 ren Konfiguration. Er hatte ein Gesicht, das ungefähr viereckig geformt war, einen sehr interessanten Kopf, ganz viereckig, gar nichts Abgerundetes. Wirklich, das Rechteck konnte man in seinen Eigenschaften, in seinen konstruktiven Eigenschaften an dem Gesichte dieses Mannes studieren. Sehr interessant war das.

Es stellt sich nun in der Anschauung diese Persönlichkeit direkt neben Byron hin, und man wird zurückgeführt in sehr alte Zeiten Osteuropas, die etwa ein oder zwei Jahrhunderte vor den Kreuzzügen liegen.

Nun habe ich Ihnen einmal eine Geschichte erzählt – diejenigen, die dagewesen sind, werden sich erinnern –, daß, als der römische Kaiser Konstantin Konstantinopel begründet hatte, er das von Asien, von Troja nach Rom gebrachte Palladium von Rom aus nach Konstantinopel verpflanzen ließ. Das wurde mit einem ungeheuren Gepränge gemacht. Denn dieses Palladium wurde als ein besonderes Heiligtum angesehen, als etwas, das Kraft verleiht demjenigen, der es hat. Und so war man in Rom tatsächlich überzeugt, daß, so lange das Palladium unter einer Säule in Rom auf einem wichtigen Platze lag, darinnen eigentlich die Kraft Roms beruhe; man war überzeugt, daß man diese Kraft von dem einstmals mächtigen, nur eben von den Griechen zerstörten Troja herübergebracht hatte.

Konstantin, dem daran lag, die römische Macht nach Konstantinopel herüberzuverpflanzen, hat ja mit einem ungeheuren Gepränge dieses Palladium hinüber nach Konstantinopel bringen lassen, natürlich ganz im geheimen zunächst, es versenken lassen, darüber vermauert, und mit einer Säule, die von Ägypten stammte, den Platz bedecken lassen, darunter das Palladium lag. Dann hatte er diese alte Säule herrichten lassen, oben darauf eine alte Apollo-Statue gestellt, die aber so hergerichtet war, daß sie dem Kaiser Konstantin ähnlich sah in der damaligen Zeit. Dann ließ er Nägel aus dem Kreuz Christi kommen. Von denen machte er eine Strahlenkrone der Statue, die eine alte Apollo-Statue war, die aber ihn darstellen sollte. Und da war denn das Palladium nach Konstantinopel verlegt worden.

Nun gibt es eine Sage, die sich in einer merkwürdigen Weise später gebildet hat, die aber eigentlich sehr, sehr alt ist. Sie wurde nur später in Anlehnung an das Testament Peters des Großen wieder erneuert und umgestaltet, aber sie geht in sehr alte Zeiten zurück: daß nämlich einmal von Konstantinopel weiter nach Nordosten hinauf das Palladium kommen würde. Daraus ist im späteren Rußland eben die Anschauung entstanden, daß man das Palladium von der Hauptstadt Konstantinopel nach Rußland verpflanzen müsse. Dann gehe dasjenige, was damit verknüpft ist, was nur unter der Türkenherrschaft korrumpiert worden ist, über an die Herrschaft Osteuropas.

Nun, diese beiden Persönlichkeiten, diese beiden Individualitäten, die lernten in alten Zeiten diese Sage kennen – wie gesagt, ein oder zwei Jahrhunderte vor den Kreuzzügen, genau konnte ich das nicht feststellen –, und sie waren diejenigen, die sich darangemacht haben, aus dem heutigen Rußland heraus nach Konstantinopel zu gehen, um dort das Palladium in irgendeiner Weise zu erwerben und es nach dem Osten Europas zu bringen.

Dazu kam es nicht. Es konnte ja nicht dazu kommen, denn das Palladium war gut verwahrt, und die Persönlichkeiten, die wußten, wie es verwahrt ist, denen war es nicht abzugewinnen. Aber ein ungeheurer Schmerz bemächtigte sich dieser beiden Menschen. Und was da wie ein Strahl hineingegangen ist in den einen und in den anderen, das paralysierte geradezu ihre Köpfe in der damaligen Zeit, und das kam bei dem einen, bei Lord Byron, so zum Vorschein, daß er gewissermaßen wie Achilles, der an der Ferse verwundbar war, einen schadhaften Fuß hatte, dafür aber die Genialität des Hauptes, die einfach der Ausgleich war für die Paralysierung in dem früheren Erdenleben; und daß der andere nun auch wegen des paralysierten Hauptes den schadhaften Fuß, den Klumpfuß hatte. Aber, sehen Sie, man weiß es halt gewöhnlich nicht, daß der Mensch die Geometrie, die Mathematik nicht aus dem Kopfe hat. Wenn Sie nicht den Winkel abschreiten würden mit ihren Füßen, so hätte der Kopf nicht die Anschauung. Sie hätten überhaupt nichts von Geometrie, wenn Sie nicht mit der Geometrie gehen und greifen würden. Das alles schlägt sich aus dem Kopfe heraus und kommt in den Vorstellungen hervor. Und derjenige, der einen solchen Fuß hat wie mein Geometrielehrer, bei dem ist eine starke Aufmerksamkeitsmöglichkeit vorhanden, die geometrische Konstitution des motorischen Organismus, des Gliedmaßenorganismus in seinem Kopfe wiederzugeben.

Und wenn man sich in diesen Geometrielehrer vertiefte, in seine ganze geistige Konfiguration, dann hatte man noch einen bedeutsamen menschlichen Eindruck. Und wirklich, es war etwas Entzückendes in ihm, wenn er im Grunde genommen alles so tat als geometrischer Konstrukteur, wie wenn die ganze übrige Welt nicht da wäre. Er war ein ungeheuer freier Mensch, und es kam einem schon bei ihm – man mußte nur genau zusehen – etwas in den Sinn, wie wenn eine innere Zaubermacht einmal auf ihm gewaltet hätte und ihn zu dieser besagten Einseitigkeit gebracht hätte.

Nun, bei Lord Byron – ich erwähnte ja den zweiten nur, weil ich Lord Byron sonst nicht hätte kennenlernen können, wenn der mich nicht auf den Weg geführt hätte –, da sehen Sie aber das Karma sich auswirken. Von Osten herüber geht er einstmals, das Palladium zu holen. Als er im Westen geboren wird, geht er, um die Freiheit, das geistige Palladium im 19. Jahrhundert verwirklichen zu helfen. Und er geht, indem er von derselben Erdgegend angezogen wird, von derselben Richtung wenigstens, der er einstmals von der anderen Seite her gefolgt ist. Es hat etwas wirklich Erschütterndes, zu sehen, wie ein und dieselbe Individualität nach derselben Lokalität der Erde in einem Erdenleben von der einen, im anderen Erdenleben von der anderen Seite kommt; im einen Erdenleben berufen von dem, was tief in den Mythos nach den Anschauungen der damaligen Zeit getaucht ist, in dem anderen Erdenleben von demjenigen angezogen, was das Aufklärungszeitalter als das große Ideal hervorgebracht hatte. Es hat das etwas ungeheuer Erschütterndes.

Und erschütternd sind eigentlich die Dinge, die sich einem aus den karmischen Zusammenhängen heraus ergeben. Sie sind immer erschütternd. Und wir werden noch mancherlei Erschütterndes, Frappierendes, Paradoxes auf diesem Gebiete kennenlernen. Für heute wollte ich Ihnen eben das vorlegen, was Ihnen wirklich ganz begreiflich machen kann, wie merkwürdig die Zusammenhänge zwischen früheren und späteren Erdenleben sich im Menschentum einstellen können.

HINWEISE

Textgrundlagen: Die Vorträge wurden von der Berufsstenographin Helene Finckh (1883–1960), die seit 1916 als offizielle Stenographin die meisten Vorträge Rudolf Steiners mitschrieb, stenographisch aufgenommen und in Klartext übertragen. Für die 5. Auflage 1970 wurde die Ausschrift mit dem ursprünglichen Stenogramm verglichen, was eine Reihe von Korrekturen gegenüber dem Text der 1. bis 4. Auflage ermöglichte. Die 7. Auflage 1984 ist, abgesehen von kleineren Korrekturen, die sich bei der Durchsicht ergaben, mit der 5. und 6. Auflage identisch. In eckige Klammern [ ] Gesetztes wurde vom Herausgeber zur Verdeutlichung eingefügt.

Die Zwischentitel sind nicht von Rudolf Steiner, sondern gehen größtenteils auf von Marie Steiner herausgegebene Ausgaben aus den dreißiger und vierziger Jahren zurück.

Zu den Tafelzeichnungen: Die Original-Wandtafelzeichnungen und -anschriften Rudolf Steiners bei diesen Vorträgen sind erhalten geblieben, da die Tafeln damals mit schwarzem Papier bespannt wurden. Sie sind als Ergänzung zu den Vorträgen im Band XVI der Reihe «Rudolf Steiner, Wandtafelzeichnungen zum Vortragswerk» verkleinert wiedergegeben. Die in den früheren Auflagen in den Text eingefügten zeichnerischen Übertragungen sind auch für diese Auflage beibehalten worden. Auf die entsprechenden Originaltafeln wird jeweils an den betreffenden Textstellen durch Randvermerke aufmerksam gemacht.

Hinweise zum Text

Werke Rudolf Steiners innerhalb der Gesamtausgabe (GA) werden in den Hinweisen mit der Bibliographie-Nummer angegeben. Siehe auch die Übersicht am Schluß des Bandes.

zu Seite

19 *Jules Verne,* 1828–1905, französischer Schriftsteller; verfaßte sehr beliebte utopische, technisch-naturwissenschaftliche Romane, z. B. «Reise um die Welt in 80 Tagen», u. a.

29 *Sir Oliver Lodge,* 1851–1940. Vgl. «Der Weltäther», Braunschweig 1911.

29 *wie ich in der Beschreibung meines Lebensganges … gesagt habe:* «Mein Lebensgang», Kapitel III. GA 28.

37 *Archimedes,* um 287–212 v. Chr. Griechischer Mathematiker und Physiker.

eines der größten elementaren Unglücke der letzten Zeit: Wie Leopold Müller (Salzburg) in «Mitteilungen aus der Anthroposophischen Arbeit in Deutschland» (Weihnachten 1964) nachwies, bezieht sich diese Bemerkung auf den Bruch der Gleno-Talsperre in den Bergamasker Alpen am 1. Dezember 1923, die erste große Talsperrenkatastrophe der Technik-Geschichte, die mehrere hundert Todesopfer forderte.

63 *Jugendfreud:* Nicht ermittelt.

80 *Zeichnung:* Der Kreis mit den Pfeilen ist auf dem Original überschrieben und nur noch schwer zu erkennen.

81/82 *«Pflicht, du erhabener, großer Name …»:* In «Kritik der praktischen Vernunft», I. Teil, 3. Hauptstück.

82 *Ich habe die Stelle in meiner «Philosophie der Freiheit» zitiert:* Im IX. Kapitel: Die Idee der Freiheit. GA 4.

«Gerne dien' ich den Freunden …»: Xenien: Gewissensskrupel.

93 *ich habe … eine Einleitung zu Jean Paul geschrieben:* Jean Pauls ausgewählte Werke in acht Bänden (Cotta), mit einer Einleitung von Dr. Rudolf Steiner, Stuttgart o.J. (1897). In «Biographien und biographische Skizzen 1894–1905». GA 33.

105 *Preßburg:* Bratislava, Hauptstadt der Slowakei.

113 *Zum Vortrag vom 2. März 1924:* Vor Beginn des Vortrags sprach Rudolf Steiner einige Worte über gesellschaftsinterne Angelegenheiten, die abgedruckt sind im Band «Die Konstitution der Allgemeinen Anthroposophischen Gesellschaft», GA 260a.

121 *«und es wallet …»:* Aus Schillers Gedicht «Der Taucher».

130 f. *Angelus Silesius* (Johann Scheffler), 1624–1677. Zitat aus «Cherubinischer Wandersmann», 1. Buch, Spruch 8.

136 ff. / 155 ff. *Friedrich Theodor Vischer,* 1807–1887, Ästhetiker und Dichter.

137 *einen argen Verweis von der Stuttgarter Regierung:* Durch Erlaß vom 14. Februar 1845 wurde Vischer für zwei Jahre von seinem Amte suspendiert. – Ilse Frapan schreibt dazu in «Vischer-Erinnerungen. Äußerungen und Worte», Stuttgart 1889, S. 158:

«Friedrich Vischer, der berühmte Tübinger Ästhetiker, wurde bekanntlich von der Regierung gemaßregelt, nämlich zwei Jahre vom Amte suspendiert. An demselben Tage, an dem das betreffende Reskript des Ministeriums bei ihm einging, wurde ihm ein Sohn geboren. Vischer ging in die Vorlesung und begann: Meine Herren! Ich habe heute bekommen einen kleinen Vischer und einen großen Wischer.» – Sein Sohn Robert wurde erst am 22. Februar 1847 geboren.

137 *ein entzückender Aufsatz von ihm:* «Über Podoböotismus oder Fußflegelei auf der Eisenbahn» («Stuttgarter Neues Tagblatt», Dezember 1879); unter «Publizistisches» in «Altes und Neues», 3. Heft, Stuttgart 1882.

138 *«Mode und Zynismus.* Beiträge zur Kenntnis unserer Kulturformen und Sittenbegriffe», Stuttgart 1878.

138 f. *«Ästhetik oder Wissenschaft des Schönen»,* 6 Bde. Stuttgart 1846–1857, 2. Aufl. in 5 Bänden 1922/23.

139 *«Kritische Gänge»,* 2 Bände Tübingen 1844. – Neue Folge, 6 Hefte, Stuttgart 1860–75; das 5. und 6. Heft enthält die Selbstkritik seiner «Ästhetik».

«Altes und Neues», 3 Hefte, Stuttgart 1881–82.

Gedichtsammlung unter dem Pseudonym «Schartenmayer»: «Der deutsche Krieg 1870/71, ein Heldengedicht aus dem Nachlaß des seligen Philipp Ulrich Schartenmayer, herausgegeben von einem Freunde des Verewigten», Stuttgart 1872.

«Faust. Der Tragödie dritter Teil. Treu im Geiste des zweiten Teils des Goetheschen Faust, gedichtet von Deutobald Symbolizetti Allegoriowitsch Mystifizinsky», Stuttgart 1862.

«Goethes Faust. Neue Beiträge zur Kritik des Gedichts», Stuttgart 1875.

140 *Emil Du Bois-Reymond,* 1818–1896. Rektoratsrede am 15. Oktober 1882 an der Berliner Universität «Goethe und kein Ende» in: «Reden, erste Folge», Leipzig 1886.

140 ff. / 164 ff. *Franz Schubert,* 1797–1828.

141 ff. / 164 ff. *Freiherr Joseph Ritter von Spaun,* 1788–1865.

141 *Moritz von Schwind,* 1804–1871, Maler und Zeichner.

Franz Grillparzer, 1791–1872, österreichischer Dichter.

142 *das schildert ... der Freiherr von Spaun getreulich:* «Erinnerungen an Schubert. J. v. Spauns erste Lebensbeschreibung», hg. von Georg Schünemann, Berlin 1936. 2. Aufl. 1938.

143 *Pauline Anna Milder-Hauptmann,* 1785–1838, Sopranistin.

Johann Michael Vogl, 1768–1840, Bühnen- und Liedersänger.

145 ff. / 167 ff. *Eugen Dühring,* 1833–1921.

145 *Dühring hat mit einer interessanten Abhandlung seinen Doktor gemacht:* «De tempore, spatio, causalitate atque de analysis infinitesimalis logica», Berlin 1861.

dann in einem Buch ... auch über diesen Gegenstand geschrieben: «Natürliche Dialektik. Neue logische Grundlegungen der Wissenschaft und Philosophie», Berlin 1865.

147 *Preis für die Geschichte der Mechanik:* «Kritische Geschichte der allgemeinen Prinzipien der Mechanik», Berlin 1873; wurde von der philosophischen Fakultät der Universität Göttingen mit dem 1. Preis der Beneke-Stiftung gekrönt. Die zweite, umgearbeitete und vermehrte Auflage erschien in Leipzig 1877.

148 *Julius Robert Mayer,* 1814–1878, Arzt und Naturforscher.

149 *Dühring schrieb dann seine Schrift:* «Robert Mayer, der Galilei des neunzehnten Jahrhunderts und die Gelehrtenuntaten gegen bahnbrechende Wissenschaftsgrößen», 2 Teile, Chemnitz 1880.

Er hat ... das Schriftchen geschrieben: «Die Überschätzung Lessings und dessen Anwaltschaft für die Juden», Karlsruhe 1881.

«Die Größen der modernen Literatur», 2 Bände, 2. Aufl. Leipzig 1904–1910.

150 *Friedrich Nietzsche,* 1844–1900; siehe auch «Rudolf Steiner und das Nietzsche-Archiv», Rudolf Steiner Studien Band VI, Dornach 1993.

Elisabeth Förster-Nietzsche, 1846–1935.

schlagen wir die Wirklichkeitsphilosophie des Dühring auf: «Kursus der Philosophie als streng wissenschaftlicher Weltanschauung und Lebensgestaltung», Leipzig 1875, S. 84. Vgl. dazu «Mein Lebensgang», GA 28, S. 261 ff.

152 *Hermann von Helmholtz,* 1821–1894, Naturforscher.

152 *Er hat ... eine Zeitung herausgegeben:* «Personalist und Emancipator», Halbmonatsschrift für aktionsfähige Geisteshaltung und gegen korrupte Wissenschaft.

160 *Baruch (Benedikt) Spinoza,* 1632–1677.

167 *Dührings ... Schriften:* «Neue Grundmittel und Erfindungen zur Analysis, Algebra, Funktionsrechnung und zugehörigen Geometrie, sowie Prinzipien zur mathematischen Reform nebst einer Anleitung zum Studieren und Lehren der Mathematik», von Dr. Eugen und Ulrich Dühring, Leipzig 1884. «Sache, Leben und Feinde», Karlsruhe 1882.

170 *Carl Vogt,* 1817–1895, Naturforscher.

Ludwig Büchner, 1824–1899, Arzt.

Jakob Moleschott, 1822–1893, Arzt und Naturforscher.

Philipp Spiller, 1800–1879, Physiker.

Alexander Wießner, Verfasser von «Das Atom oder das Kraftelement der Richtung», 1875.

173 *Gottfried August Bürger,* 1748–1794.

176 ff. *Eduard von Hartmann,* 1842–1906.

in einer anderen Vortragsserie: Rudolf Steiner bezieht sich hier wahrscheinlich auf seine in der Arbeiterbildungsschule in Berlin gehaltenen Vorträge vom 18. Oktober bis zum 20. Dezember 1904 «Geschichte des Mittelalters bis zu den großen Erfindungen und Entdeckungen», in «Über Philosophie, Geschichte und Literatur 1901–05», GA 51.

178 *«Philosophie des Unbewußten* – Versuch einer Weltanschauung», Berlin 1869 (10. erweiterte Auflage in drei Teilen, Leipzig 1889).

179 *Arthur Schopenhauer,* 1788–1860.

diese ganze Erdenevolution eines Tages zu vernichten: Vgl. dazu im zweiten Bande das XIV. Kapitel: Das Ziel des Weltprozesses und die Bedeutung des Bewußtseins.

180 *«Phänomenologie des sittlichen Bewußtsein»,* Berlin 1879; Titel der späteren Aufl.: «Das sittliche Bewußtsein.»

Er hat dann auch ... geschrieben: «Religionsphilosophie», zwei Bände, 2. Aufl. Leipzig 1888; (I. Teil «Das religiöse Bewußtsein der Menschheit», II. Teil «Die Religion des Geistes»), «Ästhetik», zwei Bände, Berlin 1886–87.

186 ff. *Friedrich Nietzsche,* 1844–1900: *... habe ich ihn nur ein einziges Mal gesehen:* Siehe «Mein Lebensgang» Kap. XVIII. GA 28.

188 *«Die Geburt der Tragödie aus dem Geiste der Musik»,* Leipzig 1872.

«David Friedrich Strauß, der Bekenner und der Schriftsteller», Leipzig 1873.

«Schopenhauer als Erzieher», Leipzig 1874.

«Vom Nutzen und Nachteil der Historie für das Leben», Leipzig 1874.

«Richard Wagner in Bayreuth», Chemnitz 1876.

«Menschliches, Allzumenschliches. Ein Buch für freie Geister», Chemnitz 1879; Neue Ausgabe 2 Bände 1886.

«Morgenröte, Gedanken über die moralischen Vorurteile», Chemnitz 1881.

«Die fröhliche Wissenschaft», Chemnitz 1882.

er widmete auch eine Schrift Voltaire: Die erste Ausgabe «Menschliches, Allzumenschliches», Chemnitz 1878, dessen Titelblatt noch die Widmung trug: «Dem Andenken Voltaire's geweiht zur Gedächtnis-Feier seines Todestages, des 30. Mai 1778.»

189 *«Also sprach Zarathustra»* – Ein Buch für Alle und Keinen. I.–III. Teil Chemnitz 1883–1884, IV. Teil Leipzig 1885.

«Der Fall Wagner. Ein Musikanten-Problem», Leipzig 1888.

190 *«Götzen-Dämmerung,* oder: Wie man mit dem Hammer philosophiert», Leipzig 1889.

Jules Michelet, 1798–1874, französischer Geschichtsschreiber und Philosoph. Nietzsches Zitat über ihn in «Götzen-Dämmerung» – Streifzüge eines Unzeitgemäßen (1).

191 *Georg Brandes,* 1842–1927, dänischer Literatur-Kritiker und Schriftsteller. Stand mit Nietzsche seit 1887 in Briefwechsel; siehe die letzten Briefe Nietzsches vom Januar 1889.

193 *Mohammed,* um 570–632.

194 *Karl der Große,* 742–814.

195 *Harun al Raschid,* 766–809, Kalif von Bagdad.

195 *Einhard* (Eginhart), um 770–840. Geschichtsschreiber, Baumeister und Biograph Karls des Großen; «Vita Caroli Magni».

196 *Wulfila* (Ulfila), 311–382, gotischer Bischof. Übersetzte die Bibel ins Gotische; Bruchstücke erhalten in dem berühmten «Codex argenteus» in Upsala und weitere Teile in Mailand, Rom, Turin und Wolfenbüttel.

197 *Karl Martell,* um 688–741. Bot dem Vordringen der Araber für immer Halt in den Schlachten von Tours und Poitiers 732 und bei Narbonne 737.

198 3. Zeile von oben, *in der künstlerischen Kultur:* In den Vorauflagen fälschlich «in der künstlerischen Natur»; Korrektur nach Stenogramm.

199 *Friedrich Theodor Vischer,* siehe Hinweis zu Seite 136 ff..

Franz Schubert, 1797–1828.

200 f. *Francis Baco von Verulam,* 1561–1616, englischer Staatsmann und Philosoph.

201 *Tarik,* besiegte 711 in siebentägiger Schlacht bei Jerez de la Frontera die Westgoten unter Roderich.

202 *Charles Darwin,* 1809–1882.

203 f. *Mamun,* Sohn Harun al Raschids; Kalif von 813–833.

204 *Pierre Simon Laplace,* 1749–1827, französischer Mathematiker und Astronom.

Alexander der Große, 356–323 v.Chr.

206 *Muavija,* Kalif von 661–680. Er verlegte die Residenz von Medina nach Damaskus.

208 f. *Woodrow Wilson,* 1856–1924. Von 1913–1921 Präsident der Vereinigten Staaten.

210 ff. / 228 ff. *Giuseppe Garibaldi,* 1807–1882. Vorkämpfer und eigentlicher Schöpfer des italienischen Staates.

215 *Viktor Emanuel II.,* 1820–1878. Seit 1861 König von Italien.

218 ff. / 239 ff. *Gotthold Ephraim Lessing,* 1729–1781.

219 «*Laokoon,* oder über die Grenzen der Malerei und Poesie», Berlin 1766.

«*Nathan der Weise*», Drama, Braunschweig 1779.

219 *«Ernst und Falk, Gespräche für Freimaurer»,* Wolfenbüttel 1778–1780.

220 *Erich Schmidt,* geb. 1853. «Lessing, Geschichte seines Lebens und seiner Schriften», Berlin 1884–92, zwei Bände.

«Hamburgische Dramaturgie», 1767.

wie Lessing in einem Briefe schreibt: Am 31. Dezember 1777 an Eschenburg: «Meine Freude war nur kurz. Und ich verlor ihn so ungern, diesen Sohn! Denn er hatte so viel Verstand! so viel Verstand! – .... War es nicht Verstand, daß man ihn mit eisernen Zangen auf die Welt ziehen mußte? Daß er so bald Unrat merkte? War es nicht Verstand, daß er die erste Gelegenheit ergriff, sich wieder davon zu machen? – Freilich zerrt mir der kleine Ruschelkopf auch die Mutter mit fort. – ...»

221 *Christoph Friedrich Nicolai,* 1733–1811, Schriftsteller. Begründete im Verein mit Lessing und Moses Mendelssohn 1759 in Berlin die «Briefe, die neueste Literatur betreffend».

Fichte hat eine ganz interessante Schrift gegen Nicolai geschrieben: «Friedrich Nicolai's Leben und sonderbare Meinungen», 1801.

222 *Gottfried Wilhelm Freiherr von Leibniz,* 1646–1716.

«Die Erziehung des Menschengeschlechts», 1780.

225 ff. *George Noël Gordon Lord Byron,* 1788–1824.

Marie Eugenie delle Grazie, 1864–1931.

Eugen Heinrich Schmitt, 1851–1916. «Das Geheimnis der Hegelschen Dialektik», 1888.

Manchen, die sich auch mit der Geschichte der Anthroposophie befaßt haben, wird ja der Name Eugen Heinrich Schmitt aufgetaucht sein: Eugen Heinrich Schmitt war Mitarbeiter am «Magazin für Literatur» zur Zeit von Rudolf Steiners Herausgeberschaft. Über sein Werk «Die Gnosis» schrieb Rudolf Steiner in «Luzifer» Juli 1903 eine Besprechung («Luzifer-Gnosis», GA 34, S. 411). In einer Fragenbeantwortung nach dem Vortrag vom 30. März 1905 (bisher ungedruckt) äußerte sich Rudolf Steiner auf die Frage «Was halten Sie von Dr. Eugen Heinrich Schmitt» wie folgt: «Er steht der Theosophie sympathisch gegenüber, hat selbst, nachdem er die Schrift über das Geheimnis der Hegelschen Dialektik herausgegeben hat, manches über Theosophie geschrieben. Seine Denkweise ist aber eine zu mathematische, sie ist zu konstruktiv-mathematisch, und beruht auf zu wenig Anschauung. Seine

Denkweise ist auch zu wenig tolerant gegen andere Anschauungen.»

226 *dieser mein geliebter Lehrer:* Georg Kosak, 1836–1914. Lehrer an der Oberrealschule in Wiener-Neustadt. – Vgl. dazu «Mein Lebensgang», Kapitel II, GA 28.

230 *Giuseppe Mazzini,* 1805–1872.

Graf Camillo Benso di Cavour, 1810–1861, italienischer Staatsmann.

235 *Ernst Haeckel,* 1834–1919.

findet man jenen Papst: Hildebrand wurde 1073 zum Papst gewählt und nannte sich als solcher Gregor VII.

239 *lesen Sie die schöne Lessingsche Abhandlung:* «Wie die Alten den Tod gebildet», 1769.

240 *Und wenn Gott in seiner Rechten ...:* Zitat aus den Theosophischen Schriften: «Eine Duplik», Abschnitt 1.

Alexander Freiherr von Bernus, 1880–1963, Dichter und alchimistischer Forscher. In der Vierteljahresschrift «Das Reich» München, erschien 1917/18 im 2. Jahr, Buch 3 und 4 und 3. Jahr, Buch 1 Rudolf Steiners Aufsatz «Die Chymische Hochzeit des Christian Rosenkreutz». Wiederabgedruckt in «Philosophie und Anthroposophie», GA 35.

241 *Johann Valentin Andreae,* 1586–1654.

243 *daß der Kreis der geometrische Ort:* «Über den geometrischen Ort des constanten Quotienten», Programmaufsatz im 12. Jahresbericht der Schule von Georg Kosak; siehe Hinweis zu Seite 198.

244 *Kaiser Konstantin,* 274–337. Die feierliche Einweihung Konstantinopels fand im Mai 330 statt.

245 *Zar Peter der Große von Rußland,* 1672–1725.

LITERATURHINWEIS

Zur Weiterführung und Vertiefung der Darstellungen des vorliegenden Bandes sei auf folgende Ausgaben von Rudolf Steiner verwiesen:

(GA = Rudolf Steiner Gesamtausgabe / Tb = Rudolf Steiner Taschenbücher)

Schriften

Einzelausgabe: *«Reinkarnation und Karma, vom Standpunkte der modernen Naturwissenschaft notwendige Vorstellungen – Wie Karma wirkt»*. Aus Band «Lucifer-Gnosis», GA 34

Vorträge

«Das Prinzip der spirituellen Ökonomie im Zusammenhang mit Wiederverkörperungsfragen – Ein Aspekt der geistigen Führung der Menschheit», Vorträge aus dem Jahre 1909 in verschiedenen Städten (GA 109)

«Die Offenbarung des Karma», Vorträge in Hamburg aus dem Jahre 1910 (GA 120, Tb 620)

«Okkulte Geschichte. Esoterische Betrachtungen karmischer Zusammenhänge von Persönlichkeiten und Ereignissen der Weltgeschichte», Vorträge in Stuttgart aus dem Jahre 1910/1911 (GA 126, Tb 707)

«Wiederverkörperung und Karma und ihre Bedeutung für die Kultur der Gegenwart», Vorträge in Berlin und Stuttgart aus dem Jahre 1912 (GA 135, Tb 647)

ZU DEN VERÖFFENTLICHUNGEN AUS DEM VORTRAGSWERK VON RUDOLF STEINER

Rudolf Steiner hat seine Vorträge stets frei, also ohne Manuskript, gehalten. Viele seiner Vorüberlegungen hielt er lediglich in Stichworten, manchmal auch in kurzen Sätzen, Schemata oder Skizzen in seinen Notizbüchern fest, ohne daß er sie weiter schriftlich ausgearbeitet hätte. Nur in ganz wenigen Fällen liegen vorbereitete schriftliche Zusammenfassungen vor, die für Übersetzer bestimmt waren. Er hat jedoch der Veröffentlichung seiner Vorträge zugestimmt, auch wenn er selbst nur einige wenige für den Druck vorbereiten konnte.

Die in der Rudolf Steiner Gesamtausgabe veröffentlichten Vorträge basieren in der Regel auf Übertragungen stenographischer Aufzeichnungen, die während des Vortrages von Zuhörern oder hinzugezogenen Fachstenographen angefertigt wurden. Verschiedentlich – und dies gilt für die Anfangsjahre seiner Vortragstätigkeit, etwa bis 1905 – dienen auch schriftliche Ausarbeitungen durch Zuhörer als Textgrundlage. Für die Drucklegung werden die Übertragungen in Langschrift oder Zuhörernotizen von den Bearbeitern (Herausgebern) einer eingehenden Prüfung unterzogen, insbesondere hinsichtlich Sinn, Satzbau und Genauigkeit der Wiedergabe von Zitaten, Eigennamen oder Fachbegriffen. Bei auftretenden Komplikationen, wie zum Beispiel nicht entschlüsselbaren Satz- und Wortgebilden oder Lücken im Text, werden, soweit vorhanden, die Originalstenogramme zur Abklärung hinzugezogen.

Weitere Angaben, die Besonderheiten der Textgrundlagen, der Bearbeitung sowie die Entstehungsgeschichte der im vorliegenden Band veröffentlichten Vorträge betreffend, befinden sich auf S. 249.

Die Herausgeber

RUDOLF STEINER – LEBEN UND WERK

Das Lebenswerk Rudolf Steiners ist überliefert in den geschriebenen Werken und in den Nachschriften seiner stets frei gehaltenen Vorträge. Hinzu kommen zahlreiche künstlerische Arbeiten, von denen die beiden Goetheanumbauten weltweite Beachtung gefunden haben. Seine Ausführungen über Pädagogik, Landwirtschaft, Medizin, Nationalökonomie usw. führten zur Begründung zahlreicher Einrichtungen, die als Bereicherung des öffentlichen Kulturlebens immer mehr Anerkennung finden.

Im Auftrag Rudolf Steiners hat Marie Steiner-von Sivers die Vortragsnachschriften durchgesehen und veröffentlicht. Nach ihrem Tod (1948) wurde gemäß ihren Richtlinien von der durch sie 1943 begründeten Rudolf Steiner Nachlassverwaltung mit der Herausgabe der Rudolf Steiner Gesamtausgabe begonnen. Diese wird etwa 350 Bände umfassen. In den beiden ersten Abteilungen erscheinen die Schriften und das Vortragswerk, in der dritten Abteilung wird das künstlerische Werk in entsprechender Form wiedergegeben.

Einen systematischen Überblick über die Gesamtausgabe (GA) gibt der Band «Bibliographische Übersicht. Das literarische und künstlerische Werk von Rudolf Steiner». Über den jeweiligen Stand der erschienenen Bände orientieren die Bücherverzeichnisse und der Gesamtkatalog des Rudolf Steiner Verlages.

Chronologischer Lebensabriß

(zugleich Übersicht über die geschriebenen Werke)

1861 Am 27. Februar wird Rudolf Steiner in Kraljevec (damals Ungarn, heute Kroatien) als Sohn eines Beamten der österreichischen Südbahn geboren. Seine Eltern stammen aus Niederösterreich. Er verlebt seine Kindheit und Jugend an verschiedenen Orten Österreichs.

1872 Besuch der Realschule in Wiener-Neustadt bis zum Abitur 1879.

1882 Erste schriftstellerische Tätigkeit.

1882–1897 Herausgabe von Goethes Naturwissenschaftlichen Schriften in Kürschners «Deutsche National Litteratur», 5 Bände (GA 1a–e). Eine separate Ausgabe der Einleitungen erschien 1925 unter dem Titel *Goethes Naturwissenschaftliche Schriften* (GA 1).

1884–1890 Privatlehrer bei einer Wiener Familie.

1886 Berufung zur Mitarbeit bei der Herausgabe der großen «Sophien-Ausgabe» von Goethes Werken.

Grundlinien einer Erkenntnistheorie der Goetheschen Weltanschauung mit besonderer Rücksicht auf Schiller (GA 2).

1888 Redakteur bei der «Deutschen Wochenschrift», Wien (Aufsätze daraus in GA 31). Vortrag im Wiener Goethe-Verein: *Goethe als Vater einer neuen Ästhetik* (in GA 30).

1890–1897 Weimar. Mitarbeit am Goethe- und Schiller-Archiv. Herausgeber von Goethes Naturwissenschaftlichen Schriften.

1891 Promotion zum Doktor der Philosophie an der Universität Rostock.

1892 erscheint die erweiterte Dissertation: *Wahrheit und Wissenschaft. Vorspiel einer «Philosophie der Freiheit»* (GA 3).

1894 *Die Philosophie der Freiheit. Grundzüge einer modernen Weltanschauung. Seelische Beobachtungsresultate nach naturwissenschaftlicher Methode* (GA 4).

1895 *Friedrich Nietzsche, ein Kämpfer gegen seine Zeit* (GA 5).

1897 *Goethes Weltanschauung* (GA 6).

Übersiedlung nach Berlin. Herausgabe des «Magazin für Litteratur» und der «Dramaturgischen Blätter» zusammen mit O. E. Hartleben (Aufsätze daraus in GA 29–32). Wirksamkeit in der «Freien literarischen Gesellschaft», der «Freien dramatischen Gesellschaft», im «Giordano Bruno-Bund», im Kreis der «Kommenden» u. a.

1899–1904 Lehrtätigkeit an der von W. Liebknecht gegründeten Berliner «Arbeiter-Bildungsschule».

1900/01 *Welt- und Lebensanschauungen im 19. Jahrhundert,* 1914 erweitert zu: *Die Rätsel der Philosophie* (GA 18). Beginn der anthroposophischen Vortragstätigkeit auf Einladung der Theosophischen Gesellschaft in Berlin. *Die Mystik im Aufgange des neuzeitlichen Geisteslebens* (GA 7).

1902–1912 Aufbau der Anthroposophie. Regelmäßig öffentliche Vortragstätigkeit in Berlin und ausgedehnte Vortragsreisen in ganz Europa. Marie von Sivers (ab 1914 Marie Steiner) wird seine ständige Mitarbeiterin.

1902 *Das Christentum als mystische Tatsache und die Mysterien des Altertums* (GA 8).

1903 Begründung und Herausgabe der Zeitschrift «Luzifer», später *«Lucifer-Gnosis»* (Aufsätze in GA 34).

1904 *Theosophie. Einführung in übersinnliche Welterkenntnis und Menschenbestimmung* (GA 9).

1904/05 *Wie erlangt man Erkenntnisse der höheren Welten?* (GA 10). *Aus der Akasha-Chronik* (GA 11). *Die Stufen der höheren Erkenntnis* (GA 12).

1910 *Die Geheimwissenschaft im Umriß* (GA 13).

1910–1913 In München werden die *Vier Mysteriendramen* (GA 14) uraufgeführt.

1911 *Die geistige Führung des Menschen und der Menschheit* (GA 15).

1912 *Anthroposophischer Seelenkalender. Wochensprüche* (in GA 40, und separate Ausgaben). *Ein Weg zur Selbsterkenntnis des Menschen* (GA 16).

1913 Trennung von der Theosophischen und Begründung der Anthroposophischen Gesellschaft. *Die Schwelle der geistigen Welt* (GA 17).

1913–1922 Errichtung des in Holz als Doppelkuppelbau gestalteten ersten Goetheanum in Dornach/Schweiz. Im gleichen Zeitraum entstanden in Dornach ebenfalls nach Entwürfen Rudolf Steiners mehrere Wohn- und Zweckbauten, so das Haus Duldeck, Haus de Jaager, drei Eurythmiehäuser, Heizhaus, Transformatorenhäuschen, Glashaus, Verlagshaus u. a.

1914–1923 Dornach und Berlin. In Vorträgen und Kursen in ganz Europa gibt Rudolf Steiner Anregungen für eine Erneuerung auf vielen Lebensgebieten: Kunst, Pädagogik, Naturwissenschaften, soziales Leben, Medizin, Theologie. Weiterbildung der 1912 inaugurierten neuen Bewegungskunst «Eurythmie».

1914 *Die Rätsel der Philosophie in ihrer Geschichte als Umriß dargestellt* (GA 18).

1916–1918 *Vom Menschenrätsel* (GA 20). *Von Seelenrätseln* (GA 21). *Goethes Geistesart in ihrer Offenbarung durch seinen «Faust» und durch das «Märchen von der Schlange und der Lilie»* (GA 22).

1919 Rudolf Steiner vertritt den Gedanken einer «Dreigliederung des sozialen Organismus» in Aufsätzen und Vorträgen, vor allem im süddeutschen Raum. *Die Kernpunkte der Sozialen Frage in den Lebensnotwendigkeiten der Gegenwart und Zukunft* (GA 23). *Aufsätze über die Dreigliederung des sozialen Organismus* (GA 24). Im Herbst wird in Stuttgart die «Freie Waldorfschule» begründet, die Rudolf Steiner bis zu seinem Tode leitet.

1920 Beginnend mit dem Ersten anthroposophischen Hochschulkurs finden im noch nicht vollendeten Goetheanum fortan regelmäßig Vorträge und künstlerische Veranstaltungen statt.

1921 Begründung der Wochenschrift «Das Goetheanum» mit regelmäßigen Aufsätzen und Beiträgen Rudolf Steiners (in GA 36).

1922 *Drei Schritte der Anthroposophie: Philosophie, Kosmologie, Religion* (GA 25).

In der Silvesternacht 1922/23 wird der Goetheanumbau durch Brand vernichtet. Für einen neuen in Beton konzipierten Bau kann Rudolf Steiner in der Folge nur noch ein erstes Außenmodell schaffen.

1923 Unausgesetzte Vortragstätigkeit, verbunden mit Reisen. Zu Weihnachten 1923 Neubegründung der «Anthroposophischen Gesellschaft» als «Allgemeine Anthroposophische Gesellschaft» unter der Leitung Rudolf Steiners.

1923–1925 Rudolf Steiner schreibt in wöchentlichen Folgen seine unvollendet gebliebene Selbstbiographie *Mein Lebensgang* (GA 28) sowie *Anthroposophische Leitsätze* (GA 26) und arbeitet mit Dr. Ita Wegman an dem Buch *Grundlegendes für eine Erweiterung der Heilkunst nach geisteswissenschaftlichen Erkenntnissen* (GA 27).

1924 Steigerung der Vortragstätigkeit. Daneben zahlreiche Fachkurse. Letzte Vortragsreisen in Europa. Am 28. September letzte Ansprache zu den Mitgliedern. Beginn des Krankenlagers.

1925 Am 30. März stirbt Rudolf Steiner in Dornach.